L'amour castré

JACQUES VERGER

L'amour castré

L'histoire d'Héloïse et Abélard

COLLECTION SAVOIR : LETTRES

HERMANN ÉDITEURS DES SCIENCES ET DES ARTS

ISBN 2 7056 6286 3

Table

Préambule

Où est la très sage Héloïse
Pour qui châtré fut et puis moine
Pierre Abélard à Saint-Denis ?
Villon

L'HISTOIRE D'HÉLOÏSE ET D'ABÉLARD est celle d'une passion, d'un couple, d'un drame, d'une séparation puis d'un dialogue renoué par-delà l'absence et poursuivi jusqu'à la mort.

C'est une histoire que tout spécialiste du Moyen Âge rêve sans doute d'écrire un jour, comme il rêve d'écrire celle de saint François d'Assise ou de Jeanne d'Arc. Il sait bien que tout a déjà été dit et qu'il vient trop tard. Il sait bien que, sur les rayons des bibliothèques, son livre viendra s'ajouter au bout d'une longue file en attendant d'être lui-même bientôt rejoint et recouvert par d'autres plus récents et plus au goût du jour. Il n'y a guère d'illusions à se faire. Les archives ne livreront plus de documents inconnus qui auraient échappé à la sagacité de générations de chercheurs. Tout a été lu et relu. Les faits et les dates ont été établis, autant que faire se pouvait. Lorsque cela n'a pas été possible, toutes les hypothèses imaginables – ou peu s'en faut – ont été échafaudées pour essayer de combler les lacunes des sources ou pour restituer les motivations d'individus dont les chroniques n'ont fait qu'enregistrer sèchement les gestes.

Relever un défi

Il y a, à vouloir écrire à nouveau cette histoire, une part de défi. Le romancier ou le dramaturge se lancent dans cette entreprise parce qu'ils pensent que leur connaissance du cœur humain leur permettra de pénétrer au plus intime des âmes, à la racine même des passions, et d'insuffler à ces personnages depuis longtemps disparus un peu de la vie que porte en elle la création littéraire. Le linguiste ou l'historien de la littérature parce qu'ils espèrent que l'approfondissement des techniques d'analyse textuelle leur permettra de faire jaillir des œuvres des sens cachés, des connexions inattendues, de mystérieuses harmoniques où passera un peu de l'esprit et des intentions de ceux qui les ont jadis écrites. Le philosophe parce qu'il pense retrouver là, en leur fraîcheur native, quelques racines de la philosophie occidentale contemporaine, la logique formelle, la science abstraite du langage, le nominalisme, la morale de l'intention. L'historien de la société, pour sa part, espère que sa connaissance générale de la période, renouvelée par les progrès de la recherche historique, sa familiarité avec les contemporains de ses héros, avec leurs comportements et leurs mentalités, avec les paysages où ils vivaient et toute la civilisation, matérielle et spirituelle, qui était la leur, lui permettront de comprendre par des biais plus assurés que ceux de la fiction romanesque ou de la statistique lexicale ce que furent cette femme et cet homme qui ont vécu et aimé il y a plus de huit siècles, dans des lieux que nous hantons encore mais dans un monde où tout nous serait radicalement étranger si nous y étions soudain transportés par quelque machine à remonter le temps.

Ce défi, l'historien doit donc le relever avec modestie, comme l'y ont récemment encore invité ces spécialistes éminents que sont Peter Dronke et Peter von Moos. Son propos est d'évoquer la vie de ses héros, de replacer les protagonistes sur une scène peuplée de mille acteurs divers, comparses célèbres ou obscurs ; il veut présenter les grands courants de pensée et de civilisation, les temps et les lieux, les hommes et la nature, et faire resurgir un monde lointain à travers le prisme d'un drame fameux.

Héloïse et Abélard sont connus essentiellement grâce à des textes. Pas le froid formulaire des textes officiels, des chartes et des diplômes. Héloïse et Abélard y apparaissent à peine. Mises à part quelques fugitives souscriptions au bas d'actes sans grande portée, leurs noms sont presque ignorés des archives. A tout prendre, c'est encore Héloïse, grâce à son long mandat comme abbesse du Para-clet, qui est la mieux représentée dans la documentation diploma-tique. Mais, mises à part quelques dates, il y a bien peu à tirer de ces mentions quant à la vie et plus encore à la personnalité des deux amants.

Il faut donc lire les chroniques qui nous parlent d'eux et, plus encore, les textes qu'ils ont laissés. Ces textes sont depuis longtemps connus, pour l'essentiel. Bien qu'ils n'aient survécu, pour la plupart, qu'en un petit nombre de manuscrits – voire, bien souvent, en un manuscrit unique – , ils ont été imprimés dès le dix-septième siècle par A. Duchesne et F. d'Amboise. Au dix-neuvième siècle, Victor Cousin, le porte-parole de la philosophie libérale la plus officielle, se prit de passion pour Abélard et édita la plus grande partie de son œuvre philosophique. Un peu plus tard, l'abbé J.-P. Migne rassem-blait dans sa *Patrologie latine* les œuvres d'Abélard et d'Héloïse. Ce volume reste un ouvrage de référence, mais quelques inédits ont été ultérieurement mis à jour et surtout beaucoup d'œuvres d'Abélard ont, au cours des dernières décennies, fait l'objet de véritables édi-tions scientifiques conformes aux exigences de l'érudition moderne. Il s'agit malheureusement d'éditions dispersées, parues dans des pays différents et parfois d'accès difficile.

L'œuvre d'Abélard

L'œuvre d'Abélard, abondante, est constituée pour l'essentiel de traités de logique, de philosophie et de théologie. Il s'agit de textes latins rarement traduits et d'autres, de nature technique, dont l'accès n'est possible qu'à ceux qui possèdent une certaine compétence dans ces disciplines et une bonne connaissance du latin. On peut y glaner cependant quelques remarques de ton plus personnel, voire quelques indications autobiographiques. Ces ouvrages se répartissent en deux rubriques principales, qui correspondent aux disciplines majeures qu'Abélard pratiqua et enseigna, la philosophie et la théologie.

Aux yeux d'Abélard, la philosophie était d'abord et avant tout la logique ou, comme on disait plus volontiers à cette époque, la dialectique. Il a laissé divers commentaires ou "gloses" aux traités de base de la logique d'Aristote et un ouvrage plus systématique, intitulé *Dialectique*, dont il a sans doute existé plusieurs versions successives. Cette partie de l'œuvre d'Abélard, la plus directement liée à l'enseignement, dérivait d'une pratique orale qui a rendu aléatoire sa transmission écrite. Certains textes ont été mis en forme par Abélard lui-même mais d'autres ne nous sont parvenus que grâce à des notes plus ou moins fidèles d'étudiants. Il est certain que plusieurs de ses œuvres ont été perdues. On sait notamment qu'Abélard avait composé une grammaire, dont la disparition complète (à moins que le *Traité des intellections* n'en soit un fragment) est fort regrettable.

L'œuvre théologique consiste en commentaires de livres de la Bible et surtout en trois traités, intitulés *Théologie**. Malgré les condamnations dont elles firent l'objet et les destructions de manuscrits qui s'ensuivirent, ces *Théologies* sont parvenues à peu près intactes jusqu'à nous et même, pour les deux dernières, en plusieurs versions distinctes. On peut également rattacher à l'enseignement théologique d'Abélard un curieux manuel de méthode exégétique à qui son titre, *Sic et Non (Oui et Non)*, a valu une célébrité peut-être abusive.

Mais les deux œuvres doctrinales les plus attachantes d'Abélard, les plus accessibles au non-spécialiste et dont il existe d'ailleurs des traductions, sont des textes de composition plus personnelle : il s'agit de l'*Éthique ou connais-toi toi-même*, unanimement reconnue aujourd'hui comme un texte-pivot dans l'histoire de la morale occidentale, et du *Dialogue*, profonde méditation – sans doute inachevée – sur la Foi et la Raison, l'universalité de la religion confrontée à la diversité des Révélations. On a longtemps voulu voir dans ce texte exceptionnel le "testament" d'Abélard ; même s'il n'est

---

* Les spécialistes distinguent la *Theologia « Summi boni »* ou *Théologie « Du bien suprême »*, la *Theologia christiana* ou *Théologie chrétienne* et la *Theologia scholarium* ou *Théologie pour les étudiants*.

plus guère admis aujourd'hui qu'il s'agisse de sa dernière œuvre, interrompue par la mort, on ne pourra négliger de s'arrêter sur ces pages qui demeurent parmi les plus fortes, les plus originales et les plus émouvantes qu'il ait écrites.

Pendant les vingt-quatre dernières années de sa vie, Abélard a été moine et l'essentiel de ses écrits ont été rédigés à cette époque. Son œuvre monastique consiste principalement en trente-quatre sermons prêchés à des auditoires de moines ou de moniales. S'y ajoutent quelques lettres portant sur des problèmes de discipline monastique et cent trente-trois hymnes composés pour les offices quotidiens et les principales fêtes religieuses de l'abbaye du Paraclet, ainsi que six *Lamentations* (*Planctus*) d'une beauté poignante ; Abélard y prend pour thème les malheurs et les plaintes de divers personnages de l'Ancien Testament, figures bibliques de la misère humaine. Par-delà leur valeur spirituelle, ils témoignent d'une autre facette du génie d'Abélard, sa maîtrise poétique.

Ces écrits monastiques constituent sans doute la part la moins lue et la moins étudiée aujourd'hui encore de l'œuvre d'Abélard. Il faut néanmoins les prendre en compte si l'on veut se faire une image complète de sa vie, de sa personnalité et de son talent, et découvrir des visages moins familiers mais tout aussi importants : le moine pieux et réformateur, le prédicateur éloquent, le directeur de conscience attentif, le poète inspiré. On y découvre aussi sa familiarité avec des disciplines intellectuelles qui n'apparaissaient guère dans ses ouvrages philosophiques et théologiques : la rhétorique, l'histoire sainte, la musique, la poésie. Abélard n'est pas seulement un virtuose de la dialectique et de l'exégèse ; il partage la culture encyclopédique des plus grands esprits du douzième siècle, comme son contemporain Hugues de Saint-Victor.

L'"Histoire de mes malheurs" et la "Correspondance"

Les écrits personnels et autobiographiques d'Abélard restent, pour l'historien, le versant le plus important de son œuvre, qui n'a cessé de fasciner les lecteurs depuis des siècles. Les éditions savantes comme les versions modernes en sont innombrables. De Jean de Meung à Paul Zumthor, les plus grands auteurs n'ont pas cru déchoir en les traduisant et, dans la littérature latine du douzième siècle, ils occupent une place exceptionnelle, tant par leur contenu que par leur structure littéraire.

Le plus célèbre de ces textes personnels est une *Épître consolatoire à un ami*, récit autobiographique auquel les éditeurs modernes ont donné le titre, particulièrement suggestif, d'*Histoire de mes malheurs* (*Historia calamitatum*). Son origine, réelle ou imaginaire, est expliquée dès le début : un ami s'est plaint à Abélard des malheurs qui l'accablaient ; Abélard lui répond que lui-même a traversé des épreuves plus pénibles encore et que le récit de celles-ci est le meilleur réconfort qu'il puisse apporter : il verra qu'il n'est pas seul à souffrir. Ce récit, extraordinairement dense et vigoureux, comporte quelques dizaines de pages ; il va de l'enfance d'Abélard au début des années 1130.

Dans les manuscrits médiévaux (il en subsiste dix) comme dans les éditions modernes, l'*Histoire de mes malheurs* est directement suivie des sept lettres qui constituent ce que l'on appelle habituellement la correspondance d'Abélard et Héloïse. Trois de ces lettres, non datées, ont été écrites par Héloïse au monastère du Paraclet, en Champagne, dont elle était l'abbesse ; les quatre autres, dont on ignore où elles furent rédigées, sont dues à Abélard. Les deux dernières n'ont pas le même ton que les précédentes : il ne s'agit plus que d'un petit traité de la vie monastique féminine, suivi d'un projet de règle pour un monastère de femmes. Même si leur insertion dans cette collection épistolaire est riche de signification, on ne peut les mettre sur le même plan que les cinq premières où s'exprimaient, de la manière la plus passionnée et la plus intime, le regard que les amants portaient sur leurs amours anciennes et la trace ineffaçable inscrite dans leurs cœurs.

S'il faut se fier au prétexte littéraire, l'*Histoire de mes malheurs* serait tombée "par hasard" sous les yeux d'Héloïse, bien qu'elle ne lui fût pas destinée. Cette lecture, qui lui rappelait les moments les plus heureux de sa jeunesse, l'aurait incitée à reprendre contact avec son mari dont elle était séparée depuis quinze ans environ et qu'elle n'avait plus revu que brièvement quelques années plus tôt. Tout cela sent un peu, il faut le reconnaître, la fiction romanesque, mais on ne peut exclure que des personnages de grande culture comme Abélard et Héloïse se soient plu à donner à leurs échanges cette tournure littérairement très élaborée. En un temps où les communications était difficiles, une telle correspondance avait assez de prix pour qu'on y apportât le plus grand soin.

Il faut y ajouter quelques lettres d'Abélard adressées à des destinataires divers, quelques courts billets, écrits vers 1140, au moment de la crise qui précéda sa condamnation par le concile de Sens, et enfin un curieux poème didactique dédié à son fils Astralabe. En revanche, je laisserai de côté, pour ne pas compliquer une question qui est déjà assez embrouillée, plusieurs poèmes et autres textes amoureux du douzième siècle (par exemple celui intitulé *Lettres de deux amants*, connu par un manuscrit champenois du quinzième siècle) qu'on leur a parfois, sans preuve décisive, attribués ; nous ne les retiendrons quant à nous que comme des témoins d'un climat psychologique et littéraire dans lequel l'aventure d'Héloïse et Abélard s'insère parfaitement.

On n'a gardé d'Héloise, en dehors des trois lettres déjà mentionnées (si elles sont bien d'elles car, on le verra, quelques doutes subsistent à ce sujet), qu'une liste de quarante-deux questions (*Problemata*) envoyée à Abélard et retournée par celui-ci avec ses réponses : il s'agissait de quarante-deux passages difficiles de la Bible, surtout des Évangiles, sur le sens desquels Héloïse et ses religieuses s'interrogeaient, et qu'elles avaient demandé à Abélard, comme à leur directeur spirituel, d'élucider.

Vient enfin, bien plus tard, une lettre qu'elle adressa à l'abbé de Cluny Pierre le Vénérable qui lui avait remis la dépouille mortelle d'Abélard, afin que celle-ci pût reposer dans le monastère qu'il avait jadis fondé puis confié à son épouse.

C'est avant tout sur ces textes "autobiographiques", en particulier l'*Histoire de mes malheurs* et les lettres qui la suivent, que je me fonderai, après bien d'autres, non seulement pour raconter l'histoire passionnée et tragique des amours d'Héloïse et d'Abélard, mais pour évoquer toute leur existence.

Problèmes d'histoire littéraire

Avant d'en venir là, il faut avertir le lecteur que, sous la simplicité apparente qui rend aujourd'hui encore leur lecture si attachante, l'*Histoire de mes malheurs* et la correspondance d'Héloïse et d'Abélard sont des textes complexes qui ont posé et posent encore de sérieux problèmes d'histoire littéraire. Sans entrer ici dans le détail de débats passionnés qui durent depuis plus d'un siècle, je dois en rappeler l'enjeu et les termes essentiels et expliquer brièvement ma propre position.

Le premier de ces problèmes est, tout simplement, un problème d'authenticité. L'*Histoire* et les lettres ne seraient-elles pas des faux, des "forgeries", comme disaient les vieux érudits ? Lancinant, le soupçon persiste depuis le milieu du dix-neuvième siècle. Divers arguments nourrissent cette méfiance, et d'abord le caractère très tardif des manuscrits. Les plus anciens datent de la fin du treizième siècle, soit d'environ cent cinquante ans après la rédaction des textes. Comment se fait-il qu'il n'y ait pas eu de témoins plus anciens ? Certains d'autre part ont cru déceler dans les textes attribués à Héloïse et à Abélard, surtout dans les lettres, un certain nombre d'erreurs, de contradictions, d'anachronismes. Rien cependant de vraiment probant, si bien qu'en 1938, fort de son autorité de professeur au Collège de France et de rénovateur, en France, des études de philosophie médiévale, Étienne Gilson, dans son très beau livre *Héloïse et Abélard*, put se permettre de balayer les objections d'un revers de main. Pour lui, point de doute : l'*Histoire de mes malheurs* et les lettres étaient bien des textes écrits par Abélard et Héloïse dans les années 1130, d'une cohérence parfaitement caractéristique du mouvement intellectuel et moral du douzième siècle. L'affaire semblait réglée.

Elle rebondit trente-cinq ans plus tard (1972), avec une longue communication de J.F. Benton, un médiéviste américain à l'érudition minutieuse. Benton reprit systématiquement tous les arguments avancés avant lui et, à l'inverse de Gilson, en conclut que *tout* était "faux" : pas seulement les lettres, mais aussi la règle proposée par Abélard aux moniales du Paraclet et surtout l'*Histoire de mes malheurs*. De plus, Benton s'efforça de reconstituer le scénario de la forgerie. Pour lui, c'est à la fin du treizième siècle, à un moment où un conflit opposait, au sein du Paraclet, monastère double, la branche féminine et la branche masculine, qu'un moine aurait composé à la fois la prétendue correspondance d'Héloïse et Abélard et la règle attribuée à Abélard ; porte-parole des hommes qui trouvaient que les usages en vigueur étaient devenus trop favorables aux moniales, ce moine aurait voulu montrer que le véritable fondateur avait été un homme, Abélard, et que la première abbesse, Héloïse, se trouvait, par rapport à celui-ci, dans une position plutôt soumise et dépendante ; pour ce qui était du projet de règle opportunément placé sous le patronage d'Abélard, il avait l'avantage de donner plus de pouvoir aux hommes que ne leur en laissait la règle effectivement suivie à la fin du treizième siècle. Quant à l'*Histoire de mes malheurs*, c'était un simple exercice d'école rédigé vers 1200 (nous dirions aujourd'hui une sorte de discours latin ou de dissertation que le faussaire du Paraclet aurait eu l'idée d'adjoindre à son dossier). La communication de Benton fit du bruit, mais convainquit au total peu de monde.

Elle avait cependant eu le mérite de rouvrir le débat. On passa au peigne fin les arguments du médiéviste américain. On lui objecta que certaines contradictions des textes pouvaient être signe d'authenticité autant que de falsification. On s'employa à montrer que les prétendus anachronismes n'en étaient pas. Et lorsqu'ils s'avérèrent irréductibles (par exemple les citations bibliques données avec un système de références qui n'avait été mis au point qu'au début du treizième siècle dans les écoles parisiennes), on n'eut pas de peine à lui objecter, vu le caractère tardif des manuscrits, qu'il s'agissait de simples interpolations de scribes destinées à rajeunir le texte.

Ces objections ébranlèrent Benton qui était un érudit honnête jusqu'au scrupule. Il avoua bientôt ne plus savoir très bien lui-même que penser. Des tentatives d'analyse lexicale par ordinateur ne permirent pas de dater avec sûreté le texte ni d'en identifier avec certitude l'auteur. Peu avant sa disparition, Benton admettait, semble-t-il, que le dossier était en réalité "authentique", c'est-à-dire datait bien des années 1130, mais il suggérait qu'il était dû à un auteur unique, Abélard, qui aurait édifié seul cet édifice complexe, comparable à une sorte de roman par lettres, idée qui séduisit certains spécialistes.

La thèse de la "forgerie" abandonnée par Benton lui-même a cependant gardé quelques rares partisans, notamment l'historien belge Hubert Silvestre. L'une des faiblesses majeures de la communication de Benton était que l'on pouvait difficilement accepter que ces textes magnifiques aient été l'œuvre de quelque potache, ou d'un moine inconnu engagé dans une obscure querelle de sacristie. Hubert Silvestre, lui, propose plus raisonnablement de les attribuer à un écrivain de premier plan comme Jean de Meung, le fameux auteur de la seconde partie du *Roman de la Rose*. On sait en effet que Jean de Meung a traduit en français, vers 1290, l'*Histoire de mes malheurs* et la correspondance d'Héloïse et Abélard ; pourquoi, se demande Hubert Silvestre, n'aurait-il pas aussi composé, dans le même élan, la version latine du dossier pour donner plus de véracité à sa fiction littéraire ? On expliquerait alors bien mieux à la fois la qualité de l'œuvre et sa raison d'être : non plus régler un vague conflit de pouvoir entre moines et moniales, mais célébrer, à travers l'histoire superbe et dramatique des deux amants fameux, les droits de Nature et d'Amour opprimés injustement par la malice des hommes et la jalousie des clercs, thèmes largement présents, on le sait, dans le *Roman de la Rose*.

Hypothèse cohérente et séduisante, on le voit, mais qui ne s'appuie pas plus que celle de Benton sur des arguments matériels vraiment probants. Voilà pourquoi il paraît raisonnable à la plupart des spécialistes, aujourd'hui encore, de considérer que ces textes sont à peu de choses près ce qu'ils prétendent être : les œuvres conjointes d'Abélard et d'Héloïse, effectivement rédigées dans les années 1130, à la fois pour exorciser un passé douloureux et en assumer lucidement les cicatrices ineffaçables. L'hypothèse d'Abélard auteur unique a de son côté, je l'ai dit, quelques partisans et ne manque pas d'intérêt. Tout attribuer à Héloïse semblerait, en revanche, plus difficile, même s'il est exact que c'est dans la bibliothèque du Paraclet qu'ont dû se trouver initialement les copies les plus anciennes, aujourd'hui disparues.

Ceci posé, il est probable que ces textes n'ont pas traversé intacts les siècles. Les originaux, sans doute déposés par Héloïse dans la bibliothèque du Paraclet, ont pu, au fur et à mesure qu'ils étaient recopiés, souffrir de certaines interpolations (y compris peut-être à l'initiative d'Héloïse). Mais au total, ce sont bien, pour l'essentiel, les voix d'Héloïse et d'Abélard, que ces textes font entendre aujourd'hui encore.

Il ne suffit cependant pas de dire que nous avons là des textes authentiques. Il faut essayer de définir à quel genre ils ont appartenu, se demander quelles ont été les intentions des auteurs et les réactions des premiers lecteurs du douzième siècle, leurs destinataires. Ici encore, les historiens se sont affrontés et on peut dire que deux types de lectures ont été proposés. Pour les uns, il serait malencontreux d'appliquer à ces textes anciens, eux-mêmes inspirés de modèles littéraires antérieurs, par exemple les *Confessions* de saint Augustin, un schéma d'analyse purement psychologique. Il faut plutôt y chercher les "types idéaux" auxquels Abélard tenterait successivement de s'identifier, et les étapes d'un itinéraire spirituel, du péché à la conversion, de la chute au salut, des malheurs et des angoisses du monde à la paix du cloître : itinéraire déjà parcouru par Abélard lui-même au prix d'une douloureuse catharsis et sur lequel il chercherait à entraîner à son tour sa compagne, plus lente à s'arracher aux souvenirs d'une passion jamais éteinte.

À cette lecture historiciste, qui aboutit en somme à ranger l'*Histoire de mes malheurs* et la correspondance qui la suit sur les rayons d'une bibliothèque monastique classique, d'autres ont opposé une approche plus immédiate. Pourquoi, disent-ils, dédaigner le sens obvie des mots ? De quel droit refuser à un homme et une femme du douzième siècle, sous prétexte d'anachronisme, l'individualisme, l'humour, l'introspection, les sanglots, l'amour-passion, les regrets et les repentirs, les souvenirs obsédants, la quête lucide de l'apaisement par une meilleure connaissance de soi ?

Dans les pages qui suivent, je n'ai pas cherché à trancher entre ces deux points de vue. J'ai plutôt tenté de les combiner, sans refuser les clés que nous tend l'histoire, ni non plus le plaisir du texte et la poésie des mots pour qu'en refermant ce livre le lecteur puisse se dire comme Voltaire : "Mon cœur ne vieillit point, je l'ai senti s'émouvoir aux malheurs d'Héloïse et d'Abélard."

I

L'étudiant

IL Y A AU CENTRE DE CE LIVRE une femme et un homme, un couple, une passion, deux vies enlacées dans un dialogue sans fin. Mais si brève fut leur vie commune, si irréguliers leurs échanges, qu'on ne saurait isoler ces courts moments du reste de leur existence. Hors de tout contexte, ces rencontres intenses et brûlantes deviennent opaques et donnent lieu aux interprétations les plus arbitraires, sinon les plus anachroniques.

Rendre cette passion à son époque – les premières décennies du douzième siècle – n'est pas l'affadir ni lui ôter sa dimension exceptionnelle, mais au contraire lui restituer son épaisseur charnelle, sa singularité vécue, pour autant évidemment que le permettent les témoignages parvenus jusqu'à nous à travers les siècles.

Ce qui rend exceptionnelle l'aventure d'Héloïse et Abélard, c'est son caractère improbable et inattendu, tout ce qui fait que leur rencontre n'aurait pas dû se produire ni connaître la suite qu'elle a eue.

L'enfance d'Abélard

Entre Héloïse et Abélard, le premier écart, évident et souvent noté, était celui de l'âge. Lors de leur première rencontre, Héloïse devait avoir entre quinze et dix-sept ans, Abélard nettement plus de trente-cinq ; il était arrivé à Paris près de vingt ans plus tôt. Héloïse n'était pas une jeune fille ordinaire, attendant au milieu des travaux d'aiguille l'époux que lui désignerait sa famille. Abélard n'était pas un célibataire à la jeunesse prolongée. Lorsqu'il rencontre Héloïse, cet homme a déjà une histoire et une œuvre, connue de tous, à commencer par Héloïse, dans le milieu privilégié qui était le sien.

Ce que nous savons de l'enfance, de la jeunesse, de la première maturité d'Abélard vient des premières pages de l'*Histoire de mes malheurs* . S'il n'y a sans doute guère lieu, en définitive, d'en nier l'authenticité globale, l'ambiguïté des intentions de l'auteur et la complexité de la structure narrative, aggravées par les incertitudes concernant la transmission du texte, obligent à une lecture prudente. De plus, l'absence de tout repère chronologique précis – l'*Histoire de mes malheurs* ne contient aucune date – crée un flou propice aux reconstructions et aux hypothèses, souvent séduisantes mais parfois invérifiables.

La date généralement retenue pour la naissance d'Abélard – 1079 – repose sur un calcul *a posteriori*, fondé sur l'âge qu'il aurait eu au moment du concile de Sens. Muette sur la date de naissance d'Abélard, l'*Histoire de mes malheurs* est en revanche assez précise sur ses origines géographiques et sur sa famille. Abélard se nommait Pierre ou, si l'on préfère, Pierre Abélard, Abélard étant une sorte de surnom utile à une époque où les noms de famille n'existaient pas et où celui de Pierre était fort répandu. Né au Pallet, petit bourg situé à une vingtaine de kilomètres au sud-est de Nantes, dominant la vallée de la Sèvre nantaise, Abélard était donc breton – il ne reniera point son origine, vantant au contraire la vivacité d'esprit caractéristique de ce peuple – puisque son village était sis dans le comté de Nantes, lui-même englobé dans le duché de Bretagne, mais au sud de la Loire, dans une région purement francophone directement ouverte sur les pays d'Anjou et d'Ile-de-France.

Est-il né dans le château dont les ruines dominent aujourd'hui encore le village ? L'*Histoire de mes malheurs* ne prétend point qu'Abélard était fils du châtelain. Elle dit simplement que son père Bérenger était un chevalier, peut-être un des chevaliers du seigneur du lieu. À la fin du onzième siècle, un chevalier était cependant plus qu'un simple homme d'armes ; on le considérait comme un noble ; il possédait un patrimoine, c'est-à-dire, en fief ou en alleu, des terres et des droits qu'il transmettait à ses enfants, en particulier à l'aîné.

Abélard était le fils aîné de Bérenger et de sa femme Lucie. On lui connaît au moins deux cadets, Dagobert et Raoul, et une sœur, Denise. La logique aurait donc voulu qu'il reprît l'état paternel et la fortune familiale. Mais il prit tant de goût aux premières études que lui fit faire son père qu'il renonça bientôt, de son propre aveu, à la carrière des armes et, abandonnant à ses frères ses prérogatives d'aîné, décida de se consacrer tout entier à l'étude.

L'*Histoire de mes malheurs* ne voit là ni geste de révolte ou de refus, ni rupture de la tradition familiale. Bérenger avait lui-même une certaine culture littéraire, puisqu'il lisait le latin ; fier de son instruction, il avait tenu à ce que ses fils en reçoivent une à leur tour ; sans doute engagea-t-il comme précepteur quelque clerc du voisinage. À la fin du onzième siècle, et spécialement en ces confins ligériens, nous sommes déjà dans un contexte de renouveau religieux et intellectuel. La réforme de l'Église, bien engagée dans le diocèse de Nantes depuis les années 1050 par l'évêque Airard et ses successeurs, avait pour objectif de promouvoir un clergé plus savant et plus intègre ; elle visait aussi à prendre en charge de manière plus efficace les aspirations religieuses des fidèles. Bérenger qui, à la fin de sa vie, se retirera en même temps que sa femme dans un monastère, était un homme pieux pour qui la culture littéraire devait d'abord être une voie d'accès à une vie religieuse.

Les études n'étaient pas seulement le moyen de satisfaire un goût irrésistible et désintéressé des choses de l'esprit. C'était aussi, surtout pour un jeune homme de petite noblesse comme Abélard, la promesse d'une belle carrière dans le clergé ; l'Église commençait en effet à recruter parmi les lettrés une part croissante de ses élites dirigeantes.

Dans le monde qui sera désormais le sien, parmi ses maîtres, ses collègues et ses étudiants, Abélard rencontrera beaucoup d'hommes de même origine que lui, issus de ces lignages pléthoriques de chevaliers à qui les métiers de la guerre ne suffisaient plus pour tenir leur rang et qui devaient explorer les voies nouvelles ouvertes par les mutations sociales, religieuses et culturelles de l'époque.

Abélard gardera de multiples liens avec sa famille et sa patrie. Il témoignera aux siens une affection durable, rendant visite à ses parents avant leur retraite au couvent, confiant plus tard Héloïse enceinte à sa sœur, dédiant sa *Dialectique* à son frère Dagobert ; et c'est en Bretagne qu'à plusieurs reprises il cherchera refuge aux heures difficiles de la maladie, des persécutions ou du désespoir. Peut-on aller plus loin et dire qu'Abélard transportera au monde des écoles et de l'étude les valeurs et les comportements de ces petits chevaliers dévots mais arrogants, bagarreurs, instables et susceptibles, parmi lesquels il avait vu le jour ? Il faut se méfier des déterminismes psychologiques faciles, mais on ne peut manquer de relever, même s'il partage ce trait avec d'autres auteurs contemporains, que les métaphores militaires – les armes, la forteresse, le siège, l'assaut, la sape, le duel – se pressent sous sa plume avec insistance.

Le monde des écoles

Voici donc, sans doute vers 1095, en tout cas avant 1100, le jeune Pierre Abélard parti sur les routes pour aller "aux études". Avec quel pécule pour subvenir à ses besoins ? Nous l'ignorons. Seul ou avec quelques compagnons ? Nous l'ignorons aussi.

Nous devinons en revanche son itinéraire. Il fréquenta d'abord les écoles des pays de Loire. Cette région était une de celles qu'avait marquées précocement le renouveau scolaire amorcé ici ou là, en Occident, dans les dernières années du onzième siècle. Aux anciennes écoles monastiques, parcimonieusement ouvertes aux auditeurs externes et toujours dominées par les exigences immédiates de la formation des jeunes moines (le latin, le chant, le comput ecclésiastique, l'Écriture Sainte), tendaient de plus en plus à se substituer des écoles d'un type nouveau, ecclésiastiques elles aussi et contrôlées par l'Église. Le plus souvent, il s'agissait d'écoles rattachées à des chapitres cathédraux et dirigées par un chanoine. Dans certains cas, de simples collégiales ou des abbayes de chanoines réguliers ouvrirent également une école. Mais pour peu que les maîtres de ces écoles eussent quelque réputation, ils attiraient facilement un assez large public, qui ne se limitait plus aux jeunes clercs du cru. À une époque où de tels centres scolaires étaient encore rares, on venait parfois de fort loin écouter les leçons d'un professeur dont la rumeur publique ou les lettres échangées d'une église à l'autre avaient fait connaître les mérites.

Ces écoles nouvelles se différenciaient des anciennes écoles monastiques par une plus grande ouverture intellectuelle et sociale. Sises en ville, aux carrefours de la circulation et des échanges – eux aussi en plein renouveau – des hommes, des idées, des marchandises et de l'argent, elles ne séparaient pas leurs élèves du monde environnant. Elles les immergeaient au contraire dans un univers où les relations sociales n'avaient pas la pesanteur verticale du monde seigneurial, où la promiscuité permanente et la communauté d'intérêts favorisaient l'essor des mouvements associatifs et des relations contractuelles, où l'aspiration à la liberté individuelle devenait exigence vécue, où la parole enfin s'émancipait des rituels féodaux et liturgiques pour devenir vecteur de la communication, de la novation et de l'affirmation de soi.

Les nouvelles écoles urbaines se différenciaient aussi par le contenu et la forme de leur enseignement. Les écoles monastiques se souciaient surtout de procurer au religieux une maîtrise suffisante de la langue latine pour qu'il puisse ensuite s'adonner à ce qui serait son activité intellectuelle essentielle, sinon exclusive, à savoir la méditation permanente ou, comme on disait alors, la "rumination" de l'Écriture. Ce patient exercice, nourri des vertus combinées de la concentration spirituelle, de la prière et de l'humilité, permettait au moine de dégager à travers les strates successives le sens du texte sacré et d'en découvrir les significations morales, allégoriques et mystiques, cachées aux curieux impatients et accessibles seulement aux cœurs purs en quête de l'amour divin.

Les écoles urbaines admettaient aussi que l'étude et le commentaire de l'Écriture étaient le but ultime et le couronnement de toute éducation chrétienne. Mais outre qu'elles proposaient une approche différente du texte biblique, elles donnaient infiniment plus de place et d'autonomie aux disciplines profanes préparatoires ou, comme on disait alors en usant d'une expression léguée par l'Antiquité, aux "arts libéraux".

Vers 1100, ce que l'on connaissait des arts libéraux en Occident était encore bien modeste. Ce n'était guère que les *membra disjecta* de la culture antique préservés par les grammairiens du Bas-Empire, comme Donat ou Priscien, les Pères de l'Église, l'encyclopédiste Isidore de Séville (570-636) et des traducteurs comme Boèce (vers 480-524) à qui l'on devait de pouvoir accéder en latin à certains traités de la logique d'Aristote et à quelques *compendia* perpétuant un écho assez misérable de la science hellénistique.

Malgré ses étroites limites, ce bagage semblait recéler, pour les esprits les plus vifs de la fin du onzième siècle, les bases d'un savoir neuf et excitant. On continuait à le présenter comme partagé, selon les classifications héritées de l'Antiquité, entre *trivium* et *quadrivium*.. Le *trivium*, c'étaient les trois sciences des mots et des signes, non seulement la grammaire, déjà en honneur dans les monastères, mais la logique (on disait aussi la dialectique) et la rhétorique, autrement dit les véritables arts du langage, ceux qui permettaient de maîtriser la technique du raisonnement aussi bien que celle de la démonstration probable, destinées à emporter la conviction de l'interlocuteur. Quant au *quadrivium*, il s'agissait des sciences des nombres et des choses (arithmétique, astronomie, géométrie, musique) qui, mettant en évidence les relations harmonieuses entre les divers éléments de la Création, permettraient, espérait-on, de pénétrer quelques-uns des secrets de la nature.

Dès les années 1100, les sciences du *quadrivium* trouvèrent un écho particulier à l'école cathédrale de Chartres. Mais Abélard ne paraît guère l'avoir fréquentée ou, en tout cas, il n'y demeura point. Est-ce le simple fait du hasard ? Les disciplines des nombres ne semblent jamais l'avoir beaucoup intéressé, même s'il devint plus tard musicien de quelque talent. Dès le départ, ce furent les sciences du langage et en particulier la dialectique qui eurent ses préférences. Dégager sans faux-fuyant le sens, tant obvie que caché, des textes, savoir bâtir un raisonnement impeccable, savoir exposer son point de vue de manière claire et convaincante, savoir réfuter ses adversaires et s'imposer par la seule force de son verbe furent, dès l'origine, sa préoccupation, le but de ses études et bientôt la matière de son enseignement. À l'évidence, il ne s'agissait pas seulement chez lui de curiosité intellectuelle, mais d'une véritable conviction existentielle, poursuivie avec une attention passionnée.

En quête de maître de dialectique, le jeune Abélard visita peut-être les écoles d'Angers et de Tours, et certainement celle de Loches où professait alors un certain Roscelin de Compiègne. Âgé d'environ cinquante ans, celui-ci avait eu une carrière agitée. Vers 1090, il avait eu maille à partir avec le grand théologien Anselme, abbé du Bec en Normandie (et plus tard archevêque de Canterbury). Convoqué à Soissons devant un concile provincial, il avait échappé de justesse à la condamnation. Réfugié en Angleterre, il en avait été bientôt chassé pour avoir critiqué ouvertement les mauvaises mœurs de certains prêtres. Revenu sur le continent, Roscelin avait repris son enseignement à Loches et c'est là qu'Abélard vint l'écouter, attiré sans doute par la réputation un peu sulfureuse de ce personnage qui passait pour un virtuose de la dialectique. On ignore combien de temps il resta à Loches, car il ne fait pas mention de ce séjour dans l'*Histoire de mes malheurs* (dans laquelle Roscelin n'est d'ailleurs jamais cité, ce qui a intrigué certains commentateurs), mais il est possible qu'il ne se soit guère entendu avec ce maître de caractère apparemment difficile. Vingt ans plus tard, en tout cas, les deux hommes échangeront des lettres d'une rare acrimonie. Il est néanmoins sûr qu'Abélard ne fut pas indifférent aux leçons de Roscelin ; même s'il n'avoua jamais ce qu'il lui devait (peut-être est-ce une des raisons du silence à ce sujet de l'*Histoire de mes malheurs*), c'est certainement à l'écoute de Roscelin qu'il découvrit cette approche "nominaliste" du problème des "universaux" – qui demeurera un des traits caractéristiques de sa doctrine.

L'*Histoire de mes malheurs* indique le but de l'errance scolaire d'Abélard, atteint à une date malheureusement inconnue : "J'arrivai enfin à Paris", écrit-il.

Abélard à Paris

Paris était alors une petite ville, de quelques milliers d'habitants. Seule l'île de la Cité était peuplée de manière dense. Sur la rive droite, quelques marchands, des artisans commençaient à lotir un espace encore dégagé où les terrains agricoles ne reculaient que lentement devant la poussée urbaine. Il n'y avait même pas de fortifications, sinon peut-être une palissade de bois. Quant à la rive gauche, où s'était dressée la Lutèce antique, la ville n'en avait pas encore repris possession, si ce n'est sous la forme de petits bourgs autonomes qui se pressaient autour des grandes abbayes suburbaines, Sainte-Geneviève sur sa montagne, Saint-Germain-des-Prés à l'ouest, Saint-Marcel au sud-est. Ailleurs, les ruines gallo-romaines, comme celles des thermes ou des arènes, se dressaient au milieu des clos de vigne.

Une petite ville, donc, mais une ville en plein essor, une "ville neuve" a-t-on dit parfois. Deux atouts laissaient présager sa fortune à venir. D'abord, au centre d'une région riche et peuplée, d'accès facile, Paris commençait à faire figure, sinon de capitale, au moins de foyer important du pouvoir politique. Le roi de France, alors Philippe Ier (1060–1108), à qui succédera bientôt son fils Louis VI (1108-1137), résidait communément à Paris ou aux environs. Certes, son autorité était encore mal assurée. À Paris même et *a fortiori* dans les campagnes voisines, des seigneurs batailleurs et indociles tenaient tête à ses prévôts et levaient sans vergogne pour leur propre compte cens, péages et droits de justice. L'Église rechignait parfois à soutenir un souverain dont le sacre de Reims fondait le pouvoir thaumaturgique, mais dont la vie privée n'avait rien d'exemplaire. Malgré tout cela, le roi capétien étendait peu à peu son influence territoriale, favorisait l'essor de Paris et rassemblait autour de lui des serviteurs fidèles issus de la petite noblesse d'Ile-de-France. Dans ces conditions, s'installer à Paris avec quelque ambition, c'était entrer en contact avec ces cercles de pouvoir, puis y chercher l'appui des uns et craindre les intrigues des clans rivaux.

Pour Abélard, cette ville était d'abord, avec sa cathédrale et ses grands monastères, une capitale religieuse et un centre actif de la vie scolaire et intellectuelle. Vers 1100, la principale école, sinon la seule, était celle de Notre-Dame dont le maître le plus en vue était un des chefs du chapitre, l'archidiacre Guillaume de Champeaux. Laissant la grammaire à des assistants de moindre envergure, Guillaume enseignait la dialectique et la rhétorique. Abélard vint l'écouter.

On peut dès lors suivre de façon précise sa carrière scolaire – mais avec les yeux d'Abélard lui-même. C'est son point de vue que l'*Histoire de mes malheurs* propose. Elle montre les progrès fulgurants d'Abélard et sa redoutable maîtrise des questions les plus difficiles, elle stigmatise sans ambages la jalousie et la médiocrité de ses adversaires. C'est en lisant entre les lignes de ce texte que certains historiens ont supposé qu'Abélard ne dut peut-être pas ses succès à son seul génie, mais aussi à d'opportuns appuis politiques. C'est en glanant les rarissimes indices transmis par d'autres sources qu'on a pu deviner qu'Abélard avait parfois connu des déconvenues, passées sous silence.

Il faut se souvenir que l'*Histoire de mes malheurs*, rédigée trente ans après son arrivée à Paris, ne prétend pas donner un récit détaillé de ses débuts. En les résumant en quelques pages Abélard a certainement forcé le trait et on ne peut exclure qu'un peu d'humour se soit glissé sous sa plume. En se peignant sous les traits d'un débutant arrogant, il préparait l'effet de contraste saisissant créé par sa déchéance ultérieure, la perte de sa réputation, la condamnation de son œuvre et le triomphe de ses ennemis. En ne cachant pas l'orgueil de sa jeunesse, source de tous ses malheurs, il s'exhortait lui-même, par le seul travail de l'écriture, au repentir et à l'humilité.

Il faut donc lire le récit des études d'Abélard, puis de ses débuts comme professeur, certes avec esprit critique, mais sans se refuser le plaisir d'une narration vigoureuse.

Guillaume de Champeaux et la question des universaux

Les premières années sont haletantes. C'est le temps de la guerre ou, mieux, du tournoi, le charivari, la ronde endiablée des jeunes cherchant à chasser les anciens de leurs positions.

D'abord bien accueilli par Guillaume de Champeaux, Abélard se rend vite insupportable en critiquant le maître et, à l'en croire, en réussissant à plusieurs reprises à le vaincre dans la discussion. L'objet de ces discussions était la célèbre "question des universaux" à laquelle on a longtemps ramené toute la philosophie médiévale. Cette question apparaissait dès le début des cours de dialectique, car elle était formulée dans l'*Isagogé* (l'*Introduction*), texte rédigé au troisième siècle de notre ère par Porphyre et qui servait classiquement, depuis lors, d'introduction à la logique d'Aristote ; cela était d'ailleurs pédagogiquement discutable car l'*Isagogé*, texte court et dense, assez difficile, abordait, sans toujours les résoudre, de véritables problèmes philosophiques – comme précisément celui des universaux – et pas seulement logiques, ce qui était assez déroutant pour des débutants.

La question était la suivante : lorsque nous attribuons à un sujet un prédicat universel (en latin, un *universale*, au pluriel *universalia*, d'où "universaux" en français) tel que "homme" ou "animal", ce prédicat n'est-il qu'un mot ou renvoie-t-il à une chose réellement existante en chacun des hommes ou des animaux singuliers ? Certains – c'était le cas de Guillaume de Champeaux – tranchaient en faveur de cette seconde solution. Pour eux – on les appelait les "réalistes" – il existait bien un homme ou un animal universel : les genres et les espèces étaient des choses. En chaque homme ou chaque animal se trouvait l'homme ou l'animal universel, chaque individu ne se distinguant de son voisin que par des accidents singuliers. Pour leurs adversaires au contraire, seul le sujet singulier était une chose réelle, se suffisant à elle-même ; sous peine d'absurdité, une chose ne pouvait exister dans une autre chose. Les "universaux" n'étaient donc que des mots, des "noms" (d'où le terme de "nominalisme" utilisé ultérieurement pour qualifier les doctrines non réalistes) ; ils désignent au mieux un état, un statut, une manière d'être ("être-homme", "être-animal"), mais non pas une réalité substantielle. Il y avait là, on le voit, un véritable débat de fond qui, d'une certaine façon, reproduisait l'antique opposition du platonisme et de l'aristotélisme.

Abélard affinera progressivement sa propre théorie des universaux, mais sa conviction profonde (peut-être née à l'écoute de Roscelin de Compiègne), c'est-à-dire le refus du "réalisme" philosophique, était bien ancrée en lui et il ne s'en départira jamais. C'est pour cela qu'il s'opposa vigoureusement à Guillaume de Champeaux, suscitant non seulement le mécontentement de celui-ci, mais aussi l'hostilité d'étudiants plus anciens et plus respectueux, jaloux et indignés de voir leur maître mis publiquement en difficulté par ce nouveau venu.

Dès ce moment, apparaît dans l'autobiographie d'Abélard un thème qui reviendra de manière récurrente tout au long de l'*Histoire de mes malheurs* : celui de l'"envie". À l'en croire, chacune de ses initiatives, chacun de ses succès, auraient eu pour effet immédiat de lui susciter moins des admirateurs et des disciples que des ennemis, des envieux résolus à le perdre. Il aurait sans cesse été la victime d'un sorte de complot constamment renaissant. Il est difficile de faire la part de la fiction littéraire et celle de la réalité, sans compter le complexe de persécution qu'Abélard semble avoir fini par développer. Certes, le thème de l'"envie" était un ressort narratif commode qui donnait cohérence à la succession de malheurs qui avaient jalonné sa carrière. Mais il semble bien qu'un individualisme exacerbé ait souvent caractérisé au douzième siècle les rapports entre maîtres (et étudiants) des nouvelles écoles urbaines et ce n'est qu'à la fin du siècle qu'un certain esprit communautaire et la prise de conscience d'intérêts collectifs pousseront les professeurs des diverses écoles à se rapprocher et à s'associer pour mieux se défendre et développer leurs activités : ce sera la naissance des universités. Au temps de la jeunesse d'Abélard, on en était encore loin. On ne peut donc totalement récuser ses plaintes contre la malveillance de ses confrères. D'autres que lui connaîtront des difficultés du même genre.

Las de l'enseignement de Guillaume de Champeaux et quoiqu'à peine âgé de plus de vingt ans, Abélard en savait désormais assez pour ouvrir sa propre école. Il ne le fit pas à Paris, où il lui aurait fallu obtenir des autorités ecclésiastiques (c'est-à-dire soit de l'évêque, soit de Guillaume de Champeaux lui-même en tant qu'archidiacre en charge des écoles), sinon une autorisation formelle – la fameuse "licence d'enseignement" qui n'existait peut-être pas encore –, du moins un accord tacite. Il préféra donc s'installer à quelque distance, dans un autre diocèse, à Melun "alors résidence royale". Cette brève notation, complétée par une autre où Abélard signale que son ancien maître Guillaume de Champeaux n'était pas tout-puissant car "il avait des ennemis parmi les grands de la terre", a éveillé l'attention des historiens et suggéré à certains une lecture politique des premiers succès d'Abélard.

La protection des Garlande

En ces premières décennies du douzième siècle, plusieurs clans familiaux s'opposaient, tant pour le contrôle des principales dignités du clergé parisien que pour l'accès aux grands offices de la cour royale. Parmi ces clans, le plus nombreux et le plus actif était alors celui des Garlande. Ce lignage prolifique était apparu vers le milieu du onzième siècle, peut-être originaire de la région de Senlis. Les premiers Garlande connus sont de petits chevaliers, mais vers 1100 les cinq frères, Gilbert dit Païen, Anseau, Étienne, Guillaume et Gilbert le Jeune avaient su se rendre indispensables au roi ; ils tendaient à monopoliser les grands offices du palais (sénéchal, bouteiller, chancelier) et cherchaient même à les rendre héréditaires. Ils ne négligeaient pas davantage les dignités ecclésiastiques : Étienne de Garlande fut archidiacre de Notre-Dame puis doyen de Sainte-Geneviève à Paris ; deux descendants de Gilbert devinrent évêques d'Orléans.

Est-ce uniquement le fait de s'être affronté à Guillaume de Champeaux qui valut à Abélard la faveur des Garlande, tout particulièrement d'Étienne qui, en tant qu'archidiacre, se trouvait en opposition directe au sein même du chapitre de Notre-Dame avec son confrère Guillaume ? On ne sait, mais il est certain, et Abélard lui-même le mentionne, qu'il fit partie des protégés de ce puissant clan et que, pour de longues années, sa fortune resta, dans une certaine mesure, liée à celle de ses patrons. Il ne lui eût sans doute pas été possible de faire carrière autrement : l'école n'était pas alors, par elle-même, une institution assez forte pour garantir l'indépendance des enseignants. Cependant, pour utile qu'il ait été à certains moments, le patronage des Garlande s'est révélé à d'autres plutôt encombrant. D'abord, il a valu à Abélard l'hostilité systématique des adversaires des Garlande, notamment de l'évêque de Paris Galon (1104-1116) et de grandes familles comme celles des Rochefort ou des Senlis, qui réussiront elles aussi, quelques années plus tard, à s'emparer du siège épiscopal de Paris avec Étienne de Senlis, évêque de 1124 à 1142. Ensuite et surtout, ses liens avec Étienne de Garlande, que le canoniste Yves de Chartres accusera publiquement de n'être même pas sous-diacre et d'être en revanche "illettré, joueur, coureur de femmes, adultère, jadis excommunié par un légat pontifical", ont contribué, au moins aux yeux de certains, à faire passer Abélard pour ce qu'il n'était pas : un adversaire de la réforme de l'Église, un tenant de l'ordre ancien des choses, un chrétien à la foi bien tiède.

Abélard ouvrit donc une école à Melun où il enseigna, semble-t-il, de 1102 à 1104. Enhardi par le succès, il décida de se rapprocher de Paris, principal foyer de la vie scolaire ; vers la fin de 1104, il transféra son école à Corbeil. Puis, brusquement, sa carrière semble s'interrompre pendant quelques années ; il retourne en Bretagne sous le coup d'une maladie peut-être diplomatique. C'est l'époque où les Garlande connaissent une disgrâce passagère et ce sont peut-être les difficultés de ses protecteurs qui obligeaient Abélard à s'éloigner.

Les Garlande revenant en faveur en 1108, Abélard peut reparaître sans crainte. Mais il ne rouvre pas immédiatement son école et, renonçant à reprendre un enseignement peut-être prématuré, il décide de redevenir étudiant pour parfaire ses connaissances et retourne écouter Guillaume de Champeaux. Sans doute avait-il au fond de lui-même plus d'estime pour ce maître que ce qu'il en dit dans l'*Histoire de mes malheurs* ne le laisse entendre.

La fondation de Saint-Victor

Désespérant de voir ses confrères du chapitre Notre-Dame se réformer, Guillaume de Champeaux avait résigné sa charge d'archidiacre et confié à un remplaçant la direction de l'école cathédrale. Prenant une initiative dont il est bien d'autres exemples en ces années, il décida de fonder une petite congrégation autonome de chanoines réguliers qui vivraient selon la règle de saint Augustin, qu'avaient refusé d'adopter les chanoines de Notre-Dame. Il fit donc bâtir une abbaye nouvelle, dédiée à saint Victor, au sud-est de Paris, hors de la ville mais cependant proche d'elle, ce qui lui permettait entre autres de garder son école et ses élèves. L'ordre de Saint-Victor prospérera rapidement et l'abbaye-mère conservera tout au long du douzième siècle une école importante, où s'illustreront plus tard des maîtres fameux comme Hugues, Richard ou André (tous dits "de Saint-Victor") et où afflueront des auditeurs extérieurs.

Comme à Notre-Dame, Guillaume professait les disciplines du *trivium*. Lorsqu'Abélard reparut dans son école – sans qu'on sache quel accueil lui fit Guillaume –, ce fut pour suivre ses leçons de rhétorique. Mais curieusement, la question des universaux, qui n'avait rien à voir avec la rhétorique, fut à nouveau posée. Fut-ce à la demande de certains étudiants, voire d'Abélard lui-même, ou à l'initiative de Guillaume ? On ne sait. Toujours est-il que le débat entamé quelques années plus tôt reprit de plus belle. Pressé par la dialectique d'Abélard, Guillaume crut s'en tirer en donnant de son "réalisme" une formulation plus modérée et plus subtile. Peine perdue ; cette reculade ne réusssit qu'à lui faire perdre des auditeurs qui prièrent Abélard de rouvrir sans plus tarder sa propre école.

À ce point de l'*Histoire de mes malheurs*, Abélard dévoile ce qui était désormais devenu son ambition : non plus seulement ouvrir une école "privée", mais supplanter les successeurs que Guillaume s'était donnés à l'école de la cathédrale Notre-Dame et s'installer lui-même dans une chaire dont il estimait qu'elle lui revenait désormais de droit, puisqu'il avait fait la démonstration publique de sa supériorité sur Guillaume et, *a fortiori*, sur ses épigones.

Ambition peut-être légitime mais prématurée. Guillaume de Champeaux avait encore assez d'influence pour y faire obstacle. À peine arrivé à Notre-Dame, Abélard dut céder la place à un autre écolâtre recommandé par Guillaume. Il repartit donc pour Melun, mais ne tarda pas à réapparaître à Paris. Il dut s'installer un peu à l'écart, au flanc de la "Montagne", sur le territoire de l'abbaye Sainte-Geneviève. Celle-ci, vieille et puissante fondation du très haut Moyen Âge, était occupée par une communauté de chanoines indépendants de l'évêque. Comme leurs collègues de Notre-Dame, ces chanoines avaient jusqu'alors refusé la réforme qui les aurait contraints à la pauvreté et au respect d'une règle. Les Garlande avaient des amis parmi eux. Abélard fut donc bien accueilli lorsqu'il décida d'installer son école sur cette hauteur afin de mieux assiéger, pour reprendre une de ces métaphores militaires qu'il affectionnait, ses rivaux installés en contrebas, soit à Saint-Victor aux bords de la Seine, soit dans l'île même de la Cité, à l'ombre de la cathédrale.

L'école de la Montagne Sainte-Geneviève

C'est sans doute des années 1110-1112 que date la présence d'Abélard et de son école sur le territoire de Sainte-Geneviève. En face de lui, Guillaume de Champeaux n'abandonnait pas la partie. Malgré les critiques de ceux qui lui reprochaient de ne pas se consacrer désormais à la prière et à la contemplation plutôt qu'à l'enseignement de disciplines profanes, il continuait à polémiquer, au moins par auditeurs interposés, avec son ancien disciple. Ces sortes de disputes publiques mettaient aux prises les élèves des diverses écoles parisiennes. À en croire Abélard, les siens l'emportaient régulièrement sur ceux de Guillaume. Selon d'autres sources, il faudrait modérer cette vision triomphale de la supériorité de l'enseignement d'Abélard. Ainsi, la *Vie* de Gosvin d'Anchin, alors élève non pas d'ailleurs de Guillaume de Champeaux mais d'un autre professeur, Josselin de Vierzy, raconte que Gosvin vint lui aussi porter la contradiction à Abélard dans sa propre école et le mit en difficulté.

Cette anecdote évoque ce qu'était, en ces premières années du douzième siècle, l'atmosphère des écoles parisiennes. Il ne s'agit ici, que des écoles d'arts libéraux, en fait essentiellement de *trivium*, grammaire d'un côté, dialectique et rhétorique de l'autre. L'enseignement de la science sacrée, de la théologie, était une autre affaire. Les disciplines profanes du *trivium* pouvaient être étudiées en divers lieux. Elles s'enseignaient à l'école cathédrale de Notre-Dame, elles s'enseignaient à Saint-Victor, elles s'enseignaient, grâce à Abélard, sur la Montagne Sainte-Geneviève, elles s'enseignaient sans doute aussi, dès cette époque, dans d'autres écoles encore. Comme celle d'Abélard, celles-ci devaient être des écoles "privées", c'est-à-dire que les maîtres qui les avaient ouvertes, quand ils avaient reçu l'accord de l'autorité ecclésiastique locale, devaient par ailleurs pourvoir par eux-mêmes à leur subsistance ; à moins d'être titulaires de quelque bénéfice ecclésiastique, il leur fallait demander à leurs élèves des honoraires en échange desquels on peut imaginer qu'ils s'engageaient à leur enseigner, en un temps donné, tel ou tel sujet.

Ce système créait les conditions d'une concurrence acharnée entre maîtres. S'il ne devait pas être très difficile, en jouant sur la multiplicité et la rivalité des juridictions ecclésiastiques, d'obtenir le droit d'ouvrir une école, il fallait ensuite attirer des étudiants. Or ceux-ci, même en un temps d'essor et dans une région dynamique, n'étaient pas encore très nombreux, et, si de solides appuis politiques ou ecclésiastiques aidaient certainement à élargir un auditoire, l'essentiel était quand même dans la qualité de l'enseignement. Sur ce plan, Abélard semble bien avoir été, par-delà les vantardises de son autobiographie, un concurrent redoutable pour ses rivaux.

L'enseignement consistait d'abord à "lire", comme on disait alors, c'est-à-dire à commenter les "autorités", les textes constitutifs de la discipline enseignée. Au début du douzième siècle, les autorités accessibles à Paris étaient encore en petit nombre. En grammaire, on utilisait surtout les traités de deux grammairiens de la fin de l'Antiquité, Donat (quatrième siècle) et Priscien (début du sixième siècle). En logique, on ne connaissait d'Aristote que les premiers traités, qui formaient ce qu'on appellera plus tard la "vieille logique", c'est-à-dire les *Catégories* et le traité *De l'interprétation* ; s'y ajoutaient en guise d'introduction, l'*Isagogé* de Porphyre, ainsi que les commentaires de Boèce sur l'*Isagogé* et les *Catégories* et les traités du même Boèce sur les divisions (genres, espèces, etc.) et sur les syllogismes catégoriques et hypothétiques. La traduction des *Analytiques* en revanche, également due à Boèce, était alors négligée. On était encore plus mal armé en rhétorique : les *Topiques* d'Aristote étaient inconnues ; on s'en tenait aux traités du même nom dus à Cicéron et surtout à Boèce.

Par ses lectures, Abélard appartenait donc encore au onzième siècle. Sa culture n'excédait guère ce qui était connu en Occident depuis le haut Moyen Âge et déjà pratiqué avant lui dans les écoles. Ce n'est qu'aux génération suivantes, celles du milieu et de la fin du douzième siècle (voire du début du treizième) que sera donnée la possibilité de lire, enfin traduit en latin, l'ensemble de l'œuvre logique et même philosophique d'Aristote, ainsi que divers commentaires donnés par des auteurs arabes. Lorsqu'Abélard commença à enseigner à Paris, les équipes de traducteurs qui, soit en Espagne, soit en Sicile, tantôt à partir de versions arabes, tantôt en remontant aux originaux grecs, devaient bientôt révéler aux Occidentaux d'immenses pans de la philosophie et de la science grecque et arabe, venaient à peine de se mettre au travail. Abélard lui-même, dans la seconde partie de sa carrière, semble avoir eu connaissance de quelques-unes de ces traductions, notamment celle des *Réfutations sophistiques* d'Aristote. Mais il n'eut pas le temps de s'en pénétrer et de les introduire vraiment dans son enseignement. Travaillant sur des sources anciennes et déjà connues, Abélard fut cependant, à coup sûr, un professeur novateur et audacieux, tant dans la forme que dans le fond.

Il est difficile de se représenter exactement ce que fut son enseignement parisien jusqu'en 1112. Parmi les écrits conservés d'Abélard, ne dateraient de cette époque que des commentaires assez élémentaires (les spécialistes parlent de "gloses littérales", de paraphrases explicatives où l'auteur ne cherche pas à exposer une théorie personnelle) sur l'*Isagogé* de Porphyre, les *Catégories* et le traité *De l'interprétation* d'Aristote, ainsi que les *Divisions* de Boèce ; même si l'on y ajoute de courts traités de logique pour débutants (dits *Introductiones*) aujourd'hui perdus mais qui semblent bien avoir été transcrits, cela ne fait guère une œuvre originale. On n'y trouve encore qu'un écho simplifié et appauvri de l'enseignement d'Abélard. Ces textes, à eux seuls, ne rendraient pas compte de sa méthode ni de sa doctrine.

De toute façon, à une époque où peu d'étudiants devaient posséder eux-mêmes des manuscrits des textes étudiés, l'enseignement reposait sur une pédagogie essentiellement orale. Distinguait-on alors, comme on le fera plus tard, deux types d'exercices bien différents, la "lecture" et la "dispute" ? Ce n'est nullement sûr. Abélard d'ailleurs– comme tous ses collègues – ne se contentait pas de professer un commentaire magistral devant un auditoire silencieux. Cette méthode qui impliquait un double respect, quasi religieux, du maître pour l'"autorité" et du disciple pour le maître, avait été celle des anciennes écoles monastiques ; elle n'avait plus sa place dans les écoles urbaines et Abélard a sans doute plus que tout autre contribué à l'avènement d'une pratique nouvelle de l'enseignement. Des témoignages comme celui de Foulques de Deuil, ainsi que des écrits un peu postérieurs d'Abélard incitent à penser que, dès cette époque, il savait tirer du texte qu'il commentait les questions susceptibles d'intéresser les élèves et méritant d'être traitées pour elles-mêmes ; il savait, sur un problème donné, multiplier les arguments pour et contre, réfuter les objections, montrer les absurdités auxquelles menait la thèse adverse ; il faisait preuve en la matière d'une invention extraordinaire, sans jamais se départir d'une parfaite rigueur. Nul doute qu'un dialecticien aussi brillant et aussi sûr ait fasciné ses étudiants. De plus, il devait, d'une manière ou d'une autre, leur donner la parole pendant ses cours, même s'il ne s'agissait pas encore de disputes en forme comme en organiseront les universités au treizième siècle, et les encourager à aller éprouver leur jeune savoir en participant aux discussions dans les écoles de ses collègues.

À quoi servaient les arts libéraux ? La grammaire, à l'évidence, était indispensable pour apprendre à maîtriser le latin, seule langue à la fois savante et liturgique reconnue à cette époque. La dialectique et la rhétorique, en revanche, ne trouvaient plus guère les débouchés politiques et judiciaires qui avaient fait leur succès dans l'Antiquité. Elles risquaient – les adversaires des nouvelles écoles urbaines leur en feront bientôt le reproche – de rester closes sur elles-mêmes, ne nourrissant que les débats sans cesse plus subtils et plus vains d'éternels étudiants. Pour un chrétien, comme l'avait bien montré saint Augustin dans son *De doctrina christiana* au début du cinquième siècle, la pratique des arts libéraux ne pouvait être une fin en soi. Elle ne se justifiait que si ces arts étaient conçus comme des disciplines propédeutiques à une meilleure compréhension des Saintes Écritures, seul objet légitime d'une véritable culture chrétienne ; car seules les Écritures rendaient accessible la révélation divine et préparaient l'âme au salut.

Il n'était donc guère concevable au douzième siècle encore, pour un homme avide de parcourir tout le champ du savoir sans négliger son propre salut, de s'en tenir aux disciplines profanes. Il fallait savoir les dépasser pour se mettre à l'étude des choses sacrées. À dire vrai, l'enseignement du *trivium* avait apporté à Abélard à la fois tant de satisfactions intellectuelles et tant de succès qu'il mit longtemps à franchir ce pas. Il avait près de trente-cinq ans lorsqu'il se décida à retourner à l'école pour suivre les leçons des maîtres d'Écriture Sainte, car il comprenait bien qu'en restant un simple dialecticien, aussi brillant fût-il, il ne pourrait jamais ni se présenter comme un homme de savoir au sens plein du mot, ni réaliser la belle carrière ecclésiastique à laquelle il aspirait peut-être.

C'est au même moment que Guillaume de Champeaux quitta son abbaye et son école de Saint-Victor ; il venait d'être élu évêque de Châlons-sur-Marne. Selon Abélard Guillaume n'avait pris l'habit régulier que dans l'espoir de voir son zèle réformateur bientôt couronné par une promotion épiscopale, et il obtenait enfin la récompense d'une conversion peu désintéressée. Mais Abélard ne peut aussi s'empêcher de remarquer qu'arrivé à Châlons, Guillaume ne négligea pas, quoiqu'évêque, de continuer à enseigner. Naturellement, comme cela convenait à sa nouvelle dignité, il ne s'agissait plus de cours de dialectique, mais d'Écriture Sainte, et ses cours avaient du succès. Ce succès précipita peut-être la décision d'Abélard de s'initier lui aussi à la science religieuse.

Anselme et l'école de Laon

Abélard, homme mûr et maître déjà réputé, se devait évidemment de choisir la meilleure école d'Écriture Sainte. Il se décida pour celle de Laon. C'était là qu'avait jadis étudié Guillaume de Champeaux lui-même. Décidément, Abélard n'en finissait pas de régler ses comptes avec ce maître qui, même absent, continuait à lui en imposer plus qu'il ne voulait l'admettre : imiter en toutes choses Guillaume de Champeaux pour mieux le dépasser et le supplanter était devenu son obsession.

Le maître de l'école cathédrale de Laon était alors Anselme. Les historiens de la théologie et de l'exégèse ont fait justice des lourds sarcasmes dont Abélard l'accabla. L'importance de l'"école de Laon", aujourd'hui unanimement reconnue, découle d'abord de celle de la ville. Au cœur d'une riche région agricole et viticole, Laon était l'une des principales cités du nord de la France. Ses évêques étaient de puissants seigneurs qui jouaient depuis longtemps un rôle politique de premier plan. On trouvait auprès d'eux, dans la vieille cathédrale fièrement dressée au sommet de son *oppidum*, un chapitre de chanoines exceptionnellement riche et nombreux. Il n'est donc pas étonnant que cette cathédrale ait possédé une bibliothèque et un *scriptorium* (atelier de copie de manuscrits) réputés. C'était depuis des siècles un foyer très actif de vie intellectuelle et d'enseignement.

Lorsqu'Abélard arriva à Laon, vraisemblablement en 1113, le principal professeur et le responsable de l'école était donc Anselme. C'était déjà un homme âgé et il n'était certainement pas seul ; des assistants plus jeunes devaient le seconder, en particulier pour réaliser ce qui a été l'œuvre majeure de l'école laonnoise : la compilation d'une glose complète de l'Écriture Sainte. Même si l'on enseignait certainement à Laon comme ailleurs la grammaire et les autres arts libéraux, cette école s'était fait une spécialité de l'exégèse biblique.

Depuis les Pères de l'Église et en particulier saint Augustin (354-430) et saint Jérôme (347-420), commenter les textes de l'Ancien et du Nouveau Testament était la tâche fondamentale des docteurs et des évêques. Si la culture chrétienne faisait place à certaines disciplines profanes, à titre propédeutique, elle ne trouvait son plein aboutissement que dans l'intelligence du texte sacré, voie d'accès privilégié, sinon unique, à la Révélation divine, à la sagesse et au salut ; c'était le couronnement de tout enseignement chrétien. Dans la lignée des commentaires augustiniens, le haut Moyen Âge avait été convaincu que l'Écriture Sainte avait plusieurs sens, un sens obvie, littéral ou, comme on disait alors, "historique", et des sens plus profonds, cachés, d'ordre moral ou mystique, qu'il fallait essayer de faire surgir par les ressources combinées de l'allégorie et de la symbolique. Ces sens profonds étaient porteurs de la Vérité éternelle ; c'étaient aussi ceux qui permettaient de montrer comment l'Ancien Testament n'était qu'une longue préparation du Nouveau, où avaient été annoncées, par figures et mystères, les réalités enfin dévoilées par l'incarnation, l'enseignement et la Passion du Christ. À l'exégèse littérale et aveugle des Juifs, qui n'avaient pas su reconnaître le Messie, s'opposait l'exégèse vivante de l'Église qui savait faire surgir l'Esprit sauveur derrière la lettre morte du texte ancien.

La glose au service de la foi

L'instrument essentiel de l'exégèse médiévale était la glose. On entendait par là l'appareil de notes marginales en tout genre (définitions de mots, références croisées, explications grammaticales ou historiques, citations empruntées aux commentaires des Pères, etc.) qui permettaient d'élucider le texte sacré, c'est-à-dire à la fois d'en saisir la signification exacte et de l'enrichir de toutes les harmoniques spirituelles cachées derrière presque chaque mot. La composition de la glose s'accompagnait généralement d'un effort pour corriger le texte biblique lui-même, c'est-à-dire pour en restituer la version la plus exacte possible (ou du moins la plus correcte grammaticalement) et la présenter selon des subdivisions claires, facilitant les citations et les renvois.

Dès le neuvième siècle, des moines patients avaient commencé à compiler des chaînes de gloses bibliques. Dans les écoles du douzième siècle et notamment à Laon, ce travail prit des dimensions nouvelles. D'abord, on y composa une glose complète, reprenant l'acquis de toute les compilations antérieures ; appelé "glose ordinaire" elle sera utilisée à ce titre pendant des siècles dans toutes les écoles d'Occident. Ensuite, les maîtres laonnois firent preuve d'un certain esprit critique. S'aidant des ressources de la grammaire et de la dialectique, ils analysèrent de manière rigoureuse certains passages difficiles et pressentirent que l'exégèse biblique pouvait déboucher sur de véritables questions théologiques et qu'une mise en ordre rationnelle des "sentences" tirées de la Bible et des Pères pouvait mener à des formulations nouvelles des vérités de la foi. Avec eux, l'exégèse sortait du cadre ancien de la paraphrase mystique.

Tout en suscitant la méfiance de quelques auteurs traditionalistes, cette originalité dans l'esprit comme dans la méthode fit le succès de l'école de Laon auprès des contemporains. On venait de loin écouter les leçons d'Anselme. Les historiens d'aujourd'hui ont volontiers souscrit à ces appréciations positives. Dans ce concert de louanges, le témoignage d'Abélard est pratiquement la seule voix discordante.

De son bref séjour aux écoles de Laon, Abélard a laissé dans son *Histoire de mes malheurs* un récit pittoresque dont l'humour n'est pas toujours absent. Lorsqu'il arriva dans la ville, Abélard n'était pas un débutant. C'était déjà un homme mûr, un maître connu, un dialecticien redoutable qui se devait de maintenir sa réputation, mais il n'était pas seul dans ce cas : d'autres étudiants avancés et expérimentés étaient déjà inscrits dans l'école d'Anselme et l'aidaient dans la rédaction de ses compilations bibliques. Abélard a laissé les noms de deux de ces personnages qui siégeaient au premier rang des disciples du maître et ne virent sans doute pas d'un très bon œil l'arrivée d'un homme dont ils avaient dû entendre mentionner la carrière déjà mouvementée et le caractère difficile : il s'agissait d'un certain Albéric qui deviendra maître réputé de l'école de Reims puis archevêque de Bourges, et d'un Italien, Lotulphe de Novare. Ce seront, à Laon, les porte-parole de ces "envieux" dont Abélard s'estimait perpétuellement victime.

Il faut dire qu'ici non plus, il ne fit rien pour les ménager. À peine avait-il suivi quelques leçons d'Anselme qu'il déclarait à qui voulait l'entendre que le vieux maître n'était plus ce qu'il avait été et que son enseignement n'apportait aucune lumière à ses auditeurs. La critique d'Abélard est en fait assez précise. Ce qu'il reprochait à Anselme, non sans injustice sans doute, c'était d'être un professeur à l'ancienne, le tenant d'une tradition dépassée, surtout aux yeux de celui qui était issu des écoles parisiennes de dialectique. Anselme, reconnaît-il, était éloquent (concluons-en qu'il avait une bonne pratique de la grammaire et de la rhétorique) et faisait impression devant un auditoire muet et respectueux. Mais, médiocre logicien, il était mal à l'aise lorsqu'un étudiant soulevait une question difficile, qu'il eût fallu traiter pour elle-même, en prenant du recul par rapport au texte sacré. En fait la technique de la "question" n'était pas totalement étrangère à l'école laonnoise et Abélard exagère certainement en ramenant l'œuvre d'Anselme à une paraphrase stérile. Il n'en est pas moins vrai que si les Laonnois ont eu les premiers l'idée d'une exégèse scientifique, disposée de manière rationnelle (les gloses courtes étaient copiées entre les lignes, les gloses longues développées dans les marges des manuscrits) et destinée à l'enseignement des écoles urbaines, ils n'attendaient guère de la dialectique la solution des passages obscurs de la Bible et se fiaient plutôt à l'accumulation et à la mise en ordre de références empruntées, grâce à d'abondantes lectures, aux meilleurs commentaires des Pères.

Mécontents des sarcasmes et du peu d'assiduité d'Abélard, quelques étudiants lui demandèrent ce que lui, simple philosophe, pensait de l'étude de l'Écriture Sainte. Il répliqua, de manière parfaitement orthodoxe, que cette étude était d'une éminente utilité puisqu'elle était la science supérieure et la voie du salut, mais que des gens instruits, c'est-à-dire bien formés aux arts libéraux et notamment à la dialectique, ne pouvaient se contenter de multiplier les gloses qui, par elles-mêmes, ne garantissaient nullement la pleine intelligence du texte. On y parvenait plus rapidement et plus sûrement par une lecture attentive de l'auteur sacré, appuyée sur une pratique sûre du raisonnement juste. Tout au plus pouvait-on se servir d'une glose pour y trouver quelques explications factuelles. Mais c'était du texte lui-même, interrogé avec toutes les ressources de la raison dialectique, que le professeur devait extraire le sens de l'Écriture et en tirer les enseignements propres à guider l'homme dans sa conduite ici-bas.

Abélard commente Ézéchiel

Mis au défi de prouver sa capacité à "lire", donc à enseigner l'Écriture selon ces principes, Abélard choisit pour sa démonstration un passage difficile du prophète Ézéchiel. Choix provocant : Ézéchiel a toujours été considéré comme le plus complexe des prophètes et, aujourd'hui encore, c'est un des livres de l'Ancien Testament qui met le plus à l'épreuve la sagacité des exégètes. De plus, il existait déjà sur Ézéchiel un commentaire célèbre dû au pape Grégoire le Grand (590-604), sans doute un des chefs-d'œuvre de l'exégèse monastique traditionnelle, où jouait dans toute sa complexité l'entrelacement des sens littéraux, moraux et mystiques. Malgré l'existence de ce modèle écrasant, Abélard prépara en une nuit, avec le seul secours du texte et d'une unique glose, sa première leçon. Cette rapidité était, elle aussi, une provocation ; elle mettait en évidence l'originalité de la méthode de travail d'Abélard : au labeur de fourmi du compilateur, il substituait le libre exercice de la raison, à la patience du glosateur la vivacité du dialecticien, à l'interminable paraphrase anselmienne la rigueur de la démonstration et le déploiement fulgurant du sens.

La suite de l'épisode laonnois, telle qu'Abélard l'a racontée, reproduit trait pour trait ce qui s'était passé dix ans plus tôt à Paris dans l'école de Guillaume de Champeaux. La répétition de la même structure narrative rappelle que l'*Histoire de mes malheurs* n'est pas une autobiographie au sens moderne du mot, mais les détails que l'auteur y donne sonnent vrai.

Méfiants d'abord, les étudiants se pressèrent bientôt en foule aux leçons d'Abélard qui fut ainsi amené à se lancer dans un cours complet sur Ézéchiel. Certains, note-t-il, commencèrent à prendre des notes par écrit. Observation remarquable car si nous n'avons conservé aucune trace de ces fameuses leçons, il est clair qu'elles donnèrent initialement matière à deux rédactions : d'une part, celle réalisée par le professeur lui-même, avant ou après le cours, soit pour préparer celui-ci, soit pour le fixer sous une forme définitive, généralement destinée à être mise en circulation ; d'autre part, les notes que prenaient certains étudiants à leur usage personnel, mais qui pouvaient être copiées, prêtées, vendues. Le maître ne les vérifiait pas toujours et elles ne donnaient souvent qu'une image appauvrie, voire déformée, de son enseignement ; la pratique s'avérait donc dangereuse. Au Moyen Âge, bien des condamnations doctrinales, à commencer par celles d'Abélard, ont été prononcées sur la foi de notes (on disait de "reportations") mises en circulation de manière incontrôlée, à l'insu de l'auteur. Parfois, il est vrai, il pouvait être commode d'imputer certaines formulations erronées à la maladresse d'auditeurs infidèles, mais les tribunaux ne se laissaient pas tous aisément convaincre par cet argument.

L'existence de ces notes écrites précipita les événements. Anselme et ses plus fidèles disciples étaient déjà jaloux du succès de l'enseignement "sauvage" d'Abélard, qui vidait leur propre école, mais, à partir du moment où des versions écrites de ces leçons furent mises en circulation, la responsabilité personnelle d'Anselme se trouva engagée. À l'évidence, Abélard avait commencé à enseigner sans son autorisation et si tel moine ou clerc pointilleux y avait trouvé à redire, Anselme, qui ne manquait pas d'ennemis chez les traditionalistes, aurait pu être mis en cause en tant qu'écolâtre et responsable de l'ensemble des écoles de la ville et du diocèse de Laon. C'est en tout cas cet argument juridique (à peu près le même que celui employé par Guillaume de Champeaux pour empêcher Abélard de s'installer à Paris à l'école de la cathédrale Notre-Dame) qui fut invoqué pour mettre un terme au premier enseignement théologique d'Abélard. À dire vrai, cette interdiction ne dut pas l'affecter outre mesure. Son ambition n'était pas de s'installer à Laon, mais à Paris et il y revint promptement.

La révolte communale de Laon : l'indifférence d'Abélard

Le séjour d'Abélard à Laon dut coïncider avec un des épisodes les plus marquants de l'histoire de cette ville, la grande révolte communale de 1112. C'est à un quasi contemporain d'Abélard, l'abbé Guibert de Nogent (1055-1125), auteur lui aussi d'une autobiographie que nous devons de connaître en détail cette histoire. Fasciné et terrifié, l'excellent abbé a raconté en des pages célèbres, que reliront avec délices les républicains anticléricaux du dix-neuvième siècle, comment le peuple soulevé contre l'évêque Gaudry, seigneur de la ville, traqua celui-ci jusque dans le cellier du palais épiscopal et finit par le massacrer, le 26 avril 1112. Guibert ne cache aucun des vices de ce prélat cruel et rapace, mais cela ne lui fait oublier ni l'horreur du sacrilège, ni la perversité foncière à ses yeux du mouvement communal. Pendant la fin de 1112 et toute l'année 1113 – et c'est certainement là qu'il faut placer le séjour d'Abélard –, la situation resta assez confuse. L'évêque successeur de Gaudry cherchait à restaurer son pouvoir, mais les bourgeois appuyés par quelques seigneurs des campagnes voisines tenaient encore le haut du pavé et le roi Louis VI hésitait à intervenir.

Abélard ne put ignorer cette situation dont il fut le témoin. Il ne put ignorer non plus le rôle de certains chanoines et notamment ne put ignorer non plus le rôle de certains chanoines et notamment d'Anselme, non seulement écolâtre mais doyen du chapitre. Guibert de Nogent vante la science et la vertu de ce prélat ; il relève qu'au moment de l'élection épiscopale, Anselme avait été le seul à s'opposer, lucidement, au choix désastreux de Gaudry. Au plus fort de l'émeute, il resta en retrait et ne fut pas inquiété, ce qui lui permit d'intervenir ensuite pour obtenir qu'une sépulture convenable fût assurée à l'évêque assassiné. En fait, quoique Guibert répugne à en convenir, on devine qu'Anselme et quelques-uns de ses confrères jouèrent non seulement un rôle modérateur mais avaient quelque sympathie pour les bourgeois révoltés, et peut-être même quelque connivence avec eux.

Passe encore qu'Abélard n'ait rien dit du soulèvement communal, ce n'était pas son propos ; mais, faisant le portrait d'Anselme, n'aurait-il pas pu évoquer, fût-ce d'un mot, cette dimension du personnage ? Il est toujours délicat d'interpréter le silence des textes. Peut-être Abélard, écrivant vingt ans après les faits, ne se souciait-il que de rappeler qu'il avait originellement bâti sa réputation de théologien sur la déconfiture du vieux maître. Mais on peut aussi se demander s'il n'y a pas là la marque d'une certaine indifférence aux événements politiques du temps et, plus précisément, d'une certaine insensibilité à l'égard de tendances nouvelles, telle que la volonté émancipatrice des villes animée par les couches montantes de marchands et d'artisans. Il faudra s'en souvenir lorsque nous nous interrogerons sur la "modernité" d'Abélard, lorsque nous nous demanderons dans quelle mesure ce sont la ville, la société, les mentalités urbaines du début du douzième siècle qui ont façonné sa personnalité et sa pensée. La réponse, on le devine, devra être pour le moins nuancée. Pourra-t-on présenter comme un pur produit de l'essor des villes l'homme qui n'avait su – ou voulu – ni admettre la sincérité de Guillaume de Champeaux fondant la communauté suburbaine de Saint-Victor, ni reconnaître en Anselme le modéré qui, dans la tourmente communale, avait essayé de faire entendre raison aux parties en présence et de prévenir les excès des uns et des autres ?

II

Le maître

QUITTANT LAON aux prises avec les derniers soubresauts de la révolte, Abélard est revenu à Paris, vers la fin de 1113, et s'est installé à l'école Notre-Dame où, dit-il, la chaire qui depuis longtemps lui revenait de droit l'attendait. C'est cependant aller un peu vite en besogne, si l'on considère que la précédente tentative pour être admis comme professeur dans la plus prestigieuse des écoles parisiennes avait tourné court. Mais à la fin de cette année 1113, la situation avait changé. Guillaume de Champeaux, qui venait d'être élu évêque de Châlons-sur-Marne, n'était plus là pour faire obstacle à ses ambitions, tandis que l'influence de son ami et protecteur Étienne de Garlande se trouvait renforcée. L'autre archidiacre était un certain Gilbert, lui aussi ami des Garlande et peut-être ancien auditeur des cours de dialectique d'Abélard ; ce Gilbert, qui deviendra même évêque de Paris en 1116, ne fit nulle difficulté pour installer Abélard à l'école Notre-Dame.

L'école Notre-Dame

La nomination d'Abélard pose quelques problèmes que notre médiocre connaissance des institutions scolaires au début du douzième siècle ne permet pas d'élucider entièrement. Il est possible que celui-ci ait été le seul ou même le principal professeur de l'école cathédrale. S'il ne fait aucune mention de ses éventuels collègues car sa réputation était désormais telle qu'il pouvait se dispenser de polémiquer avec eux, cela ne signifie pas pour autant qu'il n'y ait pas eu d'autres maîtres actifs à l'école Notre-Dame dans ces mêmes années.

Maître de l'école Notre-Dame, Abélard est-il devenu chanoine de la cathédrale ? Il ne le semble pas et ce n'était en effet pas obligatoire. Certes, Héloïse lui dira plus tard, pour le dissuader de se marier : "Que feras-tu, toi qui es clerc et chanoine ?" Mais aucun document ne vient appuyer l'hypothèse qu'Abélard ait été chanoine de Notre-Dame. Son nom n'apparaît jamais dans les chartes de la cathédrale. Peut-être avait-il reçu, sans obligation de résidence, une prébende dans quelque autre église ? Ce n'est là aussi qu'une hypothèse, que rien n'infirme ni ne confirme. Si Abélard n'a pas été chanoine – ou du moins chanoine prébendé – de Notre-Dame dans ces années, alors que ce devait être normalement son ambition, ce n'est pas parce qu'il n'était qu'un simple clerc, célibataire, tonsuré et peut-être titulaire de quelque ordre mineur ; l'appartenance à un ordre majeur (sous-diaconat, diaconat ou prêtrise) n'était pas nécessaire pour devenir chanoine. C'était sans doute simplement parce qu'il n'y avait pas de prébende vacante à lui offrir, et aussi peut-être parce que, nouvellement admis à l'école cathédrale, il n'était pas aussi célèbre et incontesté qu'il le laisse entendre et soumis de ce fait à une période de probation avant d'être définitivement intégré au chapitre.

Il n'en reste pas moins qu'il a été nommé professeur à l'école de Notre-Dame et autorisé à assurer un double enseignement, l'un d'arts libéraux, l'autre de théologie. La protection des Garlande ne suffit certainement pas à justifier cette promotion flatteuse. Elle s'explique aussi par la réputation d'Abélard, car tout était alors affaire de réputation puisqu'il n'existait encore ni véritable "licence d'enseignement" délivrée par l'évêque ou son représentant ni, *a fortiori*, examens et diplômes qui n'apparaîtront qu'au treizième siècle avec les premières universités.

La réputation d'un maître se fondait alors sur le fait d'avoir été soi-même durablement le disciple d'un maître plus ancien et reconnu. Mais Abélard pouvait-il vraiment se réclamer de ses anciens professeurs, Guillaume de Champeaux et Anselme de Laon, s'il les avait aussi mal traités qu'il le prétend dans son autobiographie ? C'est donc qu'il tirait sa réputation avant tout de lui-même et sans doute de ses premiers écrits. En ce qui concerne les arts libéraux, cela peut se concevoir : Abélard les avait déjà enseignés pendant plusieurs années, à Melun et sur la Montagne Sainte-Geneviève, avec un succès incontestable. Il est plus difficile de comprendre qu'on lui ait d'entrée de jeu confié un enseignement théologique. Pour positive qu'elle ait été (du moins à l'en croire), son expérience laonnoise avait été brève. Il faut sans doute admettre qu'il n'y avait encore guère de théologiens à Paris et que c'est surtout au vu de ses qualités de rhéteur et de dialecticien qu'on a estimé qu'il pourrait être bon exégète. En fait, on lui demandait d'inaugurer à Paris un enseignement théologique qui n'avait guère existé jusqu'alors.

Un professeur brillant et séduisant

Abélard enseigna à l'école Notre-Dame "quelques années", sans doute de 1113 à 1117. Il enseignait à la fois les arts libéraux et la théologie ou plutôt, comme on disait alors, l'Écriture Sainte. Il est impossible de restituer l'organisation pratique de cet enseignement. Enseignait-il tous les jours ? Consacrait-il le matin à une discipline, l'après-midi à une autre, ou les faisait-il alterner selon les jours de la semaine ? Avait-il plusieurs groupes d'élèves différents ou les mêmes auditeurs se retrouvaient-ils aux divers cours ? Chaque matière était-elle traitée en une année ou s'étalait-elle sur un cycle de plusieurs années ? On pourrait multiplier ce genre de questions, auxquelles la documentation de l'époque ne permet malheureusement pas de répondre. On sait cependant que l'école d'Abélard était située dans l'île de la Cité, près de la cathédrale, et sans doute s'agissait-il d'un local appartenant au chapitre. On ne sait pas exactement comment Abélard organisait ses cours, mais on devine qu'il avait la réputation justifiée d'être, comme il l'avait été depuis les origines et comme il le restera jusqu'à la fin de sa vie, un professeur exceptionnellement brillant et séduisant.

Enseignant à l'école cathédrale, Abélard avait d'abord comme auditeurs les jeunes clercs de la ville et du diocèse de Paris qui se destinaient à devenir eux-mêmes prêtres ou chanoines, mais sa réputation attirait aussi des étudiants d'origine plus lointaine qui venaient tout exprès à Paris, parfois de fort loin, pour suivre les leçons de ce maître fameux.

Combien étaient-ils ? On l'ignore, mais il serait certainement anachronique d'imaginer des foules nombreuses se pressant autour de la chaire d'Abélard, comme aujourd'hui dans un amphithéâtre de la Sorbonne. L'historien anglais D.E. Luscombe a minutieusement recensé, parmi les auteurs du douzième siècle, ceux qui ont sûrement fréquenté l'école d'Abélard : leur nombre n'excède guère la vingtaine ; de plus, il n'est nullement certain qu'ils aient tous suivi les leçons d'Abélard dès les années 1113-1117 puisqu'il continuera à enseigner, au moins épisodiquement, jusqu'à la fin de sa vie. Il est vrai que beaucoup d'anciens élèves d'Abélard n'ont laissé aucune œuvre écrite conservée et qu'il est donc impossible de les identifier.

C'est tout au plus à quelques dizaines que devait se monter le nombre des auditeurs d'Abélard. Une petite classe donc, ce qui permettait que des liens personnels étroits et chaleureux se nouent entre le maître et ses disciples, du moins parmi ceux qui restaient assez longtemps et qui, sensibles au charme de son verbe et de sa personnalité, adhéraient avec enthousiasme à sa doctrine.

Liens personnels, liens économiques aussi. Abélard ne le cache pas, ses élèves (ou du moins certains d'entre eux) le payaient pour suivre ses cours, confirmant ainsi l'absence d'une prébende canoniale suffisante pour le faire vivre. Le fait qu'il ait accueilli à son école des auditeurs payants (les plus âgés sans doute parmi ceux qui venaient spécialement à Paris pour l'écouter et possédaient déjà des revenus patrimoniaux ou ecclésiastiques) faisait-il scandale ? Il ne semble pas. D'abord, l'*Histoire de mes malheurs* l'indique, les ressources tirées de l'enseignement assuraient à Abélard un train de vie juste honorable. Ensuite, l'idée que "le savoir est un don de Dieu, qui ne saurait être vendu" et que l'argent ainsi gagné était un "profit honteux", si elle était communément répandue chez les auteurs monastiques traditionalistes, n'était pas pour autant admise dans les nouvelles écoles urbaines. Abélard semble s'être reproché d'avoir fait de l'enseignement une activité lucrative, mais ce sera à une époque où il était devenu moine et où son principal souci était de rendre manifeste l'état de pécheur dans lequel il s'était complu avant de mériter la grâce ultérieure de la conversion. Il n'avait sans doute pas eu ces scrupules à l'époque. Ne fallait-il pas qu'un maître d'école, qui faisait de l'enseignement son activité exclusive et ne disposait pas d'autres revenus, puisse vivre convenablement ? Ne pouvait-il pas, comme tous les travailleurs de la ville ou, comme a dit Jacques Le Goff, du "chantier urbain", tirer une juste récompense de son labeur ? N'était-il pas normal que ceux qui, en venant l'écouter, espéraient en tirer non seulement un approfondissement de leur savoir mais des possibilités supplémentaires de carrière et de promotion, en paient le prix ?

Laissons pour l'instant de côté la présentation d'ensemble de son œuvre écrite et des principales idées qui l'animent. Dès cette époque, les traits majeurs de sa doctrine, tant en philosophie qu'en théologie, étaient fixés, mais la datation exacte des textes conservés d'Abélard est délicate, car il était souvent amené à reprendre ses anciens traités et à en modifier la rédaction. Plusieurs de ses œuvres ont ainsi été transmises en des versions successives. Il est relativement aisé de deviner leur ordre de composition, mais plus difficile de dire à quelle date exactement ont été rédigés les textes conservés ; il se peut que les plus anciens, considérés comme dépassés, aient disparu.

Si les gloses littérales datent bien, semble-t-il, de cette époque et même d'avant 1113, aucun des écrits plus élaborés d'Abélard ne peut être assigné de manière sûre aux années 1113-1117, du moins sous la forme où il nous sont parvenus. Comme il est cependant certain que ces années 1113-1117 ont été pour un Abélard en pleine maturité et en pleine possession de ses moyens intellectuels des années d'enseignement particulièrement intenses et brillantes, il est plus que probable que c'est à ce moment qu'il a commencé à mettre au point, au fil des leçons, ses commentaires logiques approfondis et à méditer cette synthèse que sera sa *Dialectique*. Quant à son enseignement théologique des mêmes années, on en trouve sans doute la trace dans quelques gloses ultérieures de l'Écriture et surtout dans la première rédaction du traité de théologie que les spécialistes appellent la *Theologia "Summi Boni"* (d'après les premiers mots du texte latin), rédaction qui ne sera achevée que vers 1120, dans un tout autre contexte.

La société parisienne au début du douzième siècle

Laissant donc pour le moment de côté le contenu des doctrines d'Abélard, essayons simplement de nous représenter quelle place il occupait dans la société parisienne vers 1115.

Et d'abord, de quelle société s'agissait-il ? Vers 1200, il est devenu habituel, chez les poètes et les chroniqueurs, de diviser Paris en trois parties : sur la rive droite, "la Ville", c'est-à-dire la ville par excellence, lieu de production et d'échange, résidence des artisans et des marchands, zone des ateliers, des boutiques et des marchés – au centre, dans la principale île de la Seine, "la Cité", cœur de Paris, rassemblant en un espace étroit et dense le palais et la cathédrale, le roi et l'évêque, les courtisans et les chanoines, le service de Dieu et celui du prince – sur la rive gauche enfin, "l'Université", le quartier des écoles et des étudiants, qui était aussi celui des jardins et des enclos encore à demi-ruraux ainsi que des grandes abbayes, Saint-Germain-des-Prés, Sainte-Geneviève, Saint-Victor.

Au début du douzième siècle, cette géographie fonctionnelle s'esquissait déjà. Le commerce et l'artisanat commençaient à prendre possession d'une rive droite où subsistaient de vastes étendues de prés et où divers petits seigneurs d'Ile-de-France s'obstinaient encore à revendiquer des droits particuliers, à quelques centaines de mètres à peine du palais royal. Celui-ci se dressait dans l'île de la Cité, restée comme au haut Moyen Âge le cœur de Paris, partagée entre le pouvoir politique et le pouvoir ecclésiastique. Le siège de ce dernier était la vieille cathédrale carolingienne, qui ne sera détruite qu'à la fin du siècle pour faire place à l'actuelle église gothique. L'évêque avait sa résidence sur le flanc sud de l'édifice. Le quartier des chanoines (on disait "le cloître Notre-Dame") était de l'autre côté, entre la cathédrale et le bras principal de la Seine ; c'est sans doute là que se trouvait l'école d'Abélard.

D'autres écoles existaient déjà sur la rive gauche et Abélard lui-même avait contribué à la naissance de la vocation scolaire de ce quartier de Paris, le futur "Quartier latin", lorsqu'il s'était installé sur le territoire de l'abbaye Sainte-Geneviève. Lui-même avait maintenant abandonné "la Montagne", mais peut-être y avait-il eu des successeurs. Restait en tout cas, un peu plus à l'est, sur des terrains qui deviendront de nos jours ceux de la Halle aux vins puis de la faculté de Jussieu, l'école de Saint-Victor.

Abélard lui-même confirme dans l'*Histoire de mes malheurs* que le Paris où il résidait et travaillait était avant tout le Paris de la Cité, le Paris de l'Église et de la cour, des clercs et des nobles, des écoles et du palais. C'est à ce cercle que se limitaient son expérience quotidienne et ses ambitions sociales. Le Paris de la rive droite, celui du peuple et des marchands, celui des quartiers en plein essor profitant du renouveau démographique et économique, lui était beaucoup plus étranger. Cela offre une première illustration, en quelque sorte topographique, d'une de ces ambiguïtés qui marqueront toute la vie d'Abélard, homme à la fois du passé et de l'avenir, de la ville et de la campagne, de l'échange et de la solitude.

"Le seul philosophe au monde"

Abélard était incontestablement un pur produit de la nouvelle école urbaine qui seule avait pu lui offrir les conditions d'existence qu'il aimait et les ressources dont il avait besoin et faisait une large place à sa discipline de prédilection, la dialectique. Aucune école monastique n'aurait admis cette atmosphère de liberté intellectuelle et de libre discussion qu'il avait trouvée à Paris ; aucune n'aurait toléré la rivalité ouverte entre élèves et la contestation du maître dont Abélard s'était fait une spécialité. La foi dans la valeur de l'échange et la confiance dans les arts de la parole étaient des valeurs sans doute communes à tous les membres de la communauté urbaine. Même s'ils s'exprimaient dans des langues (latin ou vernaculaire) et sur des sujets différents, tous les habitants de la ville, les artisans et les marchands aussi bien que les clercs et les courtisans, croyaient également en la valeur de la discussion et du questionnement, refusant de s'incliner sans réplique devant une autorité (qu'elle fût politique ou intellectuelle) imposée d'en haut.

Faut-il alors, comme l'ont fait à la suite de Michelet bien des historiens progressistes des dix-neuvième et vingtième siècles, voir en Abélard un intellectuel individualiste, un héraut précoce de la pensée bourgeoise ? C'est aller trop vite en besogne et faire dire aux textes mêmes d'Abélard beaucoup plus qu'ils ne disent en réalité. Dans l'*Histoire de mes malheurs*, Abélard, évoquant ses années d'études et d'enseignement, ne se peint ni comme un individualiste ni comme un novateur. Dans toutes les écoles où il était passé, son ambition n'avait pas été d'être différent des autres, mais d'être reconnu comme le premier, le meilleur, sans sortir du groupe, sans rejeter ses valeurs, mais en les poussant à la perfection, pour mieux s'identifier à un type idéal. On reconnaît aisément là la mentalité du milieu aristocratique et chevaleresque dont il était issu.

Abélard donne lui-même une définition de ce type dont il se voulait la parfaite incarnation : "Je me crus désormais le seul philosophe au monde." Bien qu'il ait placé la dialectique à la base de son savoir et de son enseignement, "philosophe" n'était pas synonyme de "dialecticien". Le philosophe n'était pas, comme de nos jours, le spécialiste d'une discipline bien précise. Ce n'était pas non plus simplement, dans le sens large que le mot a également aujourd'hui, un sage, un homme de bon sens, de vertu et de raison. Le philosophe du douzième siècle était un homme de savoir, nous dirions peut-être un intellectuel. Le mot, venu de l'Antiquité, plaçait explicitement celui qui le portait dans la lignée de Platon et d'Aristote, de Cicéron et de Sénèque, de tous ces sages et savants antiques dont Abélard dira qu'ayant accédé par la profondeur de la réflexion à quelque reflet de la lumière divine, ils ne pouvaient pas, bien qu'ayant ignoré la Révélation chrétienne, avoir été jetés en enfer avec les autres païens.

Il y avait déjà eu des "philosophes" chrétiens, le plus connu étant Boèce (vers 480-524) dont la *Consolation de philosophie*, très lue pendant tout le Moyen Âge, faisait la synthèse d'une éthique incontestablement chrétienne et d'un idéalisme hérité des néo-platoniciens. Lecteur attentif de la littérature et de la science antiques – ou plus exactement des épaves assez misérables qui en étaient encore accessibles en Occident au début du douzième siècle –, le philosophe était à coup sûr un spécialiste des disciplines profanes ; non seulement il s'efforçait d'imiter le style des classiques, mais il cherchait à retrouver et à mettre en œuvre les secrets de leur herméneutique et ne dédaignait pas, à l'occasion, de méditer sur leurs leçons morales et leurs grands exemples de vertu et de sagesse. Les représentants de la culture monastique traditionnelle, essentiellement biblique – un saint Bernard par exemple –, ne voudront voir dans les philosophes de leur temps que des esprits forts, des impies mettant toute leur confiance dans la sagesse du monde et préférant l'héritage des païens à la tradition vivante de l'Évangile. C'était là procès d'intention. Les philosophes, et Abélard en premier lieu, étaient aussi des chrétiens sincères, qui savaient bien que les savoirs profanes, quels qu'en aient été l'attrait et la valeur, étaient des savoirs incomplets dont la pratique ne se justifiait que comme préparation à celle de l'Écriture Sainte. Mais ils pensaient aussi que les armes fournies par les arts libéraux pouvaient aider à cette étude, et non pas la dévoyer comme le craignaient les vieux moines.

Les philosophes étaient d'ailleurs, bien souvent, hommes d'Église et il leur fallait l'autorisation de celle-ci pour enseigner. Les églises elles-mêmes, notamment les grandes églises urbaines, les cathédrales, offraient le cadre le plus approprié à l'enseignement : vastes locaux, bibliothèques, public assuré, revenus de prébende plus réguliers que les honoraires versés par des auditeurs de passage. Simplement, ce que demandaient ceux qui enseignaient, c'était que fussent reconnues la spécificité et la légitimité de leur activité. Professeurs à part entière, ils devaient pouvoir se consacrer à plein temps à l'enseignement, ils avaient besoin d'une certaine autonomie et d'une certaine liberté de parole. Qu'ils fussent titulaires des ordres majeurs (prêtrise ou diaconat) ou – comme Abélard – seulement tonsurés ou revêtus des ordres mineurs, ils voulaient être considérés comme une catégorie à part de clercs. À une époque où les carrières cléricales se diversifiaient, la revendication n'avait rien d'absurde. Peu après 1130, un chanoine anonyme de la région de Liège écrira un petit traité, *Sur la diversité des ordres et des vocations dans l'Église (Libellus de diversis ordinibus et professionibus qui sunt in ecclesia)*, expliquant que chacun y avait sa place, quels que fussent son mode de vie et sa règle, pourvu qu'il s'acquittât dignement de la mission dont il était chargé.

Les professeurs, ces "philosophes" fiers de leur savoir et confortés par le succès que manifestait la croissance constante de leurs auditoires, voulaient être reconnus comme un groupe à part au sein de l'Église. Comme l'a très justement dit le P. Chenu, le douzième siècle a été, entre autres, celui de l'"avènement des maîtres". Ce siècle, qui a inventé tant de choses, a inventé – ou réinventé – la figure de l'intellectuel. "Maître Pierre Abélard, philosophe", car c'est sans doute ainsi qu'il eût aimé se désigner lui-même, en fut l'un des premiers et des plus éminents.

IIII

La saison de l'amour

"J'ÉTAIS CÉLÈBRE, JEUNE ET BEAU" : vers la fin de l'année 1115, peut-être au début de 1116, maître Pierre Abélard a trente-six ou trente-sept ans. Sa célébrité est celle du brillant "philosophe", du dialecticien virtuose, du professeur à la mode, mais aussi celle de l'homme bien en cour, ami des Garlande.

À trente-cinq ans passés, Abélard était un homme mûr ; au siècle des universités, ce sera l'âge requis pour accéder au doctorat en théologie, couronnement d'un très long cursus scolaire. En 1115, Abélard avait derrière lui près de vingt ans d'études, d'enseignement et de joutes intellectuelles ; il avait voyagé et écrit des livres, même si ses sommes majeures étaient encore à venir. Mais il n'était pas encore véritablement établi, et c'était ce que signifiait l'adjectif "jeune" : ni engagé dans le monde par les liens du mariage, ni dans l'Église par les ordres majeurs ; il pouvait encore choisir une carrière qui était largement ouverte devant lui.

"Beau", Héloïse le redira, dans son souvenir d'amoureuse. Il faut les croire sur parole, car il n'existe aucun portrait d'Abélard, à une époque où personne ne songeait d'ailleurs à en faire. Les figures qu'on trouvera bien plus tard, dans de petites lettrines ornées, n'ont pas de réelle valeur. Quant aux dessinateurs et graveurs du dix-neuvième siècle, c'est par pure fantaisie qu'ils représenteront Abélard comme une sorte de troubadour à la chevelure élégante, aux mains délicates, au sourire enjôleur.

Il semblait en tout cas toucher au but. Les "envieux" avaient été réduits au silence, il n'avait plus de rivaux. "Je me croyais le seul philosophe au monde" ou, si l'on préfère, "le meilleur philosophe du monde", un peu comme, dans un autre domaine, ce Guillaume le Maréchal, cet invincible champion de tournois si bien étudié par Georges Duby, qu'on dira quelques décennies plus tard "le meilleur chevalier du monde".

L'emprise du désir

Dans cette vie jusqu'alors vouée à l'étude et guidée par l'ambition intellectuelle et sociale, s'introduit un élément nouveau, perturbateur : l'amour, et plus exactement le désir.

Célibataire, Abélard avait jusqu'alors vécu dans la chasteté qu'il s'était imposée. Refoulées ou sublimées dans l'agressivité intellectuelle, ses appétences sexuelles l'avaient à peu près laissé en repos. Mais voici qu'elles s'éveillaient, au moment où il abordait la dernière étape de sa jeunesse prolongée.

Depuis longtemps, les auteurs chrétiens s'efforçaient de présenter la chasteté comme une vertu et, depuis le onzième siècle, les papes et les prélats réformateurs avaient voulu en faire l'apanage des clercs et de tous ceux, hommes et femmes, qui consacraient leur vie à Dieu. Cette exaltation de la chasteté religieuse, que le deuxième concile de Latran sanctionnera définitivement en 1139, allait de pair avec des efforts analogues pour imposer aux laïcs la sanctification du mariage sacramentel, monogame et indissoluble, comme seul état dans lequel des relations sexuelles fussent tolérées. Mais ce double effort de domestication des mœurs et de la sexualité, s'il finit par triompher et s'imposer non seulement dans les usages mais aussi dans les consciences, se heurtait encore à de fortes résistances. Les clercs, surtout ceux qui, n'ayant que les ordres mineurs, n'étaient pas définitivement voués au célibat, acceptaient mal la chasteté qu'on voulait leur imposer. Les laïcs renonçaient difficilement aux commodités de l'union libre, de la répudiation et du concubinage. Non que l'époque fût spécialement dissolue. Mais elle avait peine à faire passer sous le contrôle de l'Église et de la loi ce qui avait été perçu comme relevant principalement jusqu'alors de l'initiative privée et des stratégies lignagères.

Décrivant l'éveil de ses appétits sexuels, Abélard en parle en des termes dont l'ambiguïté même semble caractéristique à la fois de sa personnalité, de son temps et de sa situation sociale. D'un côté, il y voit la montée de forces obscures, qui lui font horreur. C'est, au fond de lui-même, quelque chose d'impur et de démoniaque qui surgit. Il lui donne comme nom la luxure, un des plus horribles péchés capitaux, représenté aux tympans des églises romanes par des serpents et des crapauds pustuleux dévorant les entrailles des damnés.

Mais il inscrit aussi ce désir nouveau dans la stratégie rationnelle de combats et de conquêtes qui n'avait cessé de le guider depuis son départ du Pallet. Il se peint sous les traits d'un séducteur cynique, mû par le seul plaisir de la victoire et de la possession. Il avait surpassé ses rivaux, vaincu les anciens qui occupaient indûment les places, pris la tête des écoles les plus prestigieuses. Il lui fallait maintenant conquérir aussi les femmes, dont la possession marquerait ostensiblement sa réussite. Schéma classique où se reconnaissaient tous les aristocrates de ce temps et auquel la littérature courtoise donnera bientôt ses lettres de noblesse. L'adultère, c'est-à-dire la séduction – sinon la possession physique – de la femme du roi ou du suzerain y sera l'ultime étape d'un long itinéraire initiatique qui, d'exploit en exploit, mène le héros jusqu'aux portes du monde des anciens et des sages. Transgression ultime, où s'accomplissait pleinement la "jeunesse" du chevalier.

À en croire une veine littéraire elle-même issue du monde des clercs, ceux-ci n'étaient pas forcément désavantagés à ce jeu par rapport aux hommes d'armes. Comme le chevalier, le clerc se distinguait de l'homme du commun en ce qu'il avait du temps libre, ne se salissait pas les mains en besognes serviles, savait parler et chanter avec aisance et cultivait des manières raffinées. En fait d'élégance et de distinction, il pouvait même se vanter de l'emporter sur tout autre. Il ignorait la rudesse des camps et des tournois, il avait appris le latin et pouvait composer de beaux poèmes d'amour. Les femmes, pensaient les clercs, ne pouvaient rester indifférentes à tant d'attraits.

Mais à bien lire Abélard, il ne semble pas avoir été si sûr de son charme. Certes, il commence par affirmer qu'aucune femme ne lui aurait résisté, mais en termes tellement vagues qu'on peut se demander s'il a eu la moindre maîtresse avant Héloïse. Timidité d'un amoureux déjà mûr ? Crainte d'un échec que son orgueil n'aurait pas supporté ? Peut-être, mais conscience aussi, sans doute, d'une situation sociale ambiguë qui ne lui facilitait pas le contact avec cet univers féminin qu'il avait jusqu'alors pratiquement ignoré.

Les prostituées lui faisaient horreur, dit-il. Des femmes du peuple (il écrit "des laïques"), il n'en connaissait guère ; les filles et les femmes des marchands et des artisans de la rive droite étaient sans doute moins aisées à séduire que les bergères des romans. Elles appartenaient à un Paris qui n'était pas le sien. Les dames nobles, enfin, lui semblaient inaccessibles ; il avait beau être le fils du chevalier Bérenger et le protégé des Garlande, sans doute n'était-ce pas assez pour se sentir à l'aise dans un milieu où ses talents de professeur et de philosophe ne devaient lui valoir qu'un prestige limité. Restait une solution, à première vue improbable : trouver une femme dans son propre monde, celui des clercs et des écoles. Cette femme s'appellera Héloïse.

L'apparition d'Héloïse

On sait peu de chose sur les origines d'Héloïse. On a supposé qu'elle avait dû naître en 1100, peut-être un ou deux ans plus tôt. Elle n'avait donc, lorsqu'elle rencontra Abélard, que quinze ans, ou à peine davantage. L'âge de Juliette, et d'autres amantes célèbres. De son apparence physique, nous ignorons évidemment tout. Abélard dit seulement qu'elle n'était "pas laide", voulant peut-être dire par là que l'attrait de son esprit était plus grand encore que celui de sa beauté.

Quant à sa famille, on sait seulement qu'elle était la nièce d'un certain Fulbert, chanoine de Notre-Dame, et que sa mère, sœur de Fulbert, se nommait Hersinde. Le reste n'est que conjecture, pour ne pas dire fantaisie. On peut évidemment s'interroger sur l'absence de toute mention relative au père d'Héloïse : était-il mort peu après sa naissance ? Était-elle une fille naturelle d'Hersinde ? Hypothèse plausible – mais qui n'autorise nullement celle, plus scabreuse, d'auteurs qui ont voulu voir en elle la fille incestueuse de Fulbert lui-même !

Héloïse appartenait probablement à une famille noble, ainsi que Fulbert, tout comme la plupart des chanoines de Paris. Les prénoms d'Hersinde et d'Héloïse, assez rares, étaient des prénoms aristocratiques, portés à cette époque par quelques femmes de grands lignages d'Ile-de-France, y compris chez les Garlande ; Héloïse leur aurait-elle été, de quelque manière, apparentée ?

Il semble y avoir eu dès le départ quelque chose d'exceptionnel dans le destin d'Héloïse, sans que nous sachions si cela tenait au caractère de la fillette ou à quelque particularité de son histoire familiale. Elle aurait reçu sa première éducation chez les religieuses d'Argenteuil, importante maison de fondation royale où sa destinée la ramènera à plusieurs reprises. Rien là de surprenant pour une fille de la noblesse, surtout si elle était orpheline ou illégitime. L'éducation qu'elle reçut ainsi devait être assez élémentaire, plus mondaine et religieuse qu'intellectuelle. On peut cependant supposer qu'elle apprit à Argenteuil à lire et à écrire le latin. Les religieuses, du moins celles qui étaient d'origine sociale élevée et destinées à devenir prieures ou abbesses, étaient à cette époque presque les seules femmes à avoir quelque culture littéraire.

Héloïse ne resta pas à Argenteuil. Au bout de quelques années, sans doute entre 1113 et 1115, son oncle Fulbert l'installa dans sa maison et prit en charge son éducation. Le fit-il à la suite d'une décision familiale ou de sa propre initiative ? En l'absence du père de famille, il était habituel, en ce temps, que l'oncle, et en particulier l'oncle maternel, fût responsable de ses neveux. Abélard souligne que Fulbert portait à Héloïse une affection toute particulière. L'image que l'*Histoire de mes malheurs* nous donne de cet oncle est si caricaturale que l'on est tenté de soupçonner derrière cette notation quelque insinuation équivoque. En réalité, l'on ignore tout du vrai Fulbert et de ses motivations profondes. Son nom apparaît à plusieurs reprises, dès le début du siècle, au bas des chartes du chapitre de Notre-Dame, mais cela ne dit rien de sa personnalité. Comme ses confrères, il avait une maison personnelle dans le quartier des chanoines, ce qu'on appelait le "cloître Notre-Dame", au nord de la cathédrale, entre l'église et le grand bras de la Seine. Les chanoines de Paris n'étaient en effet que des chanoines séculiers, ils ne menaient pas de vie commune, chacun avait sa demeure, ses serviteurs, ses biens propres. Le cloître Notre-Dame n'était pas séparé par une stricte clôture du reste de la ville ; étudiants, valets, femmes devaient y circuler assez librement, au moins dans la journée. Il pouvait arriver aux chanoines d'héberger quelques parents. La présence de la jeune Héloïse dans la maison de son oncle ne faisait pas forcément scandale.

Plus surprenante fut la décision de Fulbert de donner à sa nièce une éducation littéraire poussée. Certes, Héloïse n'est pas la seule "femme savante" de cette époque. Le douzième siècle a aussi produit quelques femmes poètes, comme Marie de France, dont la biographie nous est d'ailleurs totalement inconnue, et quelques abbesses de grande culture, comme Hildegarde de Bingen dont les écrits prophétiques procèdent d'une intense curiosité pour les phénomènes naturels. Mais Héloïse a laissé à ses contemporains le souvenir d'une femme à la science exceptionnelle, particulièrement dans le domaine des disciplines scolaires – rhétorique, philosophie, théologie – qui semblaient le monopole des hommes.

De ce savoir, elle n'avait pu acquérir chez les moniales d'Argenteuil que les premiers rudiments. C'est à Notre-Dame qu'elle se forma vraiment. Fulbert n'était sans doute pas un homme inculte, mais il ne se chargea pas d'instruire lui-même sa nièce. Il pouvait lui procurer des livres, tirés de la bibliothèque du chapitre ; pour le reste, comme il n'était évidemment pas question d'envoyer Héloïse au milieu des petits clercs de l'école cathédrale, il s'en remit à des précepteurs, ce qui était alors habituel dans les milieux aristocratiques. Fut-ce d'entrée de jeu ou lorsqu'Héloïse, confirmant ses dons naturels, eut déjà fait de substantiels progrès, toujours est-il qu'il s'adressa bientôt à Abélard.

Le précepteur et son élève

Le marché, dont l'*Histoire de mes malheurs* donne les termes, est un peu surprenant. Que Fulbert ait cherché pour sa nièce, non sans quelque snobisme, ce qu'il y avait de mieux, se conçoit, mais qu'Abélard, "le meilleur philosophe du monde", ait eu besoin de courir les leçons particulières, étonne davantage. Sa position sociale n'était peut-être pas aussi bien établie qu'il l'avait laissé entendre. En fait, c'est sans doute tout le système scolaire qui, même à Paris, était encore, vers 1115, assez fragile, sinon marginal. Abélard pouvait bien passer pour une autorité aux yeux de ses étudiants et de ses confrères ; pour les gras et puissants chanoines de Notre-Dame, grands seigneurs terriens capables de tenir la dragée haute à leur évêque et à leur roi, il n'était malgré tout qu'un *magister* professionnel, un employé du chapitre à qui ses ambitions ne devaient pas faire oublier, dans l'immédiat, sa position subalterne.

N'étant pas chanoine prébendé – ceci en est une confirmation –, il devait se loger à ses frais, hors du cloître où se trouvait seulement son école. Fulbert lui offrit de prendre pension chez lui, solution à la fois avantageuse et honorable – il vivrait désormais au milieu des chanoines, en attendant de devenir un des leurs. Pour limiter la dépense, il donnerait, après avoir assuré ses propres cours à l'école cathédrale, des leçons privées à Héloïse.

À ce point du récit, Abélard met en cause à la fois la rapacité de Fulbert – qui pour toucher la pension d'un hôte payant introduisait le loup dans la bergerie – et son propre cynisme, puisqu'il avait remarqué Héloïse et décidé de la séduire et de la posséder. Les choses se passèrent comme il l'avait prévu. Les leçons qu'il donnait à Héloïse leur ménageaient de longs tête-à-tête qui lui permirent d'aboutir rapidement à ses fins sur le chemin de la séduction.

La suite du texte ne donne pas la même impression de calcul froid et méthodique. La passion submergea bientôt aussi bien Abélard qu'Héloïse et la suite de l'aventure échappa quelque peu à leur libre volonté. Cette passion n'était cependant pas exactement de même nature chez l'un et chez l'autre. L'*Histoire de mes malheurs* souligne cette discordance et, plus tard, la correspondance des deux amants y reviendra longuement.

Les clercs s'efforçaient alors de convaincre leurs contemporains laïques que seul le mariage constituait un état stable. Mais le mariage ainsi conçu n'était nullement le lieu de l'amour. Toujours arrangé par les familles, il avait pour finalités essentielles d'assurer la stabilité des structures sociales, le jeu des alliances, la circulation des biens et la perpétuation des lignages. Dans la cellule conjugale où la femme était soumise à l'autorité de l'homme, des relations d'affection pouvaient s'établir, mais la passion et le désir n'avaient point leur place. Est-ce à dire qu'il fallait y renoncer ? En ce qui concernait la femme, normalement, oui ; une fois acquitté le devoir conjugal, la "dette" due à l'époux comme on disait alors, les clercs ne lui laissaient d'autre perspective que celle de sublimer en Dieu sa capacité d'aimer et son aspiration au bonheur. À l'homme en revanche, qu'il fût marié ou encore jeune célibataire, on concédait qu'il disposât en dehors du lien conjugal, avec d'autres femmes, d'un espace de liberté pour les jeux de l'amour, l'assouvissement des pulsions sexuelles, l'ardeur et le plaisir.

C'est bien ainsi que l'entendait Abélard. Certes, il ne se comporta pas avec brutalité. Pour séduire Héloïse, il usa de toute les ressources de son esprit. Il fut pour elle, comme pour ses autres élèves, un professeur brillant et efficace. Comme le voulait le jeune âge de son élève, il devait lui enseigner avant tout les arts libéraux du *trivium*, grammaire, rhétorique et dialectique. C'est grâce aux leçons d'Abélard (même si elle a continué ensuite à lire et à étudier par elle-même) qu'Héloïse a acquis cette vaste culture qui frappait ses contemporains et ce style élégant et raffiné que montrent ses lettres. Des analyses linguistiques poussées ont mis en évidence de remarquables parallélismes entre le style d'Abélard et celui d'Héloïse ; quelques-uns en ont tiré argument pour attribuer à Abélard lui-même les lettres d'Héloïse mais, outre que cette attribution ne saurait, de toute façon, valoir pour certains textes d'une authenticité indiscutable (notamment sa lettre à l'abbé de Cluny Pierre le Vénérable), on peut tout aussi bien y voir une preuve tangible de l'influence intellectuelle du maître sur sa disciple bien-aimée.

Il composa aussi pour elle des chansons d'amour, malheureusement perdues, si tant est qu'elles aient jamais été recueillies par écrit. Il paraît très douteux, quoi qu'en aient dit certains, qu'elles aient pu être écrites en langue vernaculaire. À cette date et dans ce milieu, elles ne pouvaient guère être composées qu'en latin et sans doute inspirées par ces poètes antiques, Ovide en tête, dont les œuvres étaient assidûment lues dans les écoles. Par la suite, on rapprochera parfois Abélard de ces clercs vagabonds ou poètes de cour un peu décavés qu'on affublait du sobriquet générique de *goliards*, mais leurs œuvres datent au mieux de la seconde moitié du douzième siècle. En tout cas, tant l'*Histoire de mes malheurs* que la correspondance insistent sur l'importance de ces chansons qui connurent un grand succès. Abélard était très fier de les avoir composées et Héloïse, qui y était nommée et célébrée, très fière de les avoir inspirées. Le fait qu'Abélard ait manqué à l'une des règles les plus élémentaires de la "fin'amor" courtoise – ne jamais livrer en public le nom de la femme aimée – ne semble pas l'avoir choquée. La jeunesse des écoles, en tout cas, connaissait ces chansons par cœur et on les chantera longtemps encore après la séparation des deux amants ; peut-être contribuèrent-elles à faire naître dans la mémoire populaire parisienne ce souvenir dont Villon se fera bien plus tard l'écho :

> *Où est la très sage Héloïse*
> *Pour qui châtré fut et puis moine*
> *Pierre Abélard à Saint-Denis ?*
> *Pour son amour eut cette essoine [épreuve].*

47

L'amour proclamé à tous vents

Les chansons composées par Abélard révèlent la liberté avec laquelle s'affichaient ses amours avec Héloïse. Abélard les faisait chanter dans les rues et lui-même, sans doute pour la plus grande joie de ses étudiants, prenait comme exemple de proposition affirmative dans son cours de dialectique : "Pierre aime son amie." Vantardise, dira-t-on, d'un homme dont la modestie n'avait jamais été le point fort. Mais il faut aussi se souvenir qu'à l'époque la conscience de soi et le sens de l'intimité n'étaient pas ce qu'ils sont devenus aujourd'hui. L'individu, pour exister, avait alors besoin de s'affirmer au sein d'un groupe et d'être reconnu par celui-ci. Foin donc de certaines règles. Les amours d'Abélard, la conquête de la femme désirée n'avaient de prix à ses yeux que publiques, affichées, proclamées par la parole des autres et répercutées aux mille échos de la renommée.

Ceci ne signifie pas pour autant qu'Abélard se contentait de paroles et d'apparences. Le désir charnel, l'union physique des corps étaient son mobile et son but. L'*Histoire de mes malheurs* le dit crûment et les lettres évoquent, en termes brûlants, les étreintes passionnées, les jeux érotiques, le libre assouvissement des désirs. Abélard y ajoutait même, pour corser le tout, une petite pointe de sadisme : puisqu'il était alors d'usage que les maîtres d'école usent de la férule – les verges n'étaient-elles pas l'attribut traditionnel de la grammaire ? –, lui-même n'hésitait pas à frapper parfois son élève et ces coups ne faisaient qu'exciter davantage son ardeur amoureuse.

Plus surprenant est le comportement d'Héloïse, surtout si les lettres où, plus de quinze ans après, elle évoque avec une émotion intacte l'ivresse des corps et l'intensité du plaisir partagé, sont bien d'elle et donnent à entendre sa voix et non pas la projection plus ou moins littéraire de quelque fantasme masculin. Il n'y a certes pas de raison de penser qu'une jeune fille du douzième siècle n'ait pu connaître à la fois la tendresse et la sensualité, l'amour et le plaisir, n'ait pu chercher, hors de toute contrainte institutionnelle, la fusion des âmes dans l'abandon des corps. Il faut cependant reconnaître qu'en agissant ainsi – et surtout en le proclamant – elle faisait preuve d'une singulière liberté par rapport aux déterminations sociales de son temps, d'un non-conformisme qui allait bien au-delà des répugnances aux mariages arrangés que manifestaient parfois les jeunes filles.

La fureur de l'oncle berné

Les amours d'Héloïse et d'Abélard, qui étaient de notoriété publique, finirent par indisposer les disciples du maître, car celui-ci, tout à sa passion, en venait à négliger complètement son école. Lui qui avait fondé sa réputation sur l'inventivité et le caractère vivant de son enseignement, se contentait désormais, comme ces vieux maîtres qu'il avait jadis critiqués, de répéter de mémoire les mêmes cours, sans rien ajouter de nouveau. De son côté, Fulbert, furieux d'avoir été berné, mit fin aux leçons d'Abélard et le chassa de sa maison.

La liaison des deux amants n'avait sans doute duré que quelques mois, mais la passion était déjà assez forte pour qu'ils ne puissent accepter la séparation. De plus, Abélard ne pouvait supporter l'expulsion honteuse qui l'avait frappé. Son honneur était en cause. Les amants continuèrent donc à se rencontrer, mais en secret. Secret relatif sans doute, puisqu'ils furent bientôt surpris, "comme Mars et Vénus" dit Abélard, à qui cette référence mythologique flatteuse empruntée à Virgile ou Ovide épargne d'avoir à donner quelques détails scabreux ou peu glorieux.

Nouvelle séparation donc, plus rigoureuse. Fulbert prenait désormais ses précautions, mais il apparut bientôt qu'Héloïse était enceinte. Elle réussit à prévenir Abélard par une lettre. Ce détail, et d'autres le confirmeront, nous rappelle qu'Héloïse et Abélard ne vivaient nullement dans la solitude et l'isolement, comme deux héros romantiques. Dans le cadre étroit et surpeuplé de l'île de la Cité, comme dans une comédie classique, il faut imaginer autour d'eux tout un petit monde d'amis empressés et de serviteurs plus ou moins discrets prêts à transporter les messages, à colporter les rumeurs, à favoriser les intrigues.

L'enlèvement d'Héloïse

Abélard décida alors d'enlever Héloïse. Techniquement, l'entreprise ne comportait pas trop de difficultés. D'évidentes complicités et une absence opportune de Fulbert lui permirent de faire sortir Héloïse du cloître Notre-Dame ; après l'avoir déguisée en nonne – accoutrement sacrilège qu'il regrettera plus tard –, il l'expédia sous escorte sûre chez lui, en Bretagne. Elle s'y installa chez la sœur d'Abélard, cette Denise dont on ne connaît guère que le nom, pour mener à terme sa grossesse. Abélard, quant à lui, ne jugea pas nécessaire de fuir et demeura à Paris.

L'épisode, banal et romanesque à souhait, appelle quelques commentaires. Avec l'enlèvement d'Héloïse, ce sont en effet les lignages qui entrent en scène. Le rapt d'une fille, surtout consentante, était un moyen classique pour forcer la main d'une famille réticente. Un enchaînement de vendettas pouvait s'ensuivre, mais plus souvent un arrangement négocié terminé par un mariage. Et c'est bien ainsi qu'Abélard présente les choses.

Fulbert, qui appartenait sans doute à une puissante famille, fut tenté par des représailles. Non pas en portant l'affaire devant la justice du roi ou de l'Église, car il s'agissait ici d'une question d'hommes, d'un point d'honneur que les intéressés devaient régler eux-mêmes, directement. Il eut donc (déjà) l'idée de faire tuer ou mutiler Abélard par quelques complices, mais il se rendit vite compte qu'en agissant de la sorte il exposerait immédiatement sa nièce (et l'enfant à naître) à la vengeance de la famille et des amis d'Abélard. Ceux-ci n'étaient sans doute que de petits chevaliers bretons, mais l'éloignement suffisait à les mettre hors d'atteinte du chanoine Fulbert et des siens.

Fulbert pensa alors à prendre lui-même des gages en s'assurant de la personne d'Abélard, c'est-à-dire en le faisant arrêter par quelques hommes de main et transférer, sous un motif quelconque, à la prison épiscopale ou royale. L'idée était meilleure mais Abélard, averti, se tint sur ses gardes ; entendons que ses serviteurs, ses amis ou peut-être ses étudiants lui assurèrent une compagnie constante pour le protéger d'une éventuelle agression.

On en vint donc, comme il était prévisible, à négocier, d'autant plus qu'entre-temps Héloïse avait mis au monde un fils à qui elle donna le curieux nom d'Astralabe (à moins qu'il ne se soit agi d'un simple surnom : Pierre [l']Astralabe, comme le suggère un document postérieur). Abélard alla trouver Fulbert. De grandes palabres eurent lieu. Abélard se fit humble, confessa ses torts, se dit victime de l'amour, pris au piège comme tous les hommes qui ne se sont pas défiés suffisamment des femmes ; cet appel à l'anti-féminisme traditionnel des clercs rendit-il Fulbert plus indulgent ? En tout cas, Abélard parvint à l'apaiser en lui promettant finalement d'épouser Héloïse ; il n'y mit (du moins l'*Histoire de mes malheurs* ne mentionne) qu'une condition : le mariage serait tenu secret. Fulbert accepta cet arrangement, en son nom et en celui de tout son lignage. Selon l'usage du temps, des baisers échangés scellèrent l'engagement des deux parties. Ceci se passait vraisemblablement au début de l'année 1117. Abélard partit aussitôt pour la Bretagne afin d'en ramener son amante.

Héloïse refuse le mariage

Informée de l'accord conclu, Héloïse protesta avec véhémence. Ces protestations surprirent Abélard qui refusa d'en tenir compte. Il n'était pas d'usage que la future épouse fît obstacle au mariage arrangé entre les chefs de famille (ce qui était, rappelons-le, la situation d'Abélard : il était l'aîné des fils et son père s'était retiré sous l'habit monastique ; peut-être était-il d'ailleurs déjà décédé à cette date).

Mais ce sont surtout les arguments développés par Héloïse qui sont intéressants. L'*Histoire de mes malheurs* les rapporte tout au long, en un discours savamment construit et étayé de multiples citations de Pères de l'Église et d'auteurs antiques. Il est vrai que ce texte a été mis en forme quinze ou vingt ans plus tard par Abélard ; on peut douter qu'une jeune fille de dix-sept ou dix-huit ans, même exceptionnellement instruite, ait été capable de dominer son émotion au point de produire ce plaidoyer d'une rigueur implacable, où les raisonnements s'enchaînent selon un plan rationnel. On peut cependant penser que, sous ces oripeaux littéraires, la pensée est bien celle d'Héloïse ; certains thèmes de ce discours, voire certains mots se retrouveront d'ailleurs dans les lettres adressées plus tard par elle à Abélard.

Que dit Héloïse ? Elle ignore les arguments qu'aurait pu faire valoir son oncle Fulbert en faveur du mariage. Elle ne se soucie ni de l'honneur de sa famille, ni de la destinée du petit Astralabe qu'elle condamne sans remords à la bâtardise (statut relativement toléré dans l'aristocratie – Héloïse était peut-être fille naturelle). Son discours ne tend qu'à un but : faire renoncer Abélard au mariage convenu. Les arguments se pressent, se bousculent même.

Elle commence par invoquer la Bible et les Pères, saint Paul et saint Jérôme. Abélard appartenait à l'Église, il était clerc ; ce n'était qu'en tant que clerc qu'il pouvait continuer son œuvre de professeur et de théologien. N'ayant reçu que la tonsure ou les ordres mineurs, il pouvait légitimement se marier ; mais un clerc marié serait inévitablement rejeté par l'opinion, sinon par le droit, vers le monde des laïcs et des illettrés, où il n'avait rien à faire. À un moment où, à l'appel des papes et des évêques réformateurs, le célibat et la continence devenaient l'une des marques les plus fortes de la condition cléricale, il n'y avait plus vraiment de place dans l'Église et ses écoles pour des hommes mariés. Qu'il ait eu une maîtresse, un fils naturel, cela était encore pardonnable ; bien des clercs de haut rang ne s'en priveront pas tout au long du Moyen Âge, mais il lui fallait préserver son mode de vie de célibataire, seul accepté dans les communautés canoniales auxquelles s'identifiait le monde scolaire.

Le célibat était l'état normal du clerc, mais aussi la condition la plus désirable pour le "philosophe". Et Héloïse de citer pêle-mêle, avec l'enthousiasme de sa science toute neuve, Cicéron et Théophraste, Socrate et Sénèque. Ce n'était pas là cuistrerie ; ces noms étaient ceux des sages antiques dont les lettrés du début du douzième siècle redécouvraient avec ivresse les œuvres et qui représentaient pour eux, comme ils le feront encore pour les humanistes de la Renaissance, des modèles d'humanité auxquels ils cherchaient à s'identifier. À ces philosophes, le mariage, lorsqu'ils s'y étaient risqués, n'avait apporté que des déboires (songeons à Socrate et Xanthippe) ; seuls une vie austère, le refus des plaisirs, le mépris du monde et de ses tracas avaient permis à ces sages de se consacrer tout entiers à la philosophie dont l'étude et l'enseignement ne pouvaient être des occupations épisodiques ; c'était une vocation impérieuse dont rien ne devait le détourner. Et Héloïse évoquait alors, avec réalisme, ce que serait la triste existence d'un philosophe marié, privé de la tranquillité du célibataire et des revenus assurés de quelque prébende canoniale : une demeure trop exiguë, la responsabilité quotidienne d'une famille, les cris des enfants, les jacasseries des servantes, bref, la voie descendante de la déchéance et du déclassement social, alors que le succès d'Abélard professeur et philosophe avait aussi été, jusque là, ascension et affirmation de soi.

À ces arguments moraux (mais également fondés sur une juste perception de la situation sociale du "philosophe" dans la société de ce temps), Héloïse en ajoutait d'autres, plus personnels et plus concrets. La solution imaginée par Abélard, le mariage secret, ne servirait à rien, disait-elle. Fulbert et les siens – et elle était certainement mieux placée que quiconque pour en juger – ne s'en accommoderaient pas longtemps, car elle ne constituait pas une réparation suffisante pour l'offense qui leur avait été faite. La seule solution était donc d'en rester à la situation présente. Pas de mariage. Qu'Abélard ne craigne pas de manquer à une parole que Fulbert, de toute façon, ne tiendrait pas de son côté, et qu'il rentre en célibataire à Paris pour y reprendre sa carrière de professeur et de clerc. Héloïse, quant à elle, resterait en Bretagne avec son fils, otages en quelque sorte de la famille d'Abélard, ce qui était le seul moyen de mettre celui-ci à l'abri de la vengeance de Fulbert. Aux amants resteraient le plaisir doux-amer des longues attentes et des trop rares rencontres, la jouissance de cet "amour de loin" que chantaient à la même époque les troubadours aquitains.

Les arguments d'Héloïse n'étaient pas absurdes. Ils manifestaient même, en plus de sa passion et de son désir de sacrifice pour l'homme aimé, une perception tout à fait réaliste de la situation ; il y avait chez elle, en définitive, beaucoup plus de bons sens que chez Abélard.

Certains commentateurs ont considéré ces pages de l'*Histoire de mes malheurs* et, plus encore, les lettres où Héloïse rouvre le débat sur le mariage et confirme, à la première personne et sans remords, que tels avaient bien été ses sentiments d'alors, comme l'un des indices les plus nets de l'inauthenticité de ces textes. Comment une jeune femme noble du début du douzième siècle aurait-elle pu écrire de telles choses ? L'amour le plus fort ne saurait abolir si aisément ni les déterminations sociales communes ni le poids de mentalités universellement répandues. Ce sont là paroles d'homme. Ou d'Abélard lui-même dont elles traduiraient l'égocentrisme complaisant. Ou d'un habile faussaire du treizième siècle – et pourquoi pas, en ce cas, de Jean de Meung plaçant dans la bouche d'Héloïse ses habituelles critiques du mariage et des institutions sociales opprimant les droits de la Nature ?

Ce ne sont là que des hypothèses que la tradition des textes étaye mal. Admettons donc que ce raisonnement ait bien été celui d'Héloïse. Il faut reconnaître qu'il ne laisse pas de surprendre et qu'il ne peut avoir été le fait que d'une personnalité exceptionnellement libre, d'esprit plus encore que de mœurs.

Un sacrifice d'amour

En refusant le mariage proposé par Abélard, Héloïse se sacrifiait par amour pour lui. Sacrifice d'autant plus fort qu'elle ne se cachait pas que cet amour n'était peut-être pas totalement partagé : "Je te dirai ce que je crois savoir, lui écrira-t-elle, c'est la concupiscence plus qu'une affection véritable qui t'a lié à moi, le goût du plaisir plutôt que l'amour." En renonçant au lien du mariage, en se résignant à l'éloignement et à la séparation, Héloïse prenait le risque de tout perdre, soit qu'Abélard portât ailleurs son désir, soit qu'il se consacrât désormais à l'étude.

L'idéal de l'amour comme passion pure et désintéressée, Héloïse, toujours férue de références philosophiques et littéraires, avait pu le trouver dans le traité *De l'amitié* de Cicéron, si lu par les lettrés du Moyen Âge, mais l'idée d'un sacrifice total par amour est sans doute de tous les temps ; aussi bien au douzième siècle qu'à toute autre époque, une amante pouvait sans doute écrire : "Je ne me suis rien réservé, sinon de me faire toute à toi."

Acceptons aussi qu'elle se soit résignée au déclassement que ce choix entraînerait pour elle, seule en une terre lointaine, dans une famille étrangère. La passion ne mesure pas forcément à long terme les effets de ses décisions. Mais le plus surprenant est qu'Héloïse ait voulu placer ce refus non seulement sous le signe héroïque du sacrifice, mais en même temps sous celui plus provocant d'une critique sociale, d'un rejet des usages admis, d'une revendication de son droit personnel à la liberté, à l'amour, au plaisir. Elle insiste : c'est la cause principale qui lui a fait refuser le mariage ; le titre sacré d'épouse lui semblait moins désirable que celui d'amie, voire de maîtresse, de courtisane, de concubine, de fille de joie même, car "je préférais l'amour au mariage et la liberté au lien". Tout est là, et de cet amour qu'elle a voulu vivre intensément, Héloïse dit bien qu'il était à la fois tendresse et plaisir, rencontre des âmes et étreinte des corps : "les ardeurs de la chair, une jeunesse sensible au plaisir, l'expérience des plus délicieuses voluptés". Dans la société courtoise du douzième siècle, ce langage était permis aux hommes, non aux femmes, même si elles avaient lu Ovide. Qu'Héloïse ait pu le tenir, non seulement dans le feu de la passion mais encore avec le recul du souvenir, alors qu'elle avait revêtu l'habit d'une respectable abbesse, n'est donc, à coup sûr, pas commun. Transgression, certainement, mais faut-il pour autant crier à l'anachronisme ? Héloïse, tous ses contemporains l'ont proclamé, était une femme hors norme par sa culture. Pourquoi n'aurait-elle pas été aussi – avec ou sans cette exceptionnelle intelligence – une amoureuse hors norme ? Ou du moins, car l'historien ne saisit vraiment que les mots, capable de parler de son amour comme aucune femme de son temps ?

IV

La roue de Fortune

Mariage secret

En fixant strictement les règles du mariage et en en faisant un véritable sacrement, l'Église des douzième et treizième siècles a soulevé le problème des mariages secrets ou clandestins qui deviendront une pratique, sinon banale, du moins relativement fréquente, en contrepoint d'un conformisme imposé. Le mariage secret était bien un mariage chrétien, célébré par quelque prêtre complaisant, mais sans la proclamation des bans ni la cérémonie publique qui rendaient possible l'exercice du contrôle juridique et social. Il permettait donc de s'affranchir de certaines entraves. Le mariage secret, s'il s'était déroulé selon le rite canonique, était généralement tenu pour valide par l'Église, mais il est clair que son caractère hâtif et privé, l'absence de témoins ouvraient la porte à de multiples contestations ; il était relativement facile, surtout si l'on avait quelque appui, de faire casser un mariage clandestin.

Jusqu'au dix-huitième siècle, le mariage secret sera l'un des ressorts de la comédie classique, avec pour fonction essentielle de permettre à de jeunes amoureux de forcer la main de parents réticents ou de prévenir quelque union arrangée sans le consentement des intéressés. Il a pu avoir bien souvent cette signification dans la vie réelle. Mais ce n'était pas de cela qu'il s'agissait dans le cas d'Héloïse et d'Abélard. Ce dernier avait fait le même raisonnement qu'Héloïse : en tant que clerc, il ne pouvait mener une existence familiale normale ; il lui fallait retrouver le mode de vie de son état ; il lui fallait, dès la célébration du mariage, aussi discrètement que possible, se séparer de sa femme, qu'il ne rencontrerait plus qu'en cachette. Tandis qu'Héloïse vivrait à l'écart, lui-même reprendrait la tête de son école à Notre-Dame ; la voie des ordres majeurs et donc des honneurs ecclésiastiques lui était fermée, au moins pour un temps, mais il lui restait la possibilité de se consacrer de nouveau à l'enseignement et donc d'accroître encore son auditoire et sa renommée de professeur, source à la fois de prestige et de revenus.

Devant l'inanité de ses efforts, Héloïse renonça et se résigna au mariage détestable que lui imposait Abélard. Ils repartirent donc ensemble pour Paris, laissant le jeune Astralabe aux soins des nourrices et de la sœur d'Abélard : le mariage secret et la vie séparée qu'avait prévus Abélard s'accommodaient mal de la présence d'un jeune enfant. Ses parents ne s'en préoccupèrent pas beaucoup par la suite, sans toutefois qu'ils s'en fussent entièrement désintéressés. L'enfant grandit, sans doute en Bretagne, et devint clerc. Abélard lui dédiera un assez long poème didactique, truffé de sentences morales, où il lui parle incidemment de sa mère. Celle-ci, devenue veuve, s'inquiétera encore du sort de son fils ; elle demandera à l'abbé de Cluny Pierre le Vénérable de s'entremettre pour lui faire obtenir quelque bonne prébende car Astralabe (qui approchait de la trentaine) n'était pas encore pourvu ; le prélat refusa de s'engager fermement, mais il agit sans doute quand même, car un document postérieur mentionne, en 1150, un Astralabe chanoine à Nantes, qui pourrait bien être le fils d'Héloïse et d'Abélard.

Laissons là le petit Astralabe et retrouvons Héloïse et Abélard au moment où ils reviennent à Paris pour se marier, sans doute dans le courant de l'année 1117.

La vengeance du chanoine

Un tel arrangement ne pouvait satisfaire "Fulbert, ses parents et ses alliés", comme dit Abélard. Notons désormais cette présence constante, à côté de l'oncle chanoine, de tout un lignage, qu'on devine puissant et ombrageux, où l'on palabre et s'échauffe pour défendre l'honneur du sang et du nom. À deux reprises, Héloïse prétendra que ce mariage avait été pour Abélard une véritable mésalliance et que sa propre famille aurait donc dû être fière d'avoir si bien casé l'une de ses filles. À moins de prendre le terme de "mésalliance" en un sens métaphorique – une jeune fille ignorante mariée à un si grand philosophe – l'argument était de peu de poids et il est douteux qu'il ait pu convaincre Fulbert et les siens. Ni par son origine sociale, ni par son état, Abélard ne devait représenter à leurs yeux un parti exceptionnel. Leur crainte était surtout, non sans quelque raison, que ce mariage secret ne fût, comme c'était souvent le cas, qu'un mariage de seconde zone, de convenance ou de plaisir, consenti du bout des lèvres par un homme pris au piège mais désireux de s'en sortir à la première occasion, en arguant précisément de la régularité toujours discutable d'une union célébrée à la va-vite.

Aussi Fulbert et les siens se hâtèrent-ils, à peine le mariage béni, d'en proclamer la nouvelle. Seule cette annonce publique pouvait laver leur honneur, tant celui-ci était, surtout à cette époque, affaire non de conscience individuelle, mais de réputation : l'offense n'était lavée que si la réparation était connue de tous ceux qui avaient naguère été les témoins de l'affront. C'était par ailleurs le meilleur moyen d'obliger Abélard à respecter sa parole, à ne pas chercher à se dérober à ses engagements en éloignant définitivement Héloïse, renvoyée à son triste destin de vierge déflorée et d'épouse répudiée.

Affolé ou furieux devant ce qu'il considéra comme un manquement aux engagements conclus, Abélard réagit maladroitement, ne faisant qu'aggraver les soupçons de Fulbert et de son clan. À tort, dit-il. On veut bien le croire, d'autant qu'Héloïse elle-même était, on s'en doute, plus acharnée encore que lui à nier l'existence de leur mariage. Mais il faut reconnaître que les apparences ne plaidaient pas en leur faveur.

Abélard lui fit quitter Paris et, pour la soustraire aux pressions et aux questions, l'installa chez les moniales d'Argenteuil qui l'avaient élevée dans son enfance et qu'elle avait quittées quatre ou cinq ans plus tôt. Une femme adulte et mariée pouvant difficilement vivre au milieu d'une communauté de religieuses avec ses habits laïcs, il lui fit même revêtir la robe des sœurs mais non, bien sûr, le voile dont la prise marquait, après la prestation des vœux, l'entrée dans la vie monastique.

Pour Fulbert et les siens, la manœuvre était claire : Abélard allait persuader Héloïse de se faire religieuse ; libéré des liens du mariage, il pourrait alors recevoir lui-même les ordres majeurs et reprendre triomphalement sa carrière ecclésiastique momentanément interrompue. Il fallait agir vite.

La mutilation d'Abélard

Et ce fut le drame. Violent, inattendu, terrifiant comme un coup de tonnerre, même si l'air était depuis quelque temps lourd de menaces. La roue de Fortune, si souvent représentée par les artistes de ce temps, tourna brutalement, jetant Abélard à terre au moment où il croyait remonter vers le sommet.

L'essentiel est dit en une page de l'*Histoire de mes malheurs*, d'une intensité poignante. Abélard l'a écrite quinze ans après le drame ; il pardonne presque ; en tout cas, il n'appelle plus à la vengeance, ne pousse pas de cris de haine. Il revit simplement ces heures tragiques ; la terreur, la douleur, la honte le submergent à nouveau un instant.

Quelques documents quasi contemporains confirment le récit d'Abélard. Il y a eu complot et préméditation. Le châtiment fut décidé, des hommes de main recrutés (à moins que des parents laïcs d'Héloïse ne se soient eux-mêmes chargés de la besogne), un serviteur d'Abélard, enfin, acheté, qui à l'heure dite ouvrirait la porte aux sicaires et les mènerait en silence jusqu'à la chambre de son maître. Et tout se passa comme prévu. Abélard, qui devait dormir nu, comme c'était l'usage, fut surpris sans défense dans son sommeil et châtré sans hésitation. Une ficelle nouée au-dessus des testicules, un coup de couteau, le sang qui jaillit, les agresseurs qui prennent promptement la fuite, la vengeance de Fulbert était accomplie.

L'alerte avait pourtant été donnée, mais trop tard. Dans leur retraite, deux hommes, le valet félon et l'un des affidés de Fulbert, furent reconnus, peut-être par des voisins ou par les autres serviteurs d'Abélard. Rattrapés, ils furent à leur tour sauvagement mutilés, à la fois châtrés et aveuglés ; Abélard ne précise pas si ce fut après avoir été livrés à la justice du roi ou si ses amis vengèrent eux-mêmes et avec usure, de façon expéditive, la mutilation qui lui avait été infligée.

L'ampleur du scandale

L'affaire était grave, le crime patent, l'ordre public avait été troublé, à quelques centaines de mètres à peine du palais royal et de la cathédrale, les coupables se désignaient d'eux-mêmes. Un digne chanoine, même s'il n'avait pas versé le sang lui-même, souillure irrémédiable pour un clerc, avait commandité l'attentat nocturne ; un professeur illustre, ami de l'évêque Gilbert et des Garlande, les tout-puissants favoris du roi Louis VI, avait été ignominieusement mutilé. Le scandale était énorme ; dès l'aube, le bruit s'en répandit dans toute l'île de la Cité. Des curieux, des amis, des étudiants surtout affluèrent dans la demeure où Abélard gisait prostré. Il souffrait de sa blessure ; il eut cependant la chance qu'elle ne s'infecte pas et cicatrise assez vite. En un temps où l'individu n'existait guère que par le regard d'autrui et l'image idéale à laquelle il s'identifiait, son humiliation était d'autant plus grande que la foule se pressait plus nombreuse autour de sa demeure.

On ignore ce que furent, dans ces heures tragiques, les réactions et les pensées d'Héloïse. Elle vivait alors parmi les religieuses d'Argenteuil, séparée à la fois de son mari et de son enfant (et il y aurait quelque imprudence à décréter que cela la laissait indifférente, au prétexte que le Moyen Âge aurait ignoré le "sentiment de l'enfance", comme on le disait parfois naguère). Pour tromper la solitude et l'ennui, elle pouvait au moins prier et étudier. On peut penser que si le monastère d'Argenteuil ne possédait guère d'ouvrages profanes, on pouvait y trouver en revanche la Bible et quelques livres liturgiques. Héloïse a donc pu y approfondir sa connaissance du texte sacré ; bien plus tard, elle démontrera sa culture biblique en commentant l'Ecriture Sainte à ses moniales du Paraclet

Abélard venait quelquefois lui rendre visite. Visites brèves et presque clandestines. L'amour était toujours aussi fort entre eux, comme le goût du plaisir. Dans une de ses lettres, bien plus tard, Abélard lui rappellera qu'un jour, le désir exacerbé par l'absence étant trop fort, ils s'unirent frénétiquement dans le réfectoire désert du couvent, faute d'un lieu plus approprié.

Lorsque se produisit le drame, Héloïse l'apprit certainement très vite, car Argenteuil n'était qu'à quelques kilomètres de Paris et le scandale fut énorme. Pendant quelques jours, tout Paris dut en parler. Se précipita-t-elle au chevet d'Abélard mutilé et désespéré ? Se cacha-t-elle au contraire au fond de son couvent, terrorisée et culpabilisée ? Qu'allaient faire ses parents ? Que pensaient d'elle les amis et les élèves d'Abélard ? Celui-ci, dans sa douleur, demanda-t-il à la voir ?

Les documents ne répondent malheureusement pas à toutes ces questions. Ce que disent en revanche les lettres postérieures d'Héloïse, c'est qu'elle se sentit affreusement coupable et eut le sentiment d'avoir attiré le malheur sur l'homme qu'elle aimait plus que tout, d'avoir brisé la carrière du philosophe qu'elle admirait sans mesure. Son oncle étant l'instigateur du crime, elle se reprochait d'avoir consenti à ce mariage secret dont elle avait pourtant prévu les conséquences funestes. Ce souvenir l'amenait à intérioriser les thèmes classiques de l'anti-féminisme clérical, qu'elle avait cru un temps pouvoir défier. Par la tendance naturelle aux gens de cette époque à identifier leur cas personnel aux modèles généraux que leur faisait connaître leur culture religieuse ou profane, elle se voyait sous les traits d'une nouvelle Ève, tentatrice et pécheresse, coupable d'avoir entraîné l'homme qu'elle aimait dans la faute et le malheur.

L'humiliation du philosophe

Abélard n'avait pas été victime d'une agression subite et irraisonnée : en fait, Fulbert ruminait sa vengeance depuis plus d'un an. Plusieurs fois remise, celle-ci avait fini par éclater. Ce n'était pas un geste inconsidéré de colère, mais une vendetta longuement mûrie, la "faide" rituelle, comme on disait alors, de tout un lignage offensé et défendant son honneur, puisque le coupable s'était refusé à accorder une réparation suffisante. Le geste sanglant, en application d'une archaïque loi du talion, n'avait pas été choisi au hasard : "Je fus puni par là où j'avais péché", écrit Abélard. Les mutilations physiques (yeux crevés, oreilles, nez et mains coupés, langues percées) n'étaient pas rares dans la justice barbare du haut Moyen Âge et, même si les textes des coutumiers, généralement postérieurs, ne l'avouent guère, la castration faisait partie de cet arsenal de peines à l'endroit des adultères et des fornicateurs obstinés. Comme le relèvera Héloïse avec une amère ironie, ce châtiment, qui eût été acceptable (elle parle en femme de son temps) pour un adultère ou un débauché, a été appliqué à un homme qui avait précisément voulu se marier pour mettre en terme au péché dans lequel il avait jusqu'alors vécu. Indulgent au coupable, Dieu avait permis que fût frappé celui qui s'était repenti ; il avait aussi permis qu'un seul fût puni, pour des actes commis à deux ; les sombres pressentiments d'Héloïse se trouvaient réalisés au-delà de ce qu'elle avait redouté.

Pour exprimer sa honte, Abélard ne peut s'empêcher de réagir en homme de savoir. Ce sont des citations de l'Ancien Testament qui se pressent dans son esprit affolé. Les vieilles malédictions bibliques contre les eunuques lui revenaient à l'esprit : "L'homme aux testicules écrasés ou amputés ou à la verge coupée ne sera pas admis à l'assemblée de Dieu" (Deutéronome, 23, 1). Il avait l'impression qu'il ne serait plus qu'"un être fétide, immonde, infâme, un monstre qu'on se montrera du doigt, objet de pitié pour ses amis, de risée pour ses rivaux". Il est bien difficile de mesurer l'étendue du choc physique et psychologique que peut provoquer chez un homme une telle mutilation ; la médecine et la psychologie contemporaines n'ont plus guère à connaître, heureusement, de tels cas. Il est en revanche clair que sa souffrance a été d'autant plus grande que, comme tous les hommes de son temps, il savait ne pouvoir compter sur aucune indulgence dans ce "mâle Moyen Age" cher à Georges Duby, où toutes les valeurs étaient colorées d'une forte dose de virilité, où l'on n'hésitait pas à se moquer des êtres faibles ou déchus et où la solitude, physique, sociale ou morale, était, à brève échéance, synonyme de malheur.

Il faut cependant faire justice d'une idée parfois avancée. Si sa castration a certainement été pour Abélard la cause d'un traumatisme profond et si elle lui a valu bien des mépris et des injures, à commencer par celles de son ancien maître Roscelin de Compiègne, elle n'a pas brisé sa carrière, en tout cas pas sa carrière ecclésiastique : le droit canonique n'écartait des ordres majeurs et du sacerdoce que les castrats *volontaires* (mesure prise dans l'Antiquité tardive pour prévenir certains excès de l'ascétisme le plus "héroïque") et Abélard n'eut pas de difficulté à devenir prêtre quelques années plus tard. Il faut reconnaître aussi que tous ses adversaires – et il n'en manqua pas – ne s'abaissèrent pas aux injures de Roscelin ; ni Guillaume de Saint-Thierry, ni saint Bernard par exemple ne feront jamais la moindre allusion à la mutilation d'Abélard.

Protecteurs et consolateurs

Abélard était aussi, on le sait, un homme de ressources et de courage, un combattant ; il l'avait déjà montré. S'il ne pouvait guère, à Paris, compter sur sa famille bretonne, il avait quand même des amis fidèles et des protecteurs.

Il pensa d'abord à contre-attaquer pour obtenir justice et vengeance, ce qui, surtout en ces temps, était souvent tout un. Deux des agresseurs avaient été rattrapés et châtiés. Le nom du chanoine Fulbert disparut pour quelque temps, les historiens l'ont noté, du cartulaire de Notre-Dame de Paris ; ses biens furent, semble-t-il, confisqués, au moins provisoirement. Abélard aurait voulu poursuivre plus avant, pousser au besoin l'affaire jusqu'à Rome. Mais il renonça bientôt. Peut-être par dégoût et par découragement, peut-être parce qu'il s'était rendu compte que Fulbert, qui devait avoir lui aussi des amis, avait réussi à se mettre à l'abri, et qu'il n'obtiendrait rien de plus.

On a conservé la lettre de consolation que lui adressa peu après un moine, le prieur Foulques de Deuil. On ne sait à quel titre celui-ci connaissait Abélard et, à dire vrai, son *Épître consolatoire* est plutôt malveillante et d'un humour douteux. C'est néanmoins un document fort intéressant. Foulques commence par rappeler la réputation extraordinaire dont Abélard jouissait comme professeur ; on venait l'entendre de toute la Chrétienté – d'Angleterre, d'Italie, d'Allemagne ; son enseignement était extraordinairement brillant et ses élèves en tiraient le plus grand profit : apparemment, les événements tumultueux des deux dernières années n'avaient nullement étouffé le génie d'Abélard. Puis Foulques rappelle l'attentat dont Abélard avait été victime. Ses amis, submergés par la douleur, ne l'avaient point abandonné. Ses agresseurs avaient été punis, partiellement au moins. L'évêque de Paris "avait fait ce qu'il avait pu pour que justice soit rendue", ce qui confirme que Fulbert lui-même avait réussi à échapper au jugement. Qu'Abélard abandonne donc la partie, conseillait Foulques : il n'obtiendra rien de plus ; à vouloir porter l'affaire à Rome, il dépenserait tout son argent sans résultat et on y rirait de lui. Qu'il cherche donc plutôt à voir quel bien pouvait sortir de ce mal. Sa castration le délivrait des tentations de la chair et de la luxure (Foulques dit ici nettement qu'Abélard, surtout séparé d'Héloïse, fréquentait parfois des prostituées). Il pourrait désormais se consacrer à Dieu et poursuivre par amour de celui-ci un enseignement qu'il avait donné jusqu'alors pour assurer sa propre gloire et gagner l'argent servant à ses débauches.

La décision d'Abélard

Au moment où il reçut cette missive, Abélard avait déjà pris sa décision : il s'était fait moine. On le sait d'après l'adresse de la lettre de Foulques : c'est à "Pierre, moine", *Petrus cucullatus*, qu'elle est envoyée. Ce message de consolation, composé de mots d'accueil sincères ou sarcastiques – il est difficile d'en juger – saluait l'entrée dans la famille monastique du philosophe dont la renommée avait naguère rempli le monde et que l'épreuve rapprochait maintenant de Dieu. "C'est de toi-même et non sous la contrainte que tu t'es fait moine", ajoutait le prieur de Deuil.

La chronologie, malheureusement, se dérobe à nouveau et l'on ne sait quand se passèrent ces événements – sans doute à la fin de 1117 ou au tout début de 1118 – ni combien de temps sépara la mutilation d'Abélard de la prise de l'habit monastique. Il paraît néanmoins sûr que l'entrée d'Abélard en religion eut lieu avant juillet 1118.

Le monastère lui apparut d'abord comme un refuge, une cachette, un lieu écarté où cacher sa déchéance et son humiliation. Lui qui avait toujours aimé briller au premier rang, qui recherchait la compagnie des puissants et l'admiration de ses élèves, lui qui n'avait jusqu'alors vécu à l'aise que dans les joutes dialectiques et dans la presse du quartier des écoles, ne vit d'autre remède à sa honte que dans la fuite. Les hommes de ce temps étaient volontiers excessifs dans leurs réactions et dans les manifestations de leurs émotions. Ils passaient aisément de l'exaltation des combats victorieux à la fuite éperdue des déroutes, de la superbe à l'extrême humilité, de l'arrogance à l'abattement. Et les grands monastères (qu'à dire vrai, les règles plus ou moins bien respectées de la clôture maintenaient difficilement à l'écart des affaires du siècle) apparaissaient malgré tout comme les lieux par excellence de refuge et d'asile, où pouvaient se retirer tous ceux à qui des épreuves inattendues avaient rendu impossible la vie quotidienne au milieu de leurs semblables. "La honte, plus qu'une vocation véritable, me poussa vers l'ombre du cloître", dit Abélard. Il n'était certainement pas le seul à chercher dans la grande société des pénitents un adoucissement à ses misères terrestres plus qu'une ouverture de l'âme vers Dieu et le salut.

Héloïse prend le voile "à la romaine"

Mais pour qu'il fût admis au cloître sans que son mariage y fît obstacle, il fallait qu'Héloïse non seulement y consentît mais acceptât elle aussi de consacrer désormais sa vie à Dieu. Il n'était pas rare que de vieux époux, au soir de leur vie, leurs enfants élevés, se séparassent ainsi pour passer leurs dernières années dans la société d'hommes et de femmes de Dieu, afin de se préparer à la mort par la prière et la méditation, l'esprit en paix, sans souci des affaires terrestres. Les propres parents d'Abélard avaient agi de la sorte.

Pour Héloïse, qui n'avait pas vingt ans et venait à peine d'être mère, le sacrifice demandé était d'une tout autre importance. En une phrase où la contradiction des mots reflète ce que devaient être chez l'un et l'autre la confusion des sentiments, Abélard explique que "sur son ordre, Héloïse prit spontanément le voile". Bien des années plus tard, Héloïse lui en fera encore le reproche. Ce sera, à proprement parler, la seule plainte formelle qu'elle élèvera jamais contre lui. Elle lui reprochera un manque de confiance qui montrait bien en effet qu'Abélard n'avait pas mesuré toute la profondeur et le désintéressement de l'amour qu'elle lui portait. Craignant que la jeune femme ne veuille se séparer de lui, en tirant argument de son âge, de la mutilation d'Abélard et du caractère clandestin de leur mariage pour l'abandonner et vivre loin de lui une nouvelle vie, il usa de l'autorité que lui donnaient à la fois l'amour d'Héloïse et le lien conjugal pour exiger son entrée immédiate en religion. Elle accepta sans hésiter, mais en regrettant que la demande lui ait été présentée ainsi, comme un geste d'obéissance et non un acte d'amour.

Bien plus, Abélard semble avoir assisté personnellement à la prise de voile d'Héloïse. Il en fait en tout cas le récit détaillé dans l'*Histoire de mes malheurs*. Ce fut chez les religieuses d'Argenteuil où elle vivait déjà et qu'elle connaissait bien qu'Héloïse décida de faire profession. L'abbesse et la prieure, par égard pour la jeunesse et la situation tragique d'Héloïse, auraient voulu surseoir d'une manière ou d'une autre à des vœux complets, mais Héloïse refusa.

La scène de la prise de voile, telle que l'évoque Abélard, est étonnante car si Héloïse fit preuve d'une détermination exemplaire, ce fut plus à la manière d'une héroïne antique que d'une chrétienne consacrant désormais sa vie au Seigneur. En présence de toute la communauté et sans doute de parents et d'amis, elle s'avança vers l'autel pour recevoir le voile des mains de l'évêque de Paris. La présence de ce prélat montre bien que rien dans cette affaire ne passait inaperçu et que tout le haut clergé et l'aristocratie parisienne suivaient les péripéties d'un drame qui s'était déroulé en leur sein même. Tout en s'avançant, Héloïse récita au milieu des larmes quelques vers que Lucain, dans la *Pharsale* (VIII, 94-98), met dans la bouche de Cornélie, femme de Pompée :

> *Ô mon auguste époux,*
> *Toi qui ne méritais pas cette union avec moi,*
> *La Fortune avait donc un pareil pouvoir sur une tête si noble ?*
> *Pourquoi ai-je eu l'impiété de t'épouser,*
> *Si je devais faire ton malheur ?*
> *Eh bien ! tire de moi un châtiment, c'est moi qui demande à expier.*

Tandis que les lieux et les circonstances eussent sans doute voulu quelque verset biblique ou quelque hymne liturgique, Héloïse préférait évoquer la vertu romaine. S'identifiant à l'une de ces nobles figures antiques que lui avaient fait connaître les classiques qu'elle avait dû lire naguère avec passion en compagnie d'Abélard, elle affichait la fierté plutôt que l'humilité, la conscience de ce qu'elle se devait plutôt que l'abandon en Dieu. Cette mise en scène stoïcienne, sans doute soigneusement préméditée, plaçait sous les auspices de la passion assumée au-delà d'elle-même, du courage et de l'expiation, une conversion monastique où les aspects religieux paraissent singulièrement absents.

Quinze plus tard, devenue une grande abbesse, Héloïse n'aura guère changé de langage ni d'attitude. Dans ses lettres à Abélard, elle avouera à la fois l'imperfection de sa vocation religieuse et l'extrême tension de sa volonté en un effort héroïque où seuls le sentiment brûlant de la faute et la force de l'amour lui permettaient à la fois d'assumer les devoirs de son état et d'entretenir le souvenir du bonheur passé sans succomber au désespoir.

Le prestige de Saint-Denis

Assuré de l'entrée en religion de sa femme, Abélard prit à son tour l'habit monastique. Il le fit à Saint-Denis. Il y avait d'autres grands monastères proches de Paris, trop proches peut-être même en l'occurrence, tels Saint-Germain-des-Prés sur la rive gauche ou Saint-Martin-des-Champs sur la rive droite, mais pour être un peu plus distant de la ville – une dizaine de kilomètres en allant vers le nord –, Saint-Denis n'en partageait pas moins les caractères essentiels de ces grandes abbayes suburbaines.

Abélard aurait pu choisir de se retirer véritablement "au désert", soit dans un ermitage ou un petit prieuré rural, soit dans l'un de ces monastères neufs que les jeunes ordres apparus au tournant des onzième et douzième siècle, en particulier les Cisterciens et les Chartreux, multipliaient alors au fond des campagnes, à la lisière des friches, au creux des vallées, sur les marges des grands massifs forestiers. Il aurait pu aussi décider de rejoindre en Bourgogne le plus prestigieux des monastères de ce temps, Cluny, alors au sommet de sa réputation et de son influence. Mais le choix qu'il fit était celui qui s'imposait naturellement à un clerc parisien, lié jusqu'alors aux chanoines de Notre-Dame et de Sainte-Geneviève ainsi qu'à l'entourage royal.

Érigé sur la tombe d'un martyr du troisième siècle présenté comme le premier évêque de Paris, Saint-Denis était une fondation mérovingienne remontant au septième siècle. Depuis cette date, l'abbaye n'avait cessé d'entretenir des liens privilégiés avec les dynasties successives qui avaient régné sur la France. Dès l'époque mérovingienne, Dagobert et ses successeurs en avaient fait une importante nécropole royale. Un peu oublié à la fin du huitième siècle, Saint-Denis était revenu au premier plan au neuvième. L'abbé Hilduin (av. 814-vers 841) avait été l'un des principaux conseillers de l'empereur Louis le Pieux, fils de Charlemagne. On devait au même Hilduin une *Vie de saint Denis* qui allait fonder pour des siècles la position exceptionnelle de l'abbaye. Dans ce texte, Hilduin avait expliqué que le martyr Denis, évêque de Paris, n'était autre que Denys l'Aréopagite que les Actes des Apôtres, XVII, 32, présentaient comme le compagnon de saint Paul et le premier évêque d'Athènes. Celui-ci était donné comme l'auteur de traités de théologie mystique, en particulier *La Hiérarchie céleste*, dont le même Hilduin, qui se piquait de savoir (en fait assez mal) le grec, avait donné une traduction. La critique moderne n'a pas eu de peine à démonter cet amalgame ; le vieux martyr parisien n'avait rien à voir avec saint Paul, à qui il était postérieur de plusieurs siècles, et rien à voir non plus avec l'auteur de *La Hiérarchie céleste* ; on sait aujourd'hui qu'il s'agit là d'un texte anonyme (c'est pourquoi l'on parle communément du "pseudo-Denys") de la fin du cinquième siècle, d'origine sans doute syriaque et pénétré d'influences néo-platoniciennes.

Il n'importe. Pour les hommes du temps, cette construction pseudo-historique avait donné un relief exceptionnel à la figure de Denis et fait du saint patron de l'abbaye le protecteur non seulement de Paris, mais de l'ensemble du peuple des Francs et du royaume de France. Charles le Chauve, le fils de Louis le Pieux qui reçut en héritage en 843 la "Francie occidentale", futur royaume de France, combla l'abbaye de faveurs et de dons et s'y fit enterrer. Peu à peu, les reliques les plus insignes, presque toujours grâce à des dons royaux, s'accumulèrent dans le trésor de Saint-Denis. La fortune foncière de l'abbaye s'accrut à proportion et s'étendit de manière extraordinaire, dans toute l'Ile-de-France et jusqu'aux marches de Lorraine, tandis que les moines tiraient également profit de la grande foire du Lendit qui chaque année, au mois de juin, se tenait sur leur territoire. Mais c'est après 987, avec l'avènement de la dynastie capétienne, que le sort de Saint-Denis devint véritablement exceptionnel. Un instant concurrencé par Fleury (aujourd'hui Saint-Benoît-sur-Loire), Saint-Denis devint vite l'abbaye royale par excellence. Elle ne se contenta plus d'accueillir la sépulture des rois et des princes de sang royal. Elle ne se contenta plus d'abriter les reliques les plus sacrées du royaume. Elle devint le foyer majeur d'élaboration de ce qu'on pourrait appeler l'idéologie capétienne. Les moines de Saint-Denis se chargèrent de forger les fausses chartes et de compiler les chroniques merveilleuses qui fondaient à la fois l'antiquité de leur propre maison et la parfaite continuité des rois qui, depuis Dagobert et Charlemagne, n'avaient cessé, avec l'aide de saint Denis, de triompher des ennemis de l'Église et de la couronne. Symbole de cette union étroite du vénérable monastère et de la dynastie royale, le vieil étendard de Charlemagne, l'oriflamme rouge sang, était déposé à Saint-Denis où le roi de France venait solennellement le lever lorsqu'il partait en guerre.

Ce n'est donc pas dans un monastère ordinaire qu'Abélard fit profession. Nul doute que ses amitiés à la cour ne l'aient aidé à y trouver place et il se peut que l'abbé et ses moines, de leur côté, aient été flattés d'accueillir parmi eux un personnage aussi illustre. Vieux monastère suburbain, pourvu, depuis l'époque d'Hilduin, d'une riche bibliothèque, Saint-Denis ne partageait pas les préjugés des nouveaux ordres contre la culture et l'école. Il possédait d'ailleurs une école où avait jadis étudié, dans sa jeunesse, le grand archevêque Hincmar de Reims, conseiller des derniers Carolingiens, et où, quelques années plus tôt, avait aussi étudié un jeune moine du nom de Suger, qu'Abélard retrouvera bientôt sur son chemin.

En se réfugiant à Saint-Denis, Abélard ne se cachait donc pas vraiment, pas plus d'ailleurs qu'Héloïse à Argenteuil. En fait, il ne s'éloignait pas beaucoup de ce monde qu'il prétendait fuir. Il n'aurait pas à abandonner les livres ni l'étude. Il resterait accessible à ses amis et exposé à ses ennemis. Il pourrait peut-être y soigner ses blessures, il n'échapperait pas aux épreuves et aux malheurs qu'il savait si bien susciter contre lui-même.

V

Le cloître

EN 1118, ABÉLARD AVAIT TRENTE-NEUF ANS, Héloïse sans doute
dix-huit ou dix-neuf. Ils étaient mariés et le resteront jusqu'à leur
mort ; mais si devant Dieu et devant l'Église leur union était indissoluble, ils vivaient désormais séparés et ne se rencontreront plus que
rarement. L'historien serait d'ailleurs bien en peine de faire le
compte exact et de fixer la date de ces moments. Il serait tout aussi
en peine de les décrire : l'émotion, certainement, étreignait les deux
anciens amants, mais comment la manifestaient-ils ? Se voyaient-ils
en privé ou seulement en public ? Les paroles échangées étaient-
elles d'affection ou de reproche, réminiscences du passé ou conseils
pour l'avenir ? Après 1118, entre Abélard et Héloïse nous ne
connaissons vraiment que les échanges épistolaires ; ils nous ont valu
ces quelques lettres mentionnées à plusieurs reprises et considérées
comme vraisemblablement authentiques. Mais avant de relire ces
textes admirables, il faut les replacer dans leur contexte et essayer de
retracer les itinéraires désormais séparés suivis par leurs auteurs.

Le monde des religieux

L'un et l'autre avaient cependant en commun d'avoir embrassé tous
deux l'état monastique. C'est là un point capital, qu'il ne faudra jamais oublier.

Si ce fut au départ dans des monastères, vénérables sans doute,
mais un peu mondains de la banlieue de Paris, liés à la société aristocratique et aux milieux de cour, il ne faut pas pour autant en conclure
que leur profession monastique, faite dans des conditions drama-
tiques, n'ait pas représenté dans leur vie une authentique rupture.

Désormais ils furent tenus, comme tout religieux, au respect des vœux solennels prononcés au moment de la prise d'habit : stabilité, obéissance, "conversion des mœurs" (chasteté, pauvreté, renoncement au monde). La Règle définissait avec précision le cadre matériel et moral de leur existence, les offices en rythmait le déroulement, la clôture en marquait les limites, l'habit même les distinguait du reste des humains.

Cependant, au début du douzième siècle, le monde des religieux était si divers que le destin d'Héloïse et d'Abélard n'y était pas tracé d'avance. Le prestige encore immense de l'ordre monastique mettait ses membres à l'abri de l'abandon et de l'oubli, mais les crises et les conflits qui n'épargnaient pas les plus grands monastères risquaient de rendre illusoire l'attente de ceux qui ne seraient venus y chercher que le silence et le repos.

Si Héloïse et Abélard étaient sans doute entrés malgré eux au monastère, ils n'y sont cependant pas restés comme des corps étrangers. Ils ont cherché, nous le verrons, à assumer pleinement une vocation au départ bien incertaine, ils ont voulu vivre chrétiennement les exigences de la Règle et faire leurs les vertus monastiques traditionnelles. Les vicissitudes ou, pour parler comme Abélard, les "malheurs" qui ne leur ont pas manqué au cours de ces longues années de vie religieuse, n'ont pas seulement été les séquelles d'un passé profane qui les poursuivait ; ils ont été aussi, pour une bonne part, les risques et les embûches d'une nouvelle existence qu'ils avaient acceptée mais qui n'était elle-même nullement à l'abri des tensions d'un monde et d'une société en pleine mutation.

Les débuts d'Abélard dans la vie monastique

Sur les premières années de l'existence monastique d'Abélard, l'*Histoire de mes malheurs* est à nouveau, pratiquement, le seul témoignage : il comporte ses qualités – la vivacité du ton, l'acuité des notations psychologiques – et ses inconvénients – le flou de la chronologie, le souci de l'auto-justification – dont l'absence de toute source extérieure interdit bien souvent de débusquer les complaisances et de combler les silences.

Une fois son temps de noviciat écourté, Abélard avait été bien accueilli à Saint-Denis. On ne lui tenait pas grief de son passé, on tenait au contraire à accueillir honorablement un homme qui venait de traverser une terrible épreuve mais dont le prestige intellectuel était intact et les protections toujours puissantes. C'est dire sans doute qu'on n'avait nulle intention de lui interdire de se consacrer à l'étude et éventuellement à l'enseignement, sa vocation profonde.

Dès cette époque, Saint-Denis possédait à la fois une école, au moins une école "interne" à l'usage des jeunes moines, et une bibliothèque fort honorable. Les plus beaux fleurons en étaient quelques précieux manuscrits grecs apportés de Byzance à l'époque d'Hilduin. Abélard ne s'en servit pas ; comme presque tous les philosophes et théologiens médiévaux, il ignorait le grec et ne semble pas avoir cherché à l'apprendre. En revanche, il retrouva à Saint-Denis ses ouvrages de prédilection : les manuels classiques des arts libéraux d'une part, la Bible et ses commentaires patristiques de l'autre.

Il retrouva aussi rapidement des élèves. On ne lui confia pas l'école des petits moines, qui devait avoir déjà un maître et dont le niveau eût été trop élémentaire pour un professeur aussi illustre. Ce furent ses anciens auditeurs de Notre-Dame – et de nouveaux sans doute aussi, attirés par sa réputation intacte – qui vinrent le retrouver.

Abélard dénonce les abus de Saint-Denis

La démarche, en ce temps, était banale, et d'autant plus aisée que Saint-Denis n'était qu'à quelques lieues de Paris. Au début du douzième siècle, alors que toutes les cathédrales étaient loin encore de posséder une école permanente, les professeurs de valeur étaient rares et les étudiants, ceux du moins qui ne voulaient pas se contenter d'une formation élémentaire et traditionnelle (qui devait se ramener à un peu de grammaire et à une lecture assez superficielle de l'Écriture Sainte), devaient aller chercher ceux-là où ils se trouvaient, n'hésitant pas pour cela à entreprendre de longs voyages. Les manuscrits qui circulaient et surtout la réputation qui se colportait de bouche à oreille faisaient connaître ces maîtres prestigieux vers qui l'on accourait. Abélard lui-même avait jadis quitté son pays natal pour suivre les leçons de Roscelin de Compiègne et de Guillaume de Champeaux. Depuis plus de dix ans, il était devenu à son tour un de ces professeurs fameux dont on se répétait le nom et ce n'étaient pas les déboires de sa vie privée, auxquels devaient compatir la plupart de ses auditeurs, qui allaient ternir son renom. Nous avons peine à imaginer aujourd'hui l'enthousiasme que soulevaient, dans les petits groupes de fervents qui fréquentaient assidûment les écoles, les disciplines tout récemment remises en honneur, comme la dialectique, qui devaient donner un extraordinaire sentiment de libération intellectuelle à de jeunes esprits désireux de briser le carcan d'un enseignement jusque là répétitif. Or nul plus qu'Abélard n'avait su susciter un tel enthousiasme. L'aurait-il voulu, il eût été impossible qu'il se tût.

Sa liberté de parole cependant était désormais entravée. Un moine a fait vœu d'obéissance, il n'a plus de volonté propre, il ne peut rien entreprendre sans l'autorisation de son abbé. Celui de Saint-Denis s'appelait alors Adam. Abélard, dont l'indulgence, il est vrai, n'a jamais été le fort, en a laissé un portrait peu flatteur, que confirment d'autres sources. À l'en croire, Adam aurait été un prélat indigne, un homme aux mœurs détestables. Ce triste exemple aurait d'ailleurs été suivi par l'ensemble des moines et la Règle aurait été ouvertement méprisée par tous. Charge évidemment excessive, mais il est sûr qu'un grand monastère comme Saint-Denis, riche et proche de la ville, jouant un rôle politique important, pouvait difficilement pratiquer une observance rigoureuse. Abélard lui-même a très bien diagnostiqué la source du mal, dans une phrase pertinente de l'*Histoire de mes malheurs* : "Au conseil du roi, on estimait que moins cette abbaye vivrait selon la Règle et plus elle serait docile et utile au roi, au moins en ce qui concernait les affaires temporelles." La clôture n'était pas respectée et toutes sortes de visiteurs se pressaient dans les bâtiments de l'abbaye ; l'abbé, de son côté, était amené à distribuer libéralement des dispenses de toute sorte pour permettre à ses moines de vaquer aux multiples activités auxquelles les appelait la situation du monastère. Comme il était de surcroît assez âgé et sans doute peu autoritaire, on comprend qu'un observateur critique ait eu rapidement, en regardant vivre l'abbaye, une impression de désordre complet.

Abélard ne tarda pas à dénoncer ouvertement ces abus, non seulement dans des conversations privées mais même, en public, c'est-à-dire à l'occasion de la réunion quotidienne (ou "chapitre") de la communauté monastique. Ce faisant, il se rendit naturellement vite insupportable à tout le monde et l'on eut bientôt hâte de voir partir ce personnage encombrant.

On aura évidemment noté la reproduction à l'identique d'un schéma narratif déjà plusieurs fois utilisé dans l'*Histoire de mes malheurs*. Alors qu'il aurait dû faire preuve de la discrétion qui sied au dernier arrivant, Abélard, à Saint-Denis comme jadis à l'école de Guillaume de Champeaux ou d'Anselme de Laon, ne peut s'empêcher de mettre en cause les gens en place, à qui il se sent supérieur, et s'attire immanquablement l'hostilité des uns et l'"envie" des autres. Comme jadis, il est victime d'un orgueil que l'humiliation de sa mutilation n'a pas encore réussi à éteindre.

Il ne faut donc peut-être pas prendre au pied de la lettre le récit d'Abélard, mais on peut quand même s'interroger sur les raisons profondes qui l'ont amené à encourir l'hostilité de ses nouveaux confrères. Fut-ce seulement l'effet de son mauvais caractère, de son "individualisme" exacerbé, de son insupportable prétention ? En fait, on a aussi le sentiment qu'Abélard, tout en restant ce persécuté que le destin pousse de malheur en malheur, commence à revêtir un nouveau personnage, celui du réformateur monastique. Puisqu'il avait dû se faire moine, autant l'être pleinement. Comme il avait été le meilleur des professeurs et des philosophes, pourquoi ne serait-il pas devenu le meilleur des moines ? Pourquoi ne pas partir en lutte, ici aussi, contre les abus, les réputations usurpées, les pratiques périmées ? Bien sûr, une telle ambition n'était guère compatible avec l'humilité qui devait être la vertu première du moine, et son corollaire, l'obéissance silencieuse. Cette contradiction évidente marquera toute la carrière monastique d'Abélard. Mais il est certain que, même s'il était entré à Saint-Denis sans vocation, il a vite commencé à cultiver au moins les apparences de cette vocation, en attendant d'en intérioriser les exigences. On pense au mot de Pascal : "Faites semblant de croire, et bientôt vous croirez."

Abélard reprend son enseignement

Dans l'immédiat, l'afflux des clercs qui demandaient à Abélard de reprendre son enseignement fournit à l'abbé Adam l'occasion d'éloigner quelque peu l'importun. On lui représenta qu'ouvrir à Saint-Denis même une "école externe" pour des auditeurs non moines ne ferait qu'aggraver les désordres dont il se plaignait. Il reçut donc l'autorisation d'enseigner, mais seulement dans un petit prieuré dépendant de Saint-Denis ; selon certaines traditions, il se serait agi du prieuré de Maisoncelles-en-Brie, à une cinquantaine de kilomètres à l'est, au-delà de Meaux, sur les terres du comte de Champagne. Première expérience champenoise dans la vie d'Abélard, qui en comptera d'autres.

Malgré le relatif éloignement et les difficultés d'hébergement, ses élèves (mais peut-être n'étaient-ils pas si nombreux que cela) le suivirent. Tel que le décrit Abélard, l'enseignement qu'il donnait à Maisoncelles ressemblait à s'y méprendre à celui qu'il assurait auparavant à l'école Notre-Dame. Deux choses seulement avaient changé. D'abord le décor : à l'île de la Cité, au cœur de la grande ville populeuse, avaient succédé un petit bourg monastique et un modeste prieuré. Désormais, et pour quinze ans au moins, Abélard cesse d'être l'homme de la ville pour devenir celui des cloîtres et de la campagne. Il ne cache pas les problèmes matériels que cela pose pour le bon fonctionnement d'une école (logement et ravitaillement des étudiants), mais s'en accommode ; c'est là que doit vivre le moine. Bientôt, il critiquera les chanoines réguliers qui, tels les victorins institués par Guillaume de Champeaux, croyaient pouvoir vivre selon la Règle tout en restant en ville. On voit donc qu'il faut être prudent lorsqu'on associe l'enseignement d'Abélard et le milieu urbain ; c'est là que cet enseignement a pris naissance, mais il a pu être transplanté ailleurs sans être dénaturé.

Second changement, lié d'ailleurs au précédent, Abélard ne se faisait plus payer par ses élèves (ce qui ne veut pas dire que ceux-ci n'avaient plus à pourvoir eux-mêmes à leur subsistance). Son vœu monastique de pauvreté lui interdisait de disposer de revenus personnels, et ceux du monastère lui permettaient de vivre. De plus, il n'enseignait plus, du moins cherchait-il à s'en convaincre, dans le même esprit. Naguère, quoique rattaché à l'école cathédrale, il avait surtout eu souci de son profit et de sa gloire personnelle. Désormais, il ne s'agissait plus de cela. Les dons intellectuels qu'il avait reçus du Ciel ne devaient pas être laissés à l'abandon, mais mis au service exclusif de la gloire de Dieu et du salut des âmes. Selon l'adage qui aura grand succès tout au long du Moyen Âge, "la science est un don de Dieu, qui ne saurait être vendue".

Ni son auditoire cependant ni la nature même de son enseignement ne paraissent avoir beaucoup changé. Les étudiants étaient, comme naguère à Paris, des clercs séculiers. Quant à l'enseignement, comme à Paris aussi, il se divisait en deux cours, arts libéraux et théologie, science profane et science sacrée. Abélard assure qu'en raison de son statut de moine, il donnait désormais la priorité à l'enseignement religieux, ne se servant des arts libéraux que comme d'un appât pour préparer les élèves à aborder, mieux formés, l'étude de l'Écriture Sainte. C'était d'ailleurs le schéma fondamental de l'éducation chrétienne tel que l'avaient fixé dès l'Antiquité les principaux Pères de l'Église, d'Origène à saint Augustin.

On peut néanmoins douter que les choses se soient réellement passées ainsi. Abélard reconnaît d'ailleurs que ses élèves ne cessaient d'insister pour qu'il traite longuement des arts libéraux ; c'étaient, à coup sûr, les disciplines qu'il maîtrisait le mieux, celles aussi où il était, comme professeur, le plus brillant. Ses talents de dialecticien restaient le fondement de sa célébrité ; c'était sur eux qu'il avait fondé sa réputation et on n'aurait pas compris qu'il cessât d'enseigner une matière dont il était, à cette époque, le maître incontesté. Sa production écrite confirme cette impression et malgré les difficultés de datation que posent ses œuvres, il semble bien, selon les spécialistes, que les années 1118-1121 furent très productives. C'est de cette époque et de son enseignement à Maisoncelles que dateraient la plupart des gloses approfondies (et non plus seulement littérales) consacrées à Porphyre, aux *Catégories* et au traité *De l'interprétation* d'Aristote, aux *Topiques* de Boèce, ainsi que la *Dialectique*, traité systématique qui est en quelque sorte la somme de son œuvre logique. Quant à la théologie, elle est représentée elle aussi, pour cette période, par un premier traité systématique, celui que l'on appelle habituellement la *Théologie "Du bien suprême"* (*Summi boni*), qui a vraisemblablement été rédigé à la fin de cette période, pendant l'année 1120.

De ces quelques années passées à Maisoncelles, Abélard semble garder, dans l'*Histoire de mes malheurs*, un souvenir heureux. D'Héloïse, il n'est plus question. En éteignant définitivement ses appétits charnels, la castration lui avait-elle, comme il le dit, rendu la sérénité de l'esprit et apporté l'oubli des amours abolies ? On a peine à le croire et la suite permet en effet d'en douter. Mais là n'était pas le propos de l'*Histoire de mes malheurs*. Ce qui dans ce texte importait à Abélard, c'était avant tout de décrire le mécanisme implacable des "malheurs" qui avaient scandé son existence selon un rythme ternaire indéfiniment reproduit : d'abord le temps du succès et de la réussite – puis le complot des "envieux" – enfin, la catastrophe et l'humiliation publique qui le jetaient à terre jusqu'à ce qu'il se relève pour entamer une nouvelle phase de son existence qui était aussi une étape de son ascension vers le salut.

Abélard en butte aux critiques de ses adversaires

Et c'est bien à la reproduction de ce scénario que nous assistons entre 1118 et 1121. La popularité de son enseignement réveilla bientôt contre Abélard, dit-il, la jalousie de ses anciens collègues. Les meilleurs élèves quittaient les écoles parisiennes pour rejoindre le prieuré où il professait. Ses adversaires commencèrent par lui reprocher de continuer, malgré son nouvel état religieux, à enseigner des disciplines profanes. Mais c'était là se référer à une conception ancienne et bien étroite de la culture monastique, car depuis longtemps bien des moines ne dédaignaient pas de cultiver les arts libéraux. Plus sérieuses étaient les critiques formulées contre ses leçons de théologie. On fit à nouveau observer que, s'étant en quelque sorte formé tout seul, Abélard n'avait pas l'autorité suffisante pour pratiquer une discipline où il semblait nécessaire de pouvoir faire état, sinon d'une autorisation en bonne et due forme des autorités ecclésiastiques, du moins de l'aveu d'un maître reconnu. Or Abélard n'avait été, dans ce domaine, le disciple de personne et cette absence de légitimité intellectuelle paraissait d'autant plus dangereuse qu'il était en train de s'engager dans une voie inédite. À une époque où l'innovation était, par principe, hautement suspecte, c'était éveiller inévitablement la méfiance des maîtres en place et les foudres de l'Église officielle.

L'innovation consista en ce qu'Abélard cessa bientôt de s'en tenir à l'exégèse du texte sacré par le biais de la glose et des commentaires, littéraux ou spirituels. Il entreprit de traiter pour lui-même, selon un plan systématique et sur la base d'arguments rationnels, un point précis mais essentiel du dogme chrétien, la Trinité. Son maître Roscelin s'était jadis déjà risqué à essayer de trouver une formulation logique de ce donné de foi, pour conclure qu'il y avait en quelque sorte incompatibilité entre la manière commune de s'exprimer, celle véhiculée par le Credo, et les exigences de non-contradiction de la pensée dialectique ; cette application assez mécanique des règles logiques avait valu à Roscelin quelques ennuis, mais il avait échappé à une condamnation formelle.

Théologie "Du bien suprême"

C'était donc une démarche audacieuse dans laquelle Abélard s'aventurait à son tour. Le résultat en fut la *Théologie "Du bien suprême"* qu'Abélard préférait quant à lui qualifier de traité *De l'unité et de la Trinité divines*. Dans l'*Histoire de mes malheurs*, Abélard insiste sur le fait que ce fut sur les instances pressantes de ses élèves qu'il se lança dans ce travail : "J'en vins à m'occuper d'abord du fondement même de notre foi en usant d'analogies empruntées à la raison humaine et c'est ainsi que je composai un traité de théologie intitulé *De l'unité et de la Trinité divines*, à l'intention de mes étudiants. Ceux-ci exigeaient en effet des arguments humains et philosophiques et réclamaient sans cesse ce qui peut se comprendre, de préférence à ce qui peut se dire ; les mots ne servent à rien, disaient-ils, si l'intelligence ne suit pas, on ne peut pas croire ce que l'on n'a pas compris au préalable et il serait ridicule de vouloir enseigner aux autres ce que ni soi-même ni ses auditeurs ne comprendraient ; le Seigneur lui-même le prouve : des aveugles guideraient des aveugles."

On perçoit bien, à travers ces lignes, l'exigence des élèves d'Abélard. Ils s'adressaient au maître de la dialectique pour qu'il leur fournisse des raisons de croire. En un temps de bouillonnement intellectuel, d'émancipation de la raison, d'essor de la liberté de parole et de pensée, le simple fidéisme devenait insupportable, au moins à certains esprits curieux et exigeants, fascinés par les ressources des arts du langage (comme on le sera bien plus tard par celles de la science expérimentale).

Abélard accepta de relever le défi. Du moins c'est ainsi que le perçurent ses auditeurs et cette réputation l'accompagnera tout au long de sa carrière. Ses adversaires pourront donc se scandaliser à bon droit d'entendre des disciples enthousiastes du maître aller partout répétant qu'Abélard était celui grâce à qui tout devenait clair, qui expliquait les mystères et faisait de la foi un savoir rationnel auquel il était possible de donner son adhésion en toute intelligence.

Si tel avait été, en effet, le projet d'Abélard, les inquiétudes de l'Église n'auraient pas été sans fondement. Mais ses disciples faisaient à Abélard une réputation excessive, lui rendant par là-même un mauvais service. En réalité, il suffit de lire la *Théologie "Du bien suprême"* pour s'apercevoir qu'Abélard est resté bien en-deçà des attentes de ses auditeurs telles qu'il les décrit lui-même. Il était un penseur trop profond et un chrétien trop sincère pour se laisser entraîner, comme l'avait sans doute été Roscelin, dans la voie d'un rationalisme étroit, prisonnier de règles dialectiques érigées en absolu. Lui-même le dit en quelques passages parfaitement explicites de son traité : "Il faut répondre aux fous suivant leur folie, briser leurs assauts en usant des arts au moyen desquels ils nous assaillent... Nous ne promettons pas d'enseigner la vérité qui, c'est certain, ne peut être connue ni par nous, ni par aucun mortel, mais du moins aurons-nous la satisfaction d'offrir quelque chose qui soit vraisemblable, proche de la raison humaine sans être contraire à l'Écriture Sainte, en nous opposant à ceux qui se font gloire d'attaquer la foi par des raisonnements humains... Tout ce que nous exposerons n'est qu'une ombre, non la vérité, une sorte d'analogie, pas la chose même. Ce qui est vrai, le Seigneur le sait ; ce qui est vraisemblable et le plus conforme aux raisonnements philosophiques par lesquels on nous attaque, je pense que je vais le dire" (trad. A. Jolivet).

Sans doute était-ce déjà trop pour certains esprits traditionalistes et, surtout, il est probable que beaucoup ne l'avaient pas lu ou du moins pas lu avec l'attention nécessaire, alors qu'Abélard prévenait ses lecteurs qu'une bonne connaissance préalable de la dialectique était nécessaire pour comprendre son livre. Les rumeurs qui circulaient, les déclarations péremptoires de quelques étudiants trop zélés suffirent à jeter l'émoi, surtout s'agissant d'un personnage que son passé, son caractère, son succès suffisaient déjà à rendre suspect.

Ses rivaux parisiens – deux en particulier, dit Abélard, sans les nommer – cherchaient depuis un certain temps, sans doute en intervenant auprès de l'abbé de Saint-Denis et d'autres prélats, à faire fermer son école. L'achèvement et la mise en circulation de la *Théologie "Du bien suprême"*, sans doute dans le courant de 1120, leur permirent d'arriver à leurs fins par le moyen non d'une simple interdiction administrative, mais d'une condamnation doctrinale dont on espérait qu'elle ferait définitivement taire Abélard.

Les grossières attaques de Roscelin

Dès la mise en circulation de la *Théologie*, l'affaire prit de l'ampleur et dépassa le cadre étroit des écoles parisiennes ; Abélard lui-même signale que son livre eut du succès et fut largement répandu. Paris n'avait pas le monopole de la dialectique, même s'il était le centre majeur de son enseignement, et partout devaient exister des esprits curieux, prêts à adopter la démarche intellectuelle d'Abélard. L'émotion fut particulièrement grande dans la province ecclésiastique de Reims où se trouvait le prieuré d'Abélard et les maîtres de la vieille et prestigieuse école cathédrale de Reims s'inquiétèrent d'autant plus qu'il s'agissait de Lotulphe de Novare et d'Albéric, les deux anciens disciples favoris d'Anselme de Laon, qui avaient déjà eu maille à partir avec Abélard lors de son passage dans l'école d'Anselme. Ils ne pouvaient pas ne pas réagir à un texte perçu comme un défi ouvert à la méthode ancienne, celle de la glose, dont ces deux purs produits de l'école laonnoise avaient transféré l'esprit à Reims. Peu importe ici que le fossé entre théologie abélardienne et théologie laonnoise ait été en fait, comme on le sait aujourd'hui, moins grand que ne le laisserait croire cette affaire ; l'esprit de conciliation n'était le fort ni des uns ni des autres et les jalousies personnelles achevaient de cristalliser en oppositions farouches ce qui n'était peut-être au départ que divergences doctrinales limitées.

Si Abélard met en cause Lotulphe et Albéric, il passe en revanche sous silence, dans l'*Histoire de mes malheurs*, le rôle possible de son ancien maître Roscelin. Deux lettres, l'une d'Abélard à l'évêque de Paris, l'autre de Roscelin à Abélard lui-même, montrent portant que Roscelin a pu jouer un certain rôle dans cette affaire. Âgé de près de soixante-dix ans, Roscelin était finalement devenu chanoine de Saint-Martin de Tours ; il ne dirigeait pas l'école de cette vieille et puissante abbaye mais continuait à enseigner. Lorsqu'il prit connaissance du traité d'Abélard, il se sentit directement visé par les critiques de celui-ci contre les "pseudo-dialecticiens" et commença à se répandre en récriminations et en menaces ;

il décida d'envoyer une lettre de dénonciation à l'évêque de Paris. Abélard prit les devants et adressa lui-même deux lettres fort violentes, l'une à l'évêque, pour le prévenir et lui demander d'organiser éventuellement un débat public entre lui-même et son accusateur, l'autre qu'on a perdue, aux chanoines de Tours pour leur reprocher d'avoir accueilli en leur sein un personnage dont il rappelait les erreurs passées et les vices supposés, l'accusant au passage d'avoir jadis attaqué à la fois le grand théologien Anselme de Canterbury et le célèbre réformateur monastique Robert d'Arbrissel, fondateur de Fontevrault. Furieux, Roscelin répliqua à Abélard par une longue missive, où il s'efforçait d'établir la parfaite orthodoxie de ses thèses et attaquait au contraire les doctrines trinitaires d'Abélard. Ses développements doctrinaux étaient encadrés par une série d'invectives propres à déconsidérer Abélard, si cette lettre était répandue dans le public – ce qui était certainement l'intention de son auteur. Roscelin commençait par lui rappeler sa vie de débauches, la trahison dont il s'était rendu jadis coupable vis-à-vis de Fulbert, le juste châtiment qu'il en avait reçu ; mais ceci n'avait manifestement pas suffi à le faire sortir du vice et du péché : "On t'a coupé la queue, prends garde qu'on ne te coupe bientôt la langue", ironisait-il grossièrement avant d'ajouter, pour terminer, que des moines de Saint-Denis lui avaient fait un rapport détestable des manières actuelles d'Abélard : s'étant soustrait à la Règle, celui-ci avait ouvert une école où se pressait une foule d'ignorants qu'il trompait à son aise ; et l'argent ainsi gagné, "il l'apportait à sa putain" (c'est-à-dire à Héloïse) en récompense de leurs débauches passées ; et de décocher à son adversaire, en guise de salutation, une ultime flèche : "Dois-je t'appeler Pierre ? Pierre est un nom d'homme, et tu n'es plus qu'un homme incomplet. Je n'ai pas dit tout ce que je voulais dire, mais contre un homme incomplet, une lettre incomplète suffit." De cette épître rageuse et insultante, nous retiendrons quand même que, selon Roscelin, Abélard restait en contact avec Héloïse et – détail frappant s'il est exact – qu'Abélard utilisait alors, pour sceller ses lettres personnelles, un sceau où figuraient côte à côte une tête d'homme et une tête de femme. On est évidemment tenté d'y voir, comme Roscelin lui-même, une représentation des deux époux séparés ; mais d'autres interprétations sont sans doute possibles.

Abélard ne mentionne pas les attaques de Roscelin dans l'*Histoire de mes malheurs*. Le caractère sordide de cette correspondance explique peut-être son silence. De toute façon, Roscelin mourut peu après et ne joua donc pas de rôle direct dans la condamnation d'Abélard. Sa lettre confirme cependant bien que l'enseignement d'Abélard commençait à avoir un large retentissement, au moins dans la moitié nord du royaume de France. Loin d'étouffer sa réputation, sa retraite à Saint-Denis lui avait au contraire permis de se consacrer tout entier à l'enseignement et surtout à la diffusion de ses écrits et il commençait à en recueillir les fruits.

Le concile de Soissons

C'est en avril 1121 qu'Abélard fut convoqué, pour répondre des erreurs dont il était accusé, devant une assemblée ecclésiastique réunie à Soissons. Nous avons peu de renseignements sur cette assemblée en dehors de ceux donnés précisément par l'*Histoire de mes malheurs*. Notre information est donc unilatérale. L'examen des thèses d'Abélard n'était sans doute pas la seule raison d'être de cette réunion. Il s'agissait apparemment d'un concile provincial, c'est-à-dire d'une réunion de tous les évêques de la province de Reims, convoqués par un légat pontifical, le cardinal Conon, alors en mission dans cette province. De tels conciles se tenaient régulièrement et avaient pour objet d'examiner toutes les questions importantes qui se posaient aux églises de la région considérée, de promulguer les réformes nécessaires, d'interroger et de juger les individus suspects d'hérésie ou coupables d'avoir enfreint les lois ecclésiastiques. Normalement, tous les évêques de la province devaient y assister. Il pouvait même arriver que ces conciles dépassent le cadre strictement provincial et que des évêques de diocèses voisins y fussent également convoqués ; ce fut le cas à Soissons en 1121 puisqu'on sait qu'au moins l'évêque de Chartres, Geoffroy de Lèves, et peut-être celui de Paris y participèrent. Outre les prélats, des dignitaires ecclésiastiques divers, chanoines, abbés, prieurs, etc., assistaient régulièrement à ce genre de réunions.

Abélard a donc tort de dire que l'assemblée de Reims ne fut qu'un "conventicule" de circonstance, hâtivement réuni par ses ennemis qui avaient réussi à circonvenir l'archevêque de Reims et le légat pontifical. C'était un concile normal et c'est peut-être normalement aussi que l'examen du livre d'Abélard fut repoussé à la fin de l'ordre du jour d'une assemblée qui devait avoir à traiter d'autres problèmes importants.

Du déroulement du concile de Soissons, Abélard donne dans l'*Histoire de mes malheurs* un récit long, pittoresque et détaillé. On notera cependant que ce récit ressemble étonnamment à ce que nous savons du concile qui, vers 1090, dans cette même ville de Soissons, avait examiné les doctrines trinitaires de Roscelin (même colère populaire, même accusation de trithéisme). Est-ce simple coïncidence ? Ou bien Abélard a-t-il voulu suggérer qu'à trente ans de distance, en ce même lieu, deux assemblées aussi mal avisées l'une que l'autre avaient successivement épargné le coupable, Roscelin, puis condamné l'innocent qu'il était ? Un tel rapprochement s'accorderait assez bien avec l'image du juste persécuté qu'Abélard cherchait à se donner, mais le fait que Roscelin lui-même ne soit pas nommé dans l'*Histoire de mes malheurs* interdisait à ceux qui n'étaient pas avertis de la situation de saisir le propos.

Quoi qu'il en soit, le récit d'Abélard permet de reconstituer fort bien le fonctionnement de la machine conciliaire et le processus de la condamnation doctrinale, que d'autres avant lui, comme l'écolâtre Bérenger de Tours, coupable d'avoir nié la doctrine de la transsubstantiation eucharistique, ou comme Roscelin, avaient déjà dû affronter.

Abélard se répand dans Soissons

Pendant les premiers jours, tout se passa dans les coulisses. En sessions plénières, le concile traitait d'autres affaires. Mais Abélard ne restait pas inactif. Il était arrivé à Soissons dès l'ouverture de l'assemblée, son livre à la main et suivi de quelques fidèles disciples. Son arrivée n'était pas passée inaperçue. Du moins à l'en croire, ses ennemis Lotulphe et Albéric, à la fois pour l'intimider et impressionner les évêques, avaient ameuté la foule contre lui. Essayons d'imaginer l'atmosphère. Dans une petite cité de quelques milliers d'habitants à peine, comme devait l'être Soissons au début du douzième siècle, un concile était un grand événement, un peu comme aujourd'hui le congrès d'un parti politique ou un festival artistique ; de riches prélats arrivaient, escortés d'une suite nombreuse de clercs et d'hommes d'armes ; on se montrait le puissant archevêque de Reims, le cardinal-légat ; tout le monde était dans la rue, on s'informait, des rumeurs circulaient. Lotulphe et Albéric répandirent le bruit qu'on allait juger un célèbre *magister* parisien, un philosophe qui avait écrit un livre dangereux – et quel habitant de Soissons savait alors ce qu'était un livre ? –, un moine apostat qui enseignait – il fallait bien forcer un peu le trait – qu'il existait non pas un mais trois Dieux distincts ; autant dire un hérétique, un véritable païen. Dans une ville enfiévrée par les préparatifs du concile, les messes, les processions, les esprits s'échauffaient vite, le fanatisme pointait ; quand Abélard et ses élèves furent repérés, les injures fusèrent, quelques pierres volèrent.

Échappant à la foule, Abélard se rendit auprès du légat et lui remit un exemplaire de son traité sur l'unité et la Trinité divines. Trop occupé ou peu versé en théologie, le prince de l'Église se contenta de transmettre l'ouvrage à l'archevêque de Reims et à ses écolâtres. C'était un grave revers pour Abélard, les témoins de l'accusation se muaient en juges.

Tandis que ses ennemis essayaient de mettre définitivement au point leur réquisitoire, Abélard circulait en ville, allant d'église en église. Il s'adressait aux clercs de Soissons pour apaiser le mécontentement populaire, à des participants au concile pour les persuader de la justesse de sa cause ; il exposait sa doctrine, cherchant à convaincre qu'elle ne contenait rien d'hérétique. Encore une fois, sous le pittoresque de l'anecdote, apparaît l'image du juste persécuté ; paraphrasant Jean, 18, 20-21 ("Jésus répondit au grand prêtre : C'est au grand jour que j'ai parlé au monde, je n'ai rien dit en cachette"), Abélard fait dire aux Soissonnais étonnés : "Voici qu'il parle en public et personne ne dit rien contre lui" ; c'est à juste titre, je crois, qu'un historien américain, D.K. Frank, a parlé d'une très consciente "imitation de Jésus-Christ" de la part d'Abélard, dans son personnage d'innocent souffrant et opprimé par les méchants.

Le débat et la condamnation

Albéric sentit qu'il allait de sa dignité de *magister* d'entamer le débat avec Abélard. Celui-ci, se retrouvant là sur son terrain favori, narre l'épisode avec complaisance. "Vous niez que Dieu se soit engendré lui-même ? Je ne vois pas sur quelle autorité vous fondez cette affirmation", attaqua Albéric. "Tournez donc la feuille, l'autorité que vous cherchez est là" (c'était une citation de saint Augustin), répliqua Abélard et, saisissant l'exemplaire d'Albéric (il avait donné le sien au légat), il eut, dit-il, la chance de tomber immédiatement sur le passage cherché ; chance à coup sûr, car les manuscrits médiévaux étant tous différents les uns des autres, le même passage ne se trouvait pas forcément au même endroit du livre. Poussant son avantage, Abélard ajouta avec ironie : "Si ce sont les mots qui vous intéressent, voilà ; mais si vous vous préoccupez du sens, je puis vous montrer, par des arguments rationnels, que c'est vous qui risquez de tomber dans l'hérésie dont vous m'accusez." Albéric se retira furieux, Abélard, comme il l'avait fait si souvent depuis vingt ans, venait de triompher dans la discussion.

Malheureusement pour lui, à Soissons, il ne s'agissait pas de cela ; il se trouvait devant une assemblée de prélats érigée en tribunal, non devant un auditoire d'étudiants ; les règles du jeu scolaire ne valaient plus ici, et il s'en aperçut bientôt. Lorsqu'il fut introduit devant les Pères conciliaires qui tenaient leur dernière session, tout était réglé d'avance. Dans la discussion qui avait précédé, l'évêque de Chartres, peut-être parce qu'il représentait une église qui possédait une importante école cathédrale, essaya de défendre Abélard : qu'on abandonne l'affaire puisqu'aucune erreur doctrinale flagrante n'avait pu être relevée dans son livre, avait-il conseillé, ou au moins qu'on le renvoie à Saint-Denis en attendant un supplément d'information, que connaîtrait un autre concile ; et si l'on tenait vraiment à juger Abélard à Soissons, qu'on le laisse au moins s'exprimer librement. Mais les autres évêques se récrièrent : ils n'étaient pas de taille à argumenter contre Abélard, qui venait de ridiculiser Albéric et, de toute façon, Abélard avait été dénoncé, il était coupable, non tant d'avoir soutenu une hérésie, mais, à coup sûr, d'avoir enseigné en public des doctrines suspectes et, plus grave encore, d'avoir laissé diffuser "d'une mer jusqu'à l'autre" le livre contenant ces doctrines.

Introduit devant le concile, Abélard fut simplement informé de sa condamnation et invité à jeter lui-même au feu son livre (c'est-à-dire l'exemplaire qu'il avait apporté et confié à ses juges) ; puis, en guise d'abjuration, on lui imposa simplement, alors qu'il essayait de reprendre la parole pour s'expliquer, de lire le symbole d'Athanase, expression canonique de la foi chrétienne. Cette façon de le traiter comme un pauvre moine ignorant, tout juste capable d'ânonner un texte connu de tous, était une suprême humiliation qui lui arracha des sanglots. Un collègue d'Abélard, présent dans l'assistance, eut le courage de protester ; il s'agissait d'un certain Thierry, vraisemblablement un futur écolâtre de Chartres qui enseignait alors à Paris, mais nul n'en tint compte. Finalement, Abélard fut condamné à demeurer enfermé, jusqu'à nouvel ordre, dans un vieux monastère de la ville, l'abbaye Saint-Médard de Soissons.

Un des premiers intellectuels

Tels sont les faits, connus seulement par le texte d'Abélard. Il laisse au lecteur un sentiment de malaise ; c'est l'atmosphère sinistre de ce que nous appellerions aujourd'hui un procès stalinien. Même si l'on ne doit pas faire une confiance aveugle au témoignage unique d'Abélard, il reste que c'est ainsi qu'il a vécu sa condamnation. À l'en croire, le concile de Soissons fut pour lui une épreuve terrible, qui le hantera jusqu'à la fin de ses jours ; à la seule idée d'être à nouveau convoqué devant une assemblée ecclésiastique, il était saisi de panique. C'était pour lui une épreuve encore pire que celle de la castration. Celle-ci n'avait atteint que son corps, celle-là jetait l'opprobre sur son nom ; il avait quitté le tribunal en larmes, couvert de honte et de confusion et s'était laissé enfermer, prostré, à Saint-Médard. Sens de l'honneur exacerbé, sensibilité à vif, réactions excessives, on retrouve là des traits de caractère et de comportement caractéristiques de ce temps, où l'on n'existait guère hors du regard des autres et de l'image idéale que l'on voulait donner de soi.

Mais l'accablement d'Abélard venait aussi, et c'est là une réaction plus compréhensible, d'un grand sentiment d'injustice. Lorsqu'il avait été mutilé par les sbires de Fulbert, il avait eu l'impression de subir un châtiment qui n'était pas totalement immérité ; il se savait coupable et, d'une certaine manière, cette mutilation avait au moins eu le mérite de lui permettre de sortir de la situation sans issue du mariage clandestin dans laquelle il s'était enfermé. Rien de tel en 1121. Abélard ne se sentait nullement coupable ; il s'était soumis au jugement de l'Église car, chrétien sincère et convaincu de sa bonne foi, il n'avait aucune raison de se lancer dans une révolte qui aurait compromis son salut ; mais à aucun moment il n'a été convaincu par les critiques de ses adversaires. Il n'a vu chez eux qu'incompréhension, sottise et méchanceté. Sa condamnation ne lui a inspiré aucun doute sur ses propres capacités intellectuelles, ni sur le bien-fondé de sa démarche philosophique. L'examen de son œuvre le confirme amplement, les rédactions successives, sous des titres divers, de sa *Théologie* resteront dans le droit fil du texte condamné à Soissons. Pour lui, doctrinalement, cette condamnation était nulle et non avenue. Orgueil, à coup sûr, et conscience toute aristocratique de sa supériorité. Mais c'est là aussi ce qui faisait la force d'Abélard. Au milieu des épreuves qui jalonneront son existence, il ne doutera jamais de sa vocation intellectuelle ni de ses intuitions fondamentales ; il ne renoncera jamais non plus à écrire et à enseigner. Ses amours malheureuses, sa carrière brisée, sa réputation ternie le feront à coup sûr souffrir ; il connaîtra souvent la honte, la peur et le désespoir ; mais il puisera toujours dans la force de ses convictions intellectuelles, dans la confiance en ses capacités de "philosophe", la force de poursuivre son œuvre. Il mérite bien en ce sens d'être considéré comme un des premiers "intellectuels" de notre histoire.

VI

L'exil

AU-DELÀ DU CHOC PSYCHOLOGIQUE, la condamnation de Soissons n'eut dans l'immédiat, pour Abélard, que des conséquences limitées. Au bout de quelques jours, le concile dispersé et les passions retombées, le légat qui, par sa faiblesse et son indolence, avait joué dans cette affaire le rôle d'un Ponce Pilate, s'empressa de lever l'assignation à résidence d'Abélard ; il fut autorisé non certes à rouvrir immédiatement son école, mais à regagner Saint-Denis. Ses amis ne l'avaient pas abandonné et la plupart d'entre eux avaient jugé sa condamnation excessive.

Abélard se réfugie à Provins

De retour à Saint-Denis, Abélard se retrouva aux prises avec l'abbé Adam et ses moines, dont il dénonçait les manquements à la Règle. Pour aggraver son cas, il eut un jour l'idée provocante de mettre en doute l'identification du saint patron de l'abbaye avec Denys l'Aréopagite, admise depuis Hilduin ; il avait en effet trouvé un passage de Bède le Vénérable, auteur anglo-saxon du début du huitième siècle qui a laissé de nombreux commentaires bibliques, indiquant que l'Aréopagite était devenu évêque de Corinthe et non d'Athènes. L'erreur d'Hilduin montrait l'insuffisance de son information et jetait le doute sur tout l'édifice historiographique qui fondait la réputation de Saint-Denis. À dire vrai, l'objection d'Abélard ne reposait elle-même que sur un argument assez élémentaire, mais, pour les moines de Saint-Denis, elle était à la fois troublante et sacrilège. L'honneur du monastère, la mémoire de son grand abbé étaient en jeu. En affirmant: "Je leur répondis : Qu'importe qu'il soit de l'Aréopage ou d'ailleurs, puisque Dieu lui a donné la couronne du martyre", Abélard brouillait avec désinvolture l'identité de son saint patron. C'était la raison d'être même de la grande abbaye où étaient vénérées ses reliques qu'il menaçait de saper. L'affaire était grave, elle l'était d'autant plus que saint Denis était aussi le saint patron du royaume et de la dynastie ; l'abbé Adam annonça qu'il allait en appeler au roi Louis VI. Sentant qu'il serait difficile à celui-ci, qui avait déjà donné de multiples preuves de sa dévotion au glorieux martyr, de prendre la défense de l'imprudent contempteur de la légende dionysienne, Abélard, malgré ses relations à la cour, préféra prendre la fuite. "Avec l'aide de quelques élèves et amis", il s'enfuit dans les terres toutes proches du comté de Champagne et vint se réfugier à Saint-Ayoul de Provins dont le prieur était un de ses amis.

Ses appuis champenois ne se limitaient pas au prieur de Saint-Ayoul, ils allaient jusqu'à l'évêque de Meaux et même jusqu'à Thibaud II, alors comte de Blois et de Brie, où se trouvait Provins, et qui héritera en 1125 de la Champagne toute entière. Le comte Thibaud, nous dit-il, sympathisait à ses malheurs ; allié des Plantagenêts et en guerre continuelle contre Louis VI, il pouvait aussi trouver habile de protéger un homme qui mettait à mal un des arguments classiques de la propagande capétienne. D'autres clercs français en délicatesse avec leur roi trouvèrent refuge en Brie dans ces mêmes années.

Suger trouve un compromis

L'abbé Adam ne se laissa pas manœuvrer. Un moine fugitif avait délibérément violé la Règle qui lui imposait de rester dans son monastère, il devait être rattrapé et puni. Adam vint jusqu'à Provins pour réclamer Abélard ; on essaya en vain de trouver un compromis. L'affaire menaçait de mal tourner lorsque, brusquement, Adam mourut, le 19 février 1122. Les moines de Saint-Denis lui donnèrent comme successeur Suger, un personnage qui devait marquer de son empreinte l'histoire de l'abbaye et du royaume pendant trente ans. Ami et conseiller de deux rois, Louis VI et Louis VII, Suger sera un ministre important qui participera directement au gouvernement du royaume, contribuant entre autres à éliminer de l'entourage royal le clan jusque là prépondérant des Garlande ; il sera en même temps un grand abbé de Saint-Denis, rétablissant l'observance régulière, restaurant le patrimoine, faisant enfin construire la nouvelle abbatiale dont de nombreux éléments subsistent encore aujourd'hui ; avec quelque exagération, on a pu voir en lui le véritable créateur de l'art gothique français. C'était aussi un homme de grande culture et de haute spiritualité, pénétré de la théologie mystique d'inspiration néo-platonicienne qu'il avait puisée précisément à la lecture des œuvres du pseudo-Denys l'Aréopagite. Il laissera une œuvre abondante et caractéristique des grandes orientations de son abbatiat, avec deux biographies royales, les *Vies* de Louis VI et de Louis VII, et deux mémoires sur son administration, consacrés l'un à la gestion du domaine, l'autre à l'édification et à la dédicace de la nouvelle église.

Né en 1081, Suger était le contemporain exact d'Abélard. Rien n'indique cependant que la moindre relation amicale ait existé entre les deux hommes. Même s'il n'était sans doute pas, comme on l'a cru, apparenté à Adam et s'il savait bien que son prédécesseur n'avait pas fait respecter la Règle comme il l'aurait dû, Suger, qui avait été son adjoint, devait assumer son héritage et ne pouvait laisser en l'état la situation irrégulière d'Abélard ; de plus, bon représentant de la culture monastique traditionnelle, il ne devait pas se sentir en grande affinité avec le maître de la dialectique.

C'est peut-être sous la pression royale – les Garlande étaient encore puissants – que Suger fut assez réaliste pour trouver un compromis : Abélard resterait en Champagne ; il lui était interdit de passer dans une autre abbaye, mais il était autorisé à vivre seul, à l'écart de sa communauté. Ces dispositions étaient conformes à la tradition monastique. Si celle-ci était rigoureusement hostile à tout transfert d'un monastère à l'autre (ce qui eût rendu vain le vœu de stabilité), elle admettait en revanche qu'un moine d'une certaine expérience fût autorisé par son abbé à effectuer, de manière au moins temporaire, une retraite solitaire, comme un ermite.

La liberté retrouvée

Une nouvelle étape s'ouvre alors dans la vie d'Abélard. S'il était toujours moine, il échappait désormais à l'autorité de son abbé et retrouvait une liberté à peu près complète de parole et d'action. Devint-il pour autant, comme on l'a parfois dit et comme le lui reprocheront ses adversaires, un instable, un errant, un "gyrovague" ? Les échecs, l'insatisfaction le pousseront à plusieurs reprises à changer de lieu et d'établissement religieux, mais avide de reconnaissance sociale, il s'efforcera toujours de régulariser sa situation conformément au droit ecclésiastique. D'ailleurs, dans le deuxième quart du douzième siècle, dans l'espace qui était celui d'Abélard et s'étendait essentiellement de la Bretagne orientale aux marges champenoises, on trouvait bien d'autres exemples analogue. L'essor économique et démographique de ce temps était assez avancé pour rendre relativement aisée cette mobilité et assez dynamique pour qu'il restât des places à prendre et des pistes nouvelles à frayer. La société, en plein devenir, n'imposait pas de blocage. Même parmi les religieux, qui se devait de vivre sous le signe de la stabilité, on trouvait d'innombrables exemples de prédicateurs itinérants, de réformateurs quittant une maison dont ils désapprouvaient les abus pour essayer de fonder ailleurs un établissement ou un ordre plus conformes à leurs vœux. C'est dans la vaste famille des réformateurs monastiques, si riche au douzième siècle de figures hautes en couleurs, qu'il faut situer l'Abélard des années 1120, parmi tous ceux qui, placés au carrefour d'aspirations diverses où l'utopie sociale voisinait souvent avec un évangélisme spontané, refusaient le conformisme pesant des monastères traditionnels ou des ordres plus récents mais trop hiérarchisés comme Cîteaux.

Les dernières pages de l'*Histoire de mes malheurs* deviennent de plus en plus floues, à mesure qu'on se rapproche de l'époque de sa rédaction. Non seulement, la chronologie est toujours aussi vague, mais les durées se télescopent, la succession même des événements se brouille parfois ; digressions et citations envahissent le texte aux dépens du récit proprement dit.

Abélard commença par s'installer, en 1122, dans le diocèse de Troyes, avec l'accord de l'évêque du lieu. Quelques bienfaiteurs lui cédèrent un terrain dans la vallée de l'Arduzon, près de Quincey ; il s'y établit avec un seul disciple, tel un ermite. On peut imaginer qu'il construisit rapidement un petit bâtiment et une chapelle. Le "désert" où il s'installait était relatif. Certes, il ne disposait plus, comme naguère à Maisoncelles, des commodités d'un prieuré préexistant ; mais il s'établissait dans une région déjà peuplée, à moins de dix kilomètres de Nogent-sur-Seine, à vingt-cinq à peine de Provins, à moins de cent, à vol d'oiseau, de Paris.

L'ermitage du Paraclet

Il lui arriva donc rapidement ce qui arrivait toujours aux ermites de réputation : sa solitude se peupla et devint communauté. Une fois de plus, des élèves, anciens ou nouveaux, désireux de suivre son enseignement, le rejoignirent. On ne connaît ni leurs noms ni leur nombre. Abélard s'excuse presque d'avoir accepté de reprendre son enseignement, alors qu'il n'aspirait, comme l'ermite qu'il avait cherché à être, qu'au silence de la prière et de la contemplation. Sa protestation est sans doute sincère, mais ce fut sans doute avec un certain plaisir qu'il reprit cette activité de professeur pour laquelle il était si bien fait. Cette contradiction entre silence et parole, fuite du monde et présence parmi les hommes, s'est désormais installée au cœur de sa vie et ne le quittera plus.

Ce fut, dit-il, la nécessité qui le contraignit à reprendre ses leçons. "Je n'avais pas la force de labourer et j'aurais eu honte de mendier ; je revins donc à l'art que je connaissais et, faute de travailler de mes mains, je me servis de la parole." On a parfois interprété cette phrase comme une affirmation de la fierté professionnelle de l'intellectuel, mais aussi de son dédain pour le travail manuel. En fait, la citation que contient cette formule (Luc, 16, 3) renvoyait à la parabole de l'intendant infidèle ; comme bien souvent, Abélard s'identifiait donc à une figure idéale et, par là, il voulait signifier que, tel le personnage évangélique, il entendait désormais mettre ses richesses mal acquises (entendons sa maîtrise des disciplines profanes acquise au temps où il vivait dans le péché) au service de l'édification de ses étudiants et de son propre salut.

De la petite communauté qui s'était rassemblée autour de lui sur les rives de l'Arduzon, l'*Histoire de mes malheurs* donne un tableau frappant : loin des tentations de la ville, dans la simplicité et la pauvreté, ses disciples couchaient à la dure et vivaient de pain grossier ; ce n'était pas la retraite riante de quelque philosophe aux champs, ni la douceur d'une abbaye de Thélème. L'utopie – car c'était bien d'une sorte de communauté utopique qu'il s'agissait – se parait des couleurs assez rudes de l'ascèse et de la précarité ; Abélard imposait à ses élèves une vie d'ermite.

Les communautés érémitiques de ce genre ont été nombreuses au douzième siècle dans la France du Nord et de l'Ouest. L'originalité de celle d'Abélard était qu'on s'y vouait à l'étude. "On apprend plus dans les arbres que dans les livres", disait un vieil adage monastique qu'affectionnera notamment saint Bernard ; Abélard, lui, voulait que ses élèves apprennent à la fois dans les arbres et dans les livres.

En fait, l'*Histoire de mes malheurs*, une fois signalé le nécessaire agrandissement de la chapelle et des cabanes que s'étaient construites les élèves, ne contient guère de renseignements sur le fonctionnement de cette communauté. Abélard lui a-t-il donné une règle ou au moins quelques usages codifiés ? Vivait-elle exclusivement d'aumônes ou avait-elle reçu quelques terres ? Et, en ce cas, qui exploitait celles-ci ? En-dehors d'Abélard lui-même et de ses disciples, y avait-il d'autres personnes, des chapelains, des serviteurs ? Abélard avait-il déjà été ordonné prêtre ? Y avait-il une bibliothèque ?

Abélard ne donne aucune précision et préfère reprendre l'antienne habituelle qui assure la cohérence de son récit : les élèves affluent et ses "envieux", furieux de voir resurgir le concurrent qu'ils avaient cru éliminer, reprennent de plus belle leur complot. N'ayant pu, cette fois-ci, obtenir l'intervention d'un évêque, ils firent appel à deux "nouveaux apôtres", un chanoine régulier et un moine qui s'étaient rendus populaires par leur activité de réformateur. Traditionnellement, on identifie ces deux personnages – qu'Abélard lui-même ne nomme pas – à saint Norbert de Xanten, le fondateur des chanoines de Prémontré, et à saint Bernard de Clairvaux. En réalité, rien ne confirme cette identification et elle est même douteuse en ce qui concerne saint Bernard, car l'abondante correspondance conservée de celui-ci ne fait aucune allusion à un tel épisode. Et si celui-ci avait bien eu lieu, saint Bernard ou Abélard n'auraient sans doute pas manqué de le rappeler lors de leur affrontement, incontestable lui, des années 1139-1140.

De nouvelles difficultés

De toute façon, tout en se plaignant des persécutions dont il était l'objet, Abélard ne mentionne aucun fait précis. Chaque fois qu'un synode diocésain ou un concile provincial se réunissait, il craignait d'y être convoqué. Mais en définitive rien ne se produisit. Ses ennemis ne purent faire plus que répandre sur son compte des bruits malveillants. Ils lui reprochèrent notamment d'avoir dédié la chapelle de son ermitage au Paraclet, c'est-à-dire au Saint-Esprit protecteur, car une telle dédicace était tout à fait inhabituelle ; cela n'indiquait-il pas qu'Abélard persistait dans ses erreurs trinitaires, en attribuant une existence indépendante et des caractères propres à chaque personne de la Trinité ? Abélard prend la peine de réfuter longuement ce reproche ; sa démonstration, qui occupe plusieurs pages de l'*Histoire de mes malheurs*, est parfois un peu confuse mais on en retiendra la conclusion, typiquement abélardienne : "Bien que ce fût un choix inconnu de la coutume, je n'avais donc pas agi contre la raison."

Pendant longtemps tout se passa assez bien. Les historiens ont établi qu'Abélard resta cinq ans dans son ermitage du Paraclet (1122-1127) et qu'il eut le loisir d'y composer de nouveaux traités de logique (le *Traité des intellections*, qui est peut-être un fragment survivant de sa *Grammaire* perdue, et une troisième série de gloses sur

Porphyre), ainsi qu'une nouvelle rédaction de sa *Théologie* (celle qu'on appelle la *Théologie chrétienne*), et deux ouvrages originaux, le *Sic et non* et, selon toute vraisemblance, le *Dialogue entre un philosophe, un juif et un chrétien*. Ce texte en particulier, par l'ampleur des vues et la sérénité du ton, ne semble guère être l'œuvre d'un homme persécuté et déprimé.

Il y eut cependant, vers 1126-1127, une crise au Paraclet. Outre l'*Histoire de mes malheurs*, un court poème dû à un disciple fidèle d'Abélard, un certain Hilaire, porte témoignage, sur le mode de la déploration, des désordres qui sévissaient alors dans cette communauté et qui se traduisirent par le départ de nombreux étudiants. Quoi qu'en ait dit Abélard, il semble bien que la précarité excessive de l'existence, l'épuisement des aumônes initiales, des querelles intestines et peut-être sa propre incapacité à diriger durablement une communauté furent les causes de cet échec autant et plus que les manœuvres et les calomnies de ses adversaires. Aucune censure ecclésiastique formelle ne vint en tout cas le frapper.

Abattu et désespéré par la débâcle de la communauté qu'il avait constituée, Abélard utilise une formule qui a suscité d'amples gloses : "J'étais tombé dans un tel désespoir que je me disposais à quitter les pays chrétiens pour passer chez les païens [c'est-à-dire les musulmans d'Espagne ou d'Afrique] ; là, je pourrais, au prix d'un tribut quelconque, vivre tranquillement et chrétiennement parmi les ennemis du Christ." Cette phrase montre peut-être qu'Abélard savait qu'en pays musulman, chrétiens et juifs pouvaient vivre en paix et pratiquer leur religion en s'acquittant d'un impôt spécial. Mais il semble difficile de dire qu'il avait une certaine admiration pour l'islam et, *a fortiori*, que cette phrase correspondait à un projet réel : son horizon géographique sera toujours limité, pour l'essentiel, à l'Ile-de-France et à la Bretagne orientale et il ne donna pas suite à ses deux projets de voyage à Rome, en 1118 et en 1140 ; par ailleurs, il ne connaissait que fort peu les textes philosophiques d'origine arabe.

Le retour en Bretagne

Sans aller en pays musulman, Abélard finit cependant par quitter le Paraclet ; il n'y laissa qu'un unique desservant attaché à la chapelle. Il venait – en 1127 – d'être élu abbé de Saint-Gildas de Rhuys en Bretagne, dans le diocèse de Vannes, et il avait accepté cette élection.

Cet nouvel avatar de la carrière d'Abélard surprend un peu, mais peut cependant s'expliquer. Le droit canon ne reconnaissait qu'un moyen légal à un moine pour quitter son abbaye : être élu abbé d'une autre abbaye. En prenant la tête de Saint-Gildas, Abélard tout à la fois cessait d'être moine de Saint-Denis et pouvait abandonner le Paraclet sans encourir de condamnation. Devenir abbé de Saint-Gildas, c'était aussi, pour lui, revenir au pays ; dans sa jeunesse, à plusieurs reprises, nous l'avons déjà vu chercher le refuge du pays natal ; en 1127 – il avait quarante-huit ans – c'est là qu'il espère à nouveau trouver l'apaisement. Devenir abbé de Saint-Gildas, c'était enfin, dans une carrière ecclésiastique, une issue fort honorable : il devenait à son tour un de ces prélats dont il avait si longtemps redouté la morgue et les poursuites, il rejoignait le rang qui convenait à sa naissance et à sa notoriété.

Mais pourquoi les moines de Saint-Gildas l'avaient-ils élu abbé ? Le nom d'Abélard ne devait pas être inconnu en Bretagne. Peut-être sa famille y avait-elle quelque renom allant au-delà du petit district du Pallet. On peut également imaginer, sans trop d'invraisemblance, que la candidature d'Abélard fut suggérée aux moines de Saint-Gildas par Conan III, comte de Nantes et duc de Bretagne. Conan III fut un prince dévot, soucieux de la réforme de l'Église dans son duché. Depuis longtemps, les ducs de Bretagne se préoccupaient du sort de Saint-Gildas, qui était l'une des plus anciennes et des principales abbayes de Haute-Bretagne. Au onzième siècle, ils avaient fait appel à un certain Félix, moine de Fleury (aujourd'hui Saint-Benoît-sur-Loire), pour réformer Saint-Gildas ; mais en raison de diverses intrusions laïques, l'œuvre de Félix avait été oubliée et en 1127 tout était à refaire. Conan III connaissait-il personnellement

Abélard ou sa famille ? Le duc de Bretagne était aussi un vassal fidèle du roi de France Louis VI, à l'armée duquel il s'était rendu en 1124 ; il se pourrait que ce soit là qu'on lui ait recommandé Abélard ; l'affaire de Saint-Denis empêchait le roi et ses fidèles de faire revenir Abélard à Paris, elle ne leur interdisait pas d'intercéder en sa faveur.

Suger, dont l'autorisation était indispensable, ne dut pas se faire beaucoup prier pour donner son accord à un transfert qui le débarrassait d'un moine qui n'avait finalement valu que des ennuis à Saint-Denis.

Que fut le séjour d'Abélard à Saint-Gildas ? À en croire l'*Histoire de mes malheurs*, il y aurait atteint le comble de la misère physique et morale. Le lieu même l'effrayait. La pointe de Sarzeau, au sud du golfe du Morbihan, est aujourd'hui une zone pittoresque appréciée des touristes ; pour Abélard, habitué aux campagnes paisibles et peuplées d'Ile-de-France, c'était le bout du monde ; son abbaye se dressait, sauvage et solitaire, dans un paysage de landes et de rochers, dans un silence troublé seulement par le vent et le mugissement incessant de l'Océan.

Pas question d'attirer ici des étudiants et d'ouvrir une école. Les moines et les paysans des environs étaient la seule compagnie d'Abélard. À l'en croire, Saint-Gildas était retombé dans tous les dysfonctionnements d'une abbaye non réformée. Les religieux étaient des hommes grossiers et ignorants, qui ne parlaient que le breton, qu'Abélard, né au sud de la Loire, ne connaissait pas. Ne respectant ni la communauté des biens ni la chasteté, ces moines vivaient pratiquement comme des laïcs, avec concubines et enfants. La cause première du mal se trouvait dans l'immixtion permanente du seigneur du lieu dans les affaires et les biens du monastère. Pour ramener l'ordre et la discipline dans cette maison, il eût fallu une poigne de fer qu'Abélard n'avait sans doute pas. Il se rendit bientôt compte, à son grand désespoir, que son action comme abbé allait le mener à un échec encore plus complet et plus rapide que celui qu'il avait essuyé au Paraclet.

Abélard de nouveau persécuté

Rebelles à toute tentative de réforme, les moines conçurent bientôt une haine violente pour leur abbé et cherchèrent tous les moyens pour s'en débarrasser. Le seigneur du lieu et ses hommes d'armes étaient aussi menaçants. À en croire Abélard, les moines se mirent bientôt non seulement à piller pour leur compte les derniers biens du monastère, mais à tramer contre leur abbé complots et embuscades. Il vivait en permanence sur le qui-vive et devait requérir quand il se déplaçait l'escorte de quelque puissant de ce monde car des guet-apens lui furent à plusieurs reprises tendus sur la route. On cherchait aussi à l'empoisonner ; certains moines allèrent même, de façon sacrilège, jusqu'à mêler du poison au vin de son calice. On voit par cette mention qu'Abélard était désormais prêtre ; il avait dû être ordonné, au plus tard, après son élection abbatiale. Il appela à l'aide un légat pontifical et réussit à faire expulser les moines les plus hostiles, mais la fronde continua.

On a peine à croire à un tableau aussi noir. Certes, l'histoire monastique des onzième et douzième siècles offre quelques autres exemples d'abbés maltraités ou même tués par des moines rebelles, mais Abélard a peut-être exagéré les périls encourus, par complexe de persécution ou par ressentiment personnel à l'égard d'hommes qui, après l'avoir élu, lui faisaient si mauvais accueil.

Tous les attentats en tout cas, si attentats il y eut, échouèrent. Quelques indices d'autre part laissent à penser que, tout en étant certainement des années de malheur et d'exil, les années passées à Saint-Gildas ne furent peut-être pas pour Abélard aussi catastrophiques qu'il l'a dit. D'abord, bien qu'il ait très vraisemblablement cessé d'enseigner, il ne cessa pas d'écrire et de compléter son œuvre, quoique moins fébrilement que naguère. Une fois encore, il trouva courage et consolation dans les ressources de son intelligence et dans la jouissance du travail intellectuel. Les spécialistes datent en tout cas de ces années une nouvelle rédaction du *Sic et non*, ainsi que quelques sermons destinés, précisément, aux moines de Saint-Gildas.

Abélard enfin trouva assez vite le moyen de se soustraire à la pénible compagnie de ses moines en quittant périodiquement son monastère. Cet absentéisme ne renforça certainement pas son autorité mais il lui rendit l'existence plus supportable. Assez couramment, indique-t-il lui-même, il se retirait avec quelques frères (il avait donc, malgré tout, réussi à rallier quelques partisans parmi les religieux) dans de petites "celles" écartées du monastère ; il s'agissait sans doute de petites annexes qui n'étaient occupées que de manière épisodique, soit pour héberger des moines en tournée dans les domaines du monastère, soit – ce qui était le cas d'Abélard – pour permettre à certains de faire retraite et vivre quelque temps dans la prière et la contemplation, à la manière d'ermites, ce qui était prévu et admis par le Règle.

Abélard pouvait aussi partir pour Nantes, distante d'environ cent vingt kilomètres. Il dit lui-même qu'il allait parfois rendre visite au comte-duc Conan III : il avait donc réussi à s'introduire, comme jadis auprès des Garlande ou du comte de Champagne. Son nom figure en effet, avec celui d'autres dignitaires ecclésiastiques, au bas d'une charte ducale datée du 15 mars 1128 et aujourd'hui conservée aux archives de Loire-Atlantique. Se retrouver en ville et dans le milieu raffiné d'une cour princière devait lui être une consolation.

Il était également plus proche de sa famille, auprès de laquelle il avait déjà cherché à maintes reprises aide et réconfort dans les heures difficiles. S'il ne parle ni de ses parents, qui étaient sans doute morts, ni de sa sœur et du jeune Astralabe qu'elle élevait peut-être encore, il mentionne au moins un séjour chez l'un de ses frères.

Ces voyages n'étaient évidemment pas sans danger. Outre le risque des mauvaises rencontres sur les grands chemins, il y avait celui de l'accident ; Abélard rapporte qu'il fit ainsi une mauvaise chute de cheval qui le laissa peut-être avec une déformation du cou ou du dos.

Le fait capital de ces années bretonnes fut à coup sûr le contact renoué avec Héloïse.

VII

Héloïse perdue et retrouvée

HÉLOÏSE AVAIT PRIS LE VOILE à Argenteuil au début de 1118, selon toute vraisemblance. Que devint-elle pendant les onze ou douze années qui suivirent ? Abélard n'en souffle mot dans l'*Histoire de mes malheurs*. Avait-il cessé tout rapport avec elle ? Le malveillant Roscelin, on l'a vu, prétendait le contraire, mais il pouvait ne pas être bien renseigné. Il est cependant probable que, même s'il n'avait plus de contact direct avec Héloïse, Abélard restait informé de ce que devenait celle qui avait été sa femme. Les communications étaient certes fragiles et aléatoires en ces temps mais, jusqu'en 1127 au moins, Abélard ne s'est guère éloigné de Paris et, à tout prendre, clercs et moines, qui voyageaient et échangeaient des lettres, étaient parmi les hommes les mieux informés de leur époque. Comment imaginer par exemple qu'Abélard n'ait jamais demandé de nouvelles d'Héloïse à tous ces jeunes étudiants qui quittaient les écoles parisiennes pour rejoindre le studieux ermitage du Paraclet ?

Un poème de la main d'Héloïse ?

La documentation qui subsiste aujourd'hui dans les archives ne permet guère de pallier le silence de l'*Histoire de mes malheurs*. Aucun texte ne vient éclairer l'histoire du monastère d'Argenteuil dans les années 1120. En 1129 pourtant, les religieuses durent céder la place à des moines de Saint-Denis. Pour justifier cette expulsion brutale, l'abbé Suger invoquera, outre des droits anciens de son monastère, les désordres scandaleux et l'immoralité où étaient tombées les moniales. L'accusation n'était peut-être pas dépourvue de fondement. Il est possible en effet qu'Argenteuil, monastère proche de la grande ville et qui accueillait des filles de l'aristocratie, n'ait pas observé une clôture bien stricte ni pratiqué la Règle dans toute son austérité. Il est possible aussi que quelques religieuses se soient laissé aller à des aventures condamnables. Mais rien n'indique qu'Héloïse qui, de toute façon, vivait dans le souvenir exclusif d'Abélard, y ait pris part. Nous savons simplement qu'en 1129, âgée de moins de trente ans, elle était devenue prieure d'Argenteuil, donc auxiliaire directe de l'abbesse. Pour le reste, on ignore tout de son activité, même s'il est infiniment probable qu'elle ait continué à lire et à étudier en s'aidant des ressources de la bibliothèque conventuelle.

Faute d'autres documents, les historiens ont beaucoup glosé sur un court poème inséré dans le rouleau obituaire de Vital de Savigny. Selon l'usage du temps, à la mort d'un religieux important, un abbé, par exemple, ses frères communiquaient la nouvelle aux monastères voisins en confiant à un messager un rouleau sur lequel chaque monastère visité s'engageait, par une courte formule, à prier pour le défunt ; ces longues chaînes de prières étaient une manifestation visible de la solidarité de la grande famille monastique. Le rouleau de l'abbé normand Vital de Savigny, l'un des plus longs que l'on connaisse, comporte plus de deux cent notices, parmi lesquelles figure la maison d'Argenteuil visitée par les envoyés de Savigny juste avant Saint-Denis. Les moniales non seulement promirent leurs suffrages à la mémoire du défunt abbé, mais l'une d'elles prit la peine de composer un petit poème de quinze vers. Cette lamentation funèbre, qui exprime une émotion ordinaire, est d'une versification si habile et d'un tel raffinement de vocabulaire qu'Héloïse a passé pour en être l'auteur.

Suger chasse les moniales d'Argenteuil

Abbé de Saint-Gildas depuis deux ans, Abélard s'était éloigné de Paris. C'est à ce moment que Suger fit valoir ses droits sur Argenteuil, arguant que ce monastère avait été primitivement donné à Saint-Denis qui y avait installé des moines, tandis que les moniales ne seraient arrivées qu'au temps de Charlemagne, lorsque celui-ci y avait casé comme abbesse une de ses filles naturelles ; mais il ne s'agissait que d'une concession provisoire et il avait été promis à Saint-Denis que la maison d'Argenteuil lui ferait retour après la mort de cette abbesse. En réalité, toute cette histoire est assez confuse et, de toute façon, le monastère d'Argenteuil avait été complètement détruit lors des raids vikings sur la Seine ; lorsqu'il fut véritablement refondé vers l'An Mil par la reine Adélaïde, femme d'Hugues Capet, ce fut à nouveau au profit d'une communauté féminine. Suger dut donc, dans cette affaire comme dans d'autres, exhiber des chartes d'une authenticité douteuse. Haut lieu de production de l'historiographie royale en même temps que de l'hagiographie du prétendu saint Denys l'Aréopagite, le *scriptorium* de Saint-Denis est aussi célèbre pour avoir en grand nombre fabriqué de fausses chartes qui permirent aux abbés de reconstituer et d'enrichir le patrimoine monastique en invoquant des donations plus ou moins bien établies des anciens souverains mérovingiens et carolingiens. Pour faire bonne mesure, il n'était pas mauvais en pareil cas d'accuser d'inconduite les détenteurs effectifs que l'on entendait exproprier pour ramener leurs possessions dans le giron de Saint-Denis.

Suger, qui a laissé un compte-rendu détaillé et complaisant de son administration, *De rebus gestis in administratione sua*, était passé maître dans l'art des récupérations expéditives. Il s'y montra d'autant plus efficace qu'il était en train de devenir le conseiller puissant et écouté du roi Louis VI. Lui-même et ses parents, appuyés par l'évêque Étienne (de la famille de Senlis) et les chanoines réformés de Saint-Victor, supplantaient progressivement à la cour l'ancien lignage des Garlande. En 1127 ou 1128, Étienne de Garlande perdit ses fonctions de sénéchal et de chancelier, ne conservant que le titre de doyen de Sainte-Geneviève ; son frère Gilbert perdit la bouteillerie royale au profit d'un frère de l'évêque tandis qu'un neveu de Suger, Simon, devenait chancelier.

Tout en jouant un rôle politique croissant, Suger s'était attelé à la double tâche de rétablissement de la Règle (Abélard n'avait donc pas eu tort en dénonçant les abus de l'époque de l'abbé Adam) et de reconstitution d'un patrimoine victime d'accaparements divers. C'est dans ce contexte qu'il faut placer la récupération d'Argenteuil, point d'appui très utile pour Saint-Denis à l'ouest de Paris, dans une direction où il possédait de nombreux biens. Lorsqu'il obtint de l'évêque de Paris et d'un légat pontifical le droit d'expulser les moniales, Suger ne visait sans doute pas personnellement Héloïse ni, à travers elle, Abélard. Il poursuivait seulement le grand œuvre de restauration qui devait trouver son couronnement dans l'édification de la nouvelle abbatiale, elle-même financée par les ressources du patrimoine reconstitué et agrandi.

Les retrouvailles des deux époux

En 1129, les quelques religieuses étaient donc sommées de quitter immédiatement leur maison et de trouver refuge dans d'autres monastères féminins. Cela pourtant n'était pas simple à une époque où les abbayes de femmes étaient beaucoup moins nombreuses que celles des hommes.

On ne sait ce que devint l'abbesse, mais ce fut autour de la prieure Héloïse qu'une bonne partie de la communauté se rassembla. Leur embarras était grand, lorsqu'Abélard vint providentiellement les en sortir.

On ignore comment il fut averti de l'affaire. Peut-être celle-ci avait-elle fait quelque bruit. Il ne semble pas, en tout cas, qu'Héloïse l'ait appelé au secours. À Paris même, Abélard ne pouvait pas faire grand-chose : ses anciens protecteurs, les Garlande, à qui il était certainement resté lié, étaient en complet déclin. Mais il lui restait son réseau d'amitiés champenoises.

Les modestes bâtiments du Paraclet étaient toujours debout, laissés à la charge d'un unique prêtre ; il y avait aussi quelques annexes en terres. Comme Abélard avait naguère reçu le tout, semble-t-il, à titre personnel et en "alleu" (c'est-à-dire en pleine propriété), il pouvait en disposer à sa guise. Il offrit à Héloïse de s'y installer avec ses compagnes, fondant ainsi une nouvelle communauté dont elle prendrait la tête.

C'est alors, vraisemblablement en 1129, que se placent les premières retrouvailles certaines des deux anciens époux, pour la première fois depuis le drame de la castration et de l'entrée précipitée au couvent, pour la première fois depuis douze ans. Abélard devait avoir cinquante ans, Héloïse presque trente. Abélard semble, du moins à ce qu'il dit dans l'*Histoire de mes malheurs*, avoir voulu donner à cette rencontre une allure presque officielle, impersonnelle. En celle qu'il appelle encore "sa compagne", mais aussi "sa sœur dans le Christ plus que son épouse", il affecte presque de ne voir qu'une religieuse, une abbesse avec qui, lui-même religieux et abbé, il réglait quelques affaires relatives à leurs maisons respectives. À l'en croire, plus que le sort d'Héloïse, c'était l'occasion de ne plus laisser à l'abandon le Paraclet et son oratoire consacré qui l'aurait incité à choisir cette solution, et Abélard, désormais, ne cessera guère d'adopter vis-à-vis d'Héloïse cette attitude un peu distante et formaliste.

L'essor du Paraclet

Abélard s'était rendu directement de Saint-Gildas au Paraclet – un long voyage, près de cinq cents kilomètres, deux semaines de route sans doute. Là, il s'était réinstallé dans les lieux, avait averti Héloïse et sa communauté puis avait attendu leur venue. Quand les religieuses arrivèrent, il les mit en possession du tout, oratoire, bâtiments et terres. Il faut sans doute imaginer qu'on rédigea et scella une charte ; il dut en tout cas y avoir une cérémonie publique au cours de laquelle Abélard investit solennellement Héloïse de sa nouvelle abbaye, probablement, comme c'était alors l'usage, par la remise de quelque objet symbolique.

De ce qui s'ensuivit, l'*Histoire de mes malheurs* ne donne qu'un récit des plus sommaires et les plus anciennes chartes du Paraclet ne permettent que partiellement de rétablir la chronologie des faits. Deux traits majeurs apparaissent cependant : d'une part, l'essor rapide de la nouvelle fondation, d'autre part, le rôle actif d'Abélard présent à plusieurs reprises aux côtés d'Héloïse dans son ancien ermitage.

Les premiers temps furent difficiles, mais bientôt les donations affluèrent. Comme toute fondation monastique réussie, le Paraclet dut son succès à la protection et à la générosité de quelques familles nobles de la région. Le premier donateur important signalé par le cartulaire fut le seigneur tout proche de Nogent-sur-Seine, Milon, un de ceux qui avaient sans doute offert à Abélard, quelques années plus tôt, la dotation initiale. Bientôt, d'autres riches laïcs suivirent. Le comte de Champagne et les évêques de Meaux et de Troyes encourageaient ces générosités. Au bout de quelque temps, le Paraclet possédait non seulement des terres, des moulins et des droits de pêche dans la vallée de l'Arduzon, mais aussi des vignes, des rentes en argent et des maisons à Provins. Le 28 novembre 1131, Héloïse reçut du pape Innocent II, alors en voyage en France, une bulle de confirmation générale de tous les biens et droits présents et à venir de son monastère ; par la même occasion, le souverain pontife plaçait le Paraclet et ses religieuses sous la protection spéciale du Saint Siège. L'avenir était assuré.

Abélard et le pape Innocent II

Abélard eut certainement sa part à ces succès initiaux. Dans l'*Histoire de mes malheurs*, comme dans ses lettres ultérieures, il commence par s'en défendre avec modestie. Tout venait d'Héloïse. L'éloge qu'il fait d'elle à ce propos semble sincère. Sincère et un peu surprenant. Il avait quitté une jeune amoureuse passionnée, il retrouve une femme mûrie par l'épreuve et les responsabilités. Il souligne à la fois ses capacités d'organisatrice et ses vertus de religieuse. Il admire en elle non seulement la piété et la sagesse mais tout ce qui lui faisait précisément défaut, à lui : la patience, la douceur, l'art d'apaiser les conflits et de se faire aimer. Il note, lui qui n'avait cessé d'être en butte aux persécutions de ses pairs : "Les évêques l'aimaient presque comme leur fille, les abbés comme leur sœur, les fidèles comme leur mère." Abélard, lui, avait-il, a-t-il jamais vraiment aimé Héloïse ? Oui sans doute, mais certainement pas comme elle l'aimait. Aux heures brûlantes de la passion, cet amour s'était caché derrière la recherche des voluptés et le plaisir de la conquête. À l'heure plus grave des retrouvailles, c'est l'admiration, teintée de compassion, qui inspire la plume d'Abélard. Il semble découvrir, alors qu'il l'a irrémédiablement perdue, qu'Héloïse méritait plus que son désir. L'émotion est présente, mais contenue par une réserve respectueuse. Il comprend à quel point cette femme était digne d'être aimée, mais ce n'est plus l'amour qu'il lui offre maintenant. Il ne sait pas encore – ou ne veut pas savoir – qu'elle l'aime toujours.

En revanche, avec une efficacité dont il n'avait guère fait preuve jusque là dans ses propres affaires, il décide de lui apporter aide et conseil. C'est un peu comme le service désintéressé que l'amoureux courtois offrait à la dame inaccessible ; mais ici le service n'a pas sa fin en lui-même, ce sont la gloire de Dieu, le salut d'Héloïse et celui d'Abélard lui-même qui en sont désormais la visée.

Abélard intervint donc parmi ses amis champenois pour stimuler leur générosité vis-à-vis du Paraclet. C'est également par son entremise que fut sans doute obtenue la bulle de confirmation pontificale. Quelques mois plus tôt, le 20 janvier 1131, Abélard avait personnellement assisté à la consécration par Innocent II d'un nouvel autel dans l'abbaye champenoise de Morigny ; il a pu à cette occasion parler au pape en faveur d'Héloïse et des religieuses du Paraclet.

Cette entrevue de Morigny n'est pas sans intérêt. Abélard y a rencontré le pontife qui, dix ans plus tard, scellera sa condamnation. C'est la seule fois de sa vie où cet homme, à qui ses ennemis reprocheront son influence à Rome et le succès de ses livres jusque dans l'entourage pontifical, a été en contact direct avec la Curie. Notons aussi qu'à Morigny Abélard s'est retrouvé au milieu de dignitaires ecclésiastiques et de grands de ce monde ; même loin de son monastère, l'abbé de Saint-Gildas ne faisait pas encore figure de fuyard et de gyrovague. C'est en particulier à l'occasion de la visite pontificale à Morigny que se produisit la première rencontre sûrement attestée d'Abélard et de Bernard de Clairvaux. On ignore ce que les deux hommes se dirent, s'ils se parlèrent, mais désormais ils se connaissaient ; chacun avait pour l'autre non seulement un nom et une réputation mais une silhouette, un visage, une voix. Rien n'indique qu'ils s'affrontèrent à Morigny, mais il est à craindre que la première impression réciproque ne fut pas très bonne ; en tout cas, le premier échange épistolaire entre eux, quelque temps plus tard, était déjà dépourvu d'aménité.

Le pape avait accédé à la requête d'Abélard. Il devait être assailli de solliciteurs, mais il savait aussi se montrer généreux. Si en effet Innocent II avait entrepris cette vaste tournée en France, c'était pour y rallier des partisans et affirmer sa cause. Car son élection sur le trône pontifical, le 14 février 1130, avait été immédiatement contestée et un concurrent avait également été élu pape sous le nom d'Anaclet II. Cet "antipape" tenant solidement la ville de Rome, Innocent II avait dû fuir et gagner le royaume de France où la plupart des évêques et des abbés avaient pris son parti. Parmi ses plus vigoureux et éloquents partisans, qui l'accompagnèrent tout au long de ce voyage, se trouvait Bernard, l'abbé de Clairvaux ; c'est à partir de ce moment que celui-ci devint vraiment une personnalité de premier plan dans l'Église, influent tant auprès de la Curie que d'une bonne partie de l'épiscopat français et des grands seigneurs laïcs, et notamment du comte de Champagne. C'est donc assez logiquement qu'après avoir reçu la requête d'Abélard et avant d'octroyer le privilège demandé, Innocent II demanda à Bernard d'aller visiter le nouveau monastère.

Héloïse et Bernard de Clairvaux

Abélard a laissé, bien qu'il n'y ait pas assisté, un bref récit de cette visite. Accueilli "comme un ange du ciel" par Héloïse et ses sœurs, l'abbé de Clairvaux semble avoir été de son côté très favorablement impressionné par l'autorité de l'abbesse, la piété et l'austérité de la jeune communauté. Son rapport dut être favorable puisque le pape expédia finalement, depuis Auxerre, la bulle espérée. Un point seulement avait surpris et choqué Bernard. Dans le texte du Notre Père récité à l'office, les moniales avaient adopté, au lieu de la formule habituelle "Donne-nous aujourd'hui notre pain quotidien *(panem quotidianum)*", la version "Donne-nous aujourd'hui le pain nécessaire à notre subsistance *(panem supersubstantialem)*" ; cette interprétation, due à l'ambiguïté du terme araméen primitif, se trouvait bien dans la traduction de Matthieu (VI, 11) de la Vulgate, mais la tradition avait finalement imposé, notamment dans la liturgie, le mot "quotidien" proposé par la traduction de Luc (XI, 3). Dans une longue lettre à Bernard (lettre 10 dans le volume de la *Patrologie latine*), Abélard revendiqua la paternité de cette innovation et s'en expliqua longuement, avec des arguments très caractéristiques de sa manière d'aborder l'Écriture Sainte. Il expliquait que Matthieu, qui était un apôtre et le plus ancien des évangélistes, avait plus d'autorité que Luc ; il ajoutait que *supersubstantialis* s'imposait aussi parce que plus riche de connotations spirituelles. Il terminait en affirmant que "l'usage ne saurait prévaloir contre la raison, ni la coutume contre la vérité" ; il ne prétendait pas imposer sa propre version mais on devait reconnaître que la diversité et l'innovation pouvaient avoir leur place dans l'Église ; il reprochait à Bernard de vouloir à toute force maintenir la tradition en tant que telle.

Si le début de la lettre était courtois, la fin était nettement plus polémique car Abélard ne pouvait s'empêcher de remarquer que les cisterciens eux-mêmes avaient introduit dans leur liturgie diverses nouveautés, sans grande justification de surcroît. L'accusation d'inconséquence, sinon d'hypocrisie, n'était pas loin. Peut-être Abélard n'en était-il d'ailleurs pas à son coup d'essai si le sermon-pamphlet anti-cistercien *Adtendite a falsis prophetibus* ("Méfiez-vous des faux prophètes"), composé vers 1127-1128 est bien de lui, comme certains l'ont supposé. Quoi qu'il en soit, Bernard ne dut guère apprécier cette lettre où Abélard lui faisait la leçon sur un ton professoral parfois assez dédaigneux.

Abélard directeur de conscience

Cette lettre montre aussi que depuis l'installation d'Héloïse et de ses religieuses au Paraclet, Abélard jouait auprès d'elles un rôle de direction religieuse et spirituelle. Il l'explique d'ailleurs lui-même dans l'*Histoire de mes malheurs*. Malgré la longueur de la route depuis la Bretagne, il fit plusieurs visites au Paraclet entre 1129 et 1132. Il n'avait pas encore rédigé de Règle – sans doute se contentait-on de reprendre les usages observés à Argenteuil – mais il s'occupa, on vient de le voir, de l'office. Il se fit aussi prédicateur. À dire vrai, dans la bonne trentaine de sermons d'Abélard qu'on a conservés, on ne sait trop, dans l'état actuel des recherches, lesquels ont été destinés aux moines de Saint-Gildas et lesquels aux religieuses du Paraclet ; on ne sait pas non plus, parmi ces derniers, lesquels dateraient précisément de ces années 1129-1132. En tout cas, Abélard indique bien qu'il prêcha au Paraclet et que cette prédication était d'un grand secours spirituel aux religieuses. .

Ces visites au Paraclet suffirent bientôt à réveiller contre Abélard la vieille hydre de l'"envie". Des malveillants – mais qui pouvaient-ils être ? Abélard ne donne aucune précision – firent courir le bruit que c'était la concupiscence charnelle, l'impossibilité de se détacher de son ancienne amie, et non le souci de l'apostolat, qui l'attiraient au Paraclet.

Abélard répond naturellement que sa mutilation avait depuis longtemps éteint en lui tout désir physique. Réponse évidemment exacte, mais non moins évidemment insuffisante. Certes, le désir de faire enfin aboutir un grand projet de réforme religieuse a certainement été présent chez Abélard. Pour lui qui adhérait désormais sincèrement à la vocation monastique dans ce qu'elle avait de plus haut, réussir avec Héloïse et ses religieuses ce qu'il n'était parvenu à obtenir ni de ses confrères de Saint-Denis, ni de ses élèves au Paraclet même, ni de ses moines de Saint-Gildas, eût certainement été une consolation et une joie. Prendre rang parmi les rénovateurs de la famille monastique, à l'instar d'un Robert d'Arbrissel ou d'un Norbert de Xanten, les fondateurs de Fontevrault et de Prémontré, eût satisfait en lui ce désir de s'imposer parmi les meilleurs qui le tenaillait depuis sa jeunesse. Abélard était l'homme des malheurs et des échecs, mais aussi un combattant toujours prêt à reprendre la lutte après un moment de honte et d'abattement.

Les visites au Paraclet obéissaient sans doute aussi à des motivations plus complexes. Il y trouvait le repos, loin des tracas sans fin que lui causaient ses moines grossiers et indociles de Saint-Gildas. Il y goûtait la douceur d'une compagnie féminine dont il ne voulait plus connaître que l'aspect spirituel mais dont il marque bien la spécificité. Dans ces pages qui sont presque les dernières de l'*Histoire de mes malheurs*, il ne nomme plus Héloïse mais parle simplement de l'ensemble de la communauté du Paraclet. S'éloignant des confidences personnelles, il préfère livrer, à grand renfort de références bibliques et patristiques, ses considérations sur la vie religieuse féminine et sur la collaboration des hommes et des femmes consacrés à Dieu pour l'édification de leur salut commun. La tendresse de certaines expressions, l'émotion contenue qui sourd parfois, laissent deviner que c'était d'abord à Héloïse – et à lui-même – qu'il pensait.

La justification qu'il donne – qu'il se donne – sera reprise plus longuement dans ses lettres postérieures et dans quelques sermons, mais l'*Histoire de mes malheurs* en donne déjà la substance. La force des femmes, explique-t-il, est dans leur faiblesse même. C'est cette faiblesse qui émeut la piété des donateurs comme elle suscite la miséricorde divine. Plus faibles et plus tentées que les hommes, elles sont aussi moins coupables et plus méritantes aux yeux du Dieu consolateur. Mais cette faiblesse requiert une protection, cette fragilité un soutien. Et c'était ce soutien qu'Abélard voulait apporter aux religieuses du Paraclet.

Il est absurde de vouloir imposer aux religieuses la même Règle qu'aux religieux ; certaines prescriptions sont trop dures, d'autres, par exemple en matière vestimentaire, deviennent incongrues appliquées à des femmes. Il faut donc adapter la Règle. Mais qui le fera ? Les femmes n'ont pas pour cela la compétence nécessaire.

A dire vrai, l'idée de reconnaître à des femmes une véritable autorité, c'est-à-dire une capacité autonome de décision et de commandement, était étrangère à Abélard.

Il la rejette explicitement dans des termes qui marquent bien, du moins à nos yeux, les limites étroites de son "féminisme". Celui-ci ne se ramenait pas à un attendrissement un peu complaisant devant la faiblesse féminine, il reconnaissait aux femmes leur vocation spirituelle et leur plein rôle dans l'économie du salut, mais il n'allait pas – qui y serait allé, à dire vrai, au début du douzième siècle ? – jusqu'à remettre en cause une conception hiérarchisée du monde et de la société où toute chose et tout être doivent rester à leur rang. Celui des femmes était d'être en-dessous des hommes. "Le sexe faible a besoin de l'aide du sexe fort", écrit-il sans ambages. Il était anormal de confier à des abbesses la même autorité qu'à des abbés, ce qui les amenait non seulement à gouverner seules mais même à exercer leur pouvoir sur des hommes, chapelains, serviteurs ou tenanciers du monastère : image d'un monde à l'envers, source de scandale et de péché. Seul un homme pouvait diriger une communauté religieuse.

En écrivant cela, Abélard se montrait moins audacieux qu'un Robert d'Arbrissel qui, trente ans plus tôt, en fondant le monastère mixte de Fontevrault, n'avait pas hésité à mettre à sa tête une abbesse. En fait, Abélard lui-même ne paraît pas avoir cherché à diriger complètement le Paraclet. Héloïse prit le titre d'abbesse et Abélard se contenta d'être à ses côtés, de manière épisodique, un conseiller et un directeur spirituel. Avec ce souci d'exemplarité qui court tout au long de l'*Histoire de mes malheurs*, il évoque à ce propos les figures idéales auxquelles il lui plaît de s'identifier : il se réclame de saint Jérôme, ce misogyne paradoxal que de pieuses femmes accompagnèrent jusqu'en Orient pour écouter ses enseignements ; il cite avec une particulière sympathie Origène qui lui était cher à la fois pour sa pensée subtile et parce qu'il n'avait pas hésité à se castrer volontairement pour échapper aux tentations de la chair tout en se consacrant à l'éducation chrétienne des femmes ; lui qui avait jadis rappelé les malédictions bibliques contre les castrats, il évoque maintenant avec sympathie quelques figures d'eunuques dont la Bible signale l'influence auprès des princesses et des reines qui leur avaient été confiées ; citant enfin les Évangiles et saint Paul, il rappelle que le Christ lui-même et les apôtres avaient aimé la compagnie des femmes et, vivant avec elles dans une parfaite chasteté, les avaient associées, nonobstant la calomnie, à leur œuvre d'évangélisation. Cette façon de rapprocher son expérience personnelle de celle de l'Église primitive est caractéristique d'une époque où le retour à la "vie vraiment apostolique" devient l'idéal affiché de beaucoup de réformateurs religieux.

La rédaction de l'"Histoire de mes malheurs"

Les retrouvailles d'Héloïse et d'Abélard ne durèrent cependant qu'un temps. Au bout de quelques années, sans doute au début de 1132, Abélard cessa ses visites au Paraclet. Voulut-il – voulurent-ils, Héloïse et lui – faire taire leurs ennemis ? Les difficultés croissantes du gouvernement de Saint-Gildas empêchèrent-elles Abélard de s'éloigner durablement d'un monastère sur lequel il n'avait pas encore totalement renoncé à exercer son autorité ? Survint-il quelque autre événement inconnu de nous ? Toujours est-il qu'Abélard ne vint plus au Paraclet et cessa même d'y envoyer de ses nouvelles.

C'est à ce moment – 1132 ou 1133 – qu'il faut placer la rédaction du texte qui a été jusqu'ici notre guide essentiel, l'*Histoire de mes malheurs*, si, bien sûr, on en admet l'authenticité, comme c'est le cas ici. On a vu que dans le préambule et dans les dernières lignes du texte Abélard explique qu'il a rédigé ce récit pour consoler par la longue liste de ses propres malheurs un ami éprouvé qui se plaignait de son sort, pourtant moins funeste que le sien. Nous ignorons qui a pu être cet ami inconnu, mais nous savons qu'Abélard n'a jamais manqué de relations, même s'il n'en fait qu'épisodiquement état. Les lettrés de ce temps, comme de toutes les époques de renaissance et de remise en honneur des Anciens, ne considéraient pas comme un vain artifice d'exprimer leurs sentiments les plus intimes dans une écriture très élaborée et à travers une accumulation de références classiques, bibliques ou patristiques. C'est donc peut-être un simple anachronisme que de considérer comme une fiction littéraire assez contournée cette dédicace à un ami dans la peine. De toute façon, il est probable que c'est aussi et peut-être d'abord pour lui-même qu'Abélard a écrit l'*Histoire de mes malheurs*. C'est ce qu'a soutenu l'historienne américaine Mary M. McLaughlin dans un bel article sur l'*Histoire de mes malheurs* comme autobiographie, même si on peut lui reprocher d'appliquer à Abélard des catégories psychologiques un peu trop modernes.

Pierre Abélard avait alors environ cinquante-trois ans. Se sentait-il, comme on l'a dit parfois, vieux, fatigué, recru d'épreuves ? Mise à part la chute de cheval mentionnée plus haut, nous ignorons tout de son état de santé et, en ce qui concerne la perception des âges au Moyen Âge, il faut surtout se garder d'affirmations trop péremptoires. Les maladies qui sévissaient alors et la mortalité qui frappaient les enfants et les jeunes ne signifient pas obligatoirement qu'on était alors perçu à trente ans comme un homme mûr, à quarante ou cinquante comme un vieillard chenu. Au moment où il écrivait l'*Histoire de mes malheurs*, Abélard n'avait pas forcément renoncé à tout projet d'avenir.

Il lui fallait néanmoins prendre quelque distance avec son passé. De nouveau, les malheurs, l'incompréhension, l'injustice l'accablaient, le désespoir le guettait. Il sentait bien que sa situation d'abbé sans cesse absent de son propre monastère, maltraité et menacé par ses propres moines, ne pourrait durer indéfiniment. Il allait lui falloir prendre une décision. Une décision difficile, tant pour lui-même qui devrait prendre acte d'un nouvel échec que pour les autres à qui il faudrait faire comprendre une désertion que n'acceptait guère le droit canon. Comment un abbé pouvait-il quitter de lui-même la communauté dont il était le père sans s'attirer les foudres de l'autorité ecclésiastique ?

Il lui faudrait donc se justifier, faire comprendre aux incrédules et aux "envieux" toujours à l'affût d'un faux pas à quel point sa situation était devenue sans issue, au terme d'une longue série de tentatives malheureuses et de déboires. Il lui faudrait aussi, pour lui-même, retrouver quelque courage et quelque énergie. C'est sans doute pour se consoler lui-même, autant que pour consoler son cor-respondant inconnu, qu'il a écrit l'histoire de sa vie, pour exorciser le passé par le travail de l'écriture, rompre l'enchaînement indéfini des malheurs, comprendre quel bien pouvait sortir de tant de maux. De ses malheurs, il avait été, par son orgueil, ses ingratitudes, ses trahisons, le premier responsable. Mais au bout de tant d'années, de tant de hontes et d'humiliations, n'avait-il pas largement expié ? N'avait-il pas maintenant atteint, comme il convenait à un moine pieux, ce haut degré d'humilité qui lui permettait d'espérer le par-don ? Au fond même de sa misère, il sentait intacte sa double voca-tion : celle, ancienne, du philosophe dont il n'avait jamais douté qu'appliquée avec rigueur à la Révélation, elle ne pouvait que servir à la gloire du Christ et à son propre salut, et celle, plus récente, du réformateur de la vie monastique désormais convaincu de pouvoir combiner sous l'habit religieux et dans le respect de la Règle, pour lui-même et pour les autres, l'étude et la prière, la parole et le si-lence, la raison et la foi.

L'effort d'introspection que représente l'*Histoire de mes mal-heurs*, est exceptionnel dans la littérature du douzième siècle. Certes, d'autres clercs et même, plus précisément, d'autres moines de ce temps ont écrit leur autobiographie. Mais celle d'un Guibert de No-gent, antérieure d'une vingtaine d'années, tourne vite, malgré son titre *(Histoire de ma vie)*, à la chronique monastique ; un peu plus tard, celle de Suger *(Mémoire sur son administration)* sera le compte-rendu flatteur de la gestion habile de l'abbé de Saint-Denis, qui lui avait permis, pour la plus grande gloire de Dieu, de restaurer le pa-trimoine du saint martyr et d'édifier la basilique sans égale où se cé-lébrait son culte, qui était aussi celui de la France et de son roi. Chez Abélard au contraire, c'est bien le moi de l'auteur qui reste au centre de l'œuvre. Certes, l'analyse psychologique n'est guère fouillée ; Abélard se soucie surtout, à chaque instant, d'évoquer les figures, bibliques ou patristiques, de l'abjection ou de la grâce auxquelles il lui plaisait de s'identifier, le Christ souffrant lui-même apparaissant en définitive comme le modèle ultime de sa quête, quête du salut plus que de soi-même. Ne cherchons donc pas chez Abélard un "individualisme" moderne, mais voyons certainement en lui l'un des premiers témoins de cet "éveil de la conscience" qui a caractérisé, selon Pierre Chenu, l'évolution des mentalités au douzième siècle.

Dans l'œuvre d'Abélard, l'*Histoire de mes malheurs* marque aussi un tournant ; il ne s'agit plus d'un ouvrage d'enseignement, d'un instrument de travail, d'un billet de circonstance. Soigneusement élaborée, nourrie de toute sa connaissance des classiques et des Pères, elle marque un effort nouveau pour dire la subjectivité. L'affleurement de celle-ci était déjà sensible dans le *Dialogue du philosophe, du Juif et du chrétien*, vraisemblablement antérieur. Mais ici elle s'exprime à plein, sous-tendue par une réflexion morale aiguë. En vrai philosophe, Abélard ne séparait pas l'expérience existentielle et l'élaboration spéculative. L'*Histoire de mes malheurs* marque une inflexion capitale de sa pensée vers les problèmes moraux qui débouchera, quelques années plus tard, sur son *Éthique ou connais-toi toi-même*, où l'on est fondé à voir plus que dans le *Dialogue*, sinon son véritable testament, du moins le couronnement de son œuvre philosophique. De l'*Histoire* à l'*Éthique*, quelques thèmes capitaux circulent – celui de la faute, de l'intention, du châtiment – qui font de l'enseignement moral d'Abélard le produit même de sa vie tourmentée.

La correspondance d'Abélard et d'Héloïse

Bien qu'aucune copie du douzième siècle n'ait subsisté, l'*Histoire de mes malheurs* était certainement destinée non seulement à son hypothétique dédicataire, mais à une certaine diffusion auprès de quelques correspondants choisis. Elle vint donc bientôt à la connaissance d'Héloïse. "Par hasard", dit celle-ci ; ce hasard dut être aidé par Abélard lui-même ou quelque intermédiaire, bien ou mal intentionné.

L'ayant lue, elle écrivit à Abélard. C'est le début d'un échange de lettres (trois d'Héloïse, quatre d'Abélard) qui sont au cœur de notre propos et parmi les chefs-d'œuvre, depuis toujours reconnus, de la littérature.

Ces lettres ne sont pas datées ; on est tenté de les situer peu après la rédaction de l'*Histoire de mes malheurs*, donc vers 1133, mais certaines sont peut-être plus récentes. On est en particulier frappé de ce qu'elles évoquent à peine, ou comme des événements lointains et déjà à moitié oubliés, les retrouvailles qui avaient eu lieu au Paraclet entre 1129 et 1131 ; trop brèves, trop distantes, ces rencontres avaient certainement déçu Héloïse, ne lui laissant qu'un souvenir estompé, incapable de supplanter celui, infiniment plus brûlant, des années plus anciennes de passion et d'orage.

Où furent-elles rédigées ? Héloïse écrivait évidemment du Paraclet. Abélard, quant à lui, se présente toujours comme abbé de Saint-Gildas et toujours exposé aux machinations de ses moines ; mais ceci ne signifie pas nécessairement qu'il se trouvait encore à Saint-Gildas ni même peut-être en Bretagne ; en fait, nous ignorons tout de ses pérégrinations durant ces années, sauf qu'elles ne l'ont pas ramené au Paraclet. Ces imprécisions contribuent à donner à cette correspondance une allure un peu intemporelle qui fait son charme – les sentiments s'y expriment, en quelque sorte, à l'état pur – mais a aussi éveillé la suspicion de certains critiques. Ces textes si parfaits, si bien ajustés les uns aux autres, qui se répondent si harmonieusement comme un chant à deux voix, où le style même – on dirait presque la musique – est si fluide et si homogène, que la plume soit tenue par l'un ou par l'autre, sont-ils vraiment ceux d'une correspondance réelle, qui a circulé entre Bretagne et Champagne dans la besace de quelque messager, au hasard des mauvaises routes ? N'est-ce pas là plutôt une fiction littéraire, élaborée (ou au moins réécrite) par un auteur unique, qui pourrait bien être Abélard lui-même, à moins qu'il ne s'agisse de quelque "faussaire" génial mais anonyme ? Le doute, il faut l'avouer, n'est pas tout à fait déraisonnable, mais il ne se fonde sur aucun élément vraiment probant. Jusqu'à preuve du contraire, on ne refusera donc pas aux deux amants et en particulier à Héloïse, dont les contemporains ont unanimement vanté l'exceptionnelle culture, l'authenticité de cette correspondance fameuse et l'on préférera voir dans la frappante unité de ton et d'inspiration une marque non seulement de l'enseignement jadis donné par Abélard à Héloïse, mais de l'intimité spirituelle qui continuait à les unir.

La première lettre d'Héloïse

Si le rationalisme, une culture raffinée, les références savantes ne manquent pas dans ces lettres, ils n'en commandent cependant pas toute la construction. Au prix de changements de ton, voire de contradictions internes, l'émotion, brûlante chez Héloïse, contenue chez Abélard, s'y exprime aussi.

La première lettre d'Héloïse commence de façon banale. S'exprimant à la première personne du pluriel, c'est-à-dire au nom de toute la communauté du Paraclet, elle s'inquiète des menaces mortelles qui, d'après les dernières pages de l'*Histoire de mes malheurs*, pèsent sur Abélard ; elle lui demande de les rassurer, dès qu'il en aura la possibilité, en leur envoyant des nouvelles par un messager, ce qu'il n'avait jamais fait depuis sa dernière visite. Elle lui rappelle enfin qu'il se doit, comme un père, à la communauté qu'il a naguère fondée et qui ne saurait encore se passer de sa direction ; qu'il abandonne donc les moines ingrats de Saint-Gildas et qu'il revienne au plus vite se consacrer à ses filles du Paraclet.

Le ton change tout à coup. L'émotion jusque là contenue submerge Héloïse : "Ne parlons plus des autres, pense à ce que tu me dois à moi... à moi, ton unique." À dire vrai, l'adresse même de la lettre laissait déjà soupçonner qu'il ne s'agirait pas seulement d'une demande quasi officielle de conseils spirituels : "À son maître ou plutôt à son père, à son époux ou plutôt à son frère, sa servante ou plutôt sa fille, sa femme ou plutôt sa sœur ; à Abélard, Héloïse". Car c'était bien de cela qu'il s'agissait. Non du sort d'une communauté désormais solidement établie et gouvernée par Héloïse avec toute l'autorité nécessaire, mais d'Abélard et d'Héloïse, d'une passion toujours vivante malgré les années et les absences, d'une blessure jamais guérie, d'un amour de loin longtemps étouffé dans le silence du cloître, mais toujours vivace.

La lecture de l'*Histoire de mes malheurs* n'avait pas seulement rappelé à Héloïse des événements qu'elle n'avait pas oubliés, mais la voix même d'Abélard, ses sentiments et les ambiguïtés jamais résolues qui avaient entaché leur aventure. Cet inachèvement nourrissait ses regrets mais la convainquait en même temps que leur amour n'était pas mort et pouvait se prolonger, fût-ce sur un plan purement spirituel.

Héloïse rappelait donc à Abélard les malheurs qu'elle avait elle-même endurés, tout ce qu'elle avait sacrifié pour lui, le caractère absolu et désintéressé de sa propre passion. Elle revenait longuement, comme la preuve la plus forte de son amour, sur son refus obstiné du mariage. La tendresse se mêlant sans cesse aux reproches, elle évoquait, plus pour elle-même sans doute que pour Abélard, leurs heures de bonheur et de volupté. Et en même temps, elle proclamait son innocence : "J'ai bien mal agi [aux yeux du monde], tu le sais, mais je suis innocente ; le crime n'est pas dans l'acte, mais dans l'intention de celui qui agit ; l'équité pèse non ce que l'on fait, mais dans quel esprit on le fait." Ce seront les mots même d'Abélard dans l'*Éthique*, qu'elle avait déjà dû entendre de sa bouche. Plus victime que coupable, justifiée par l'amour et le sacrifice, Héloïse suppliait donc Abélard de s'acquitter de ce qu'il lui devait encore. Peut-être ne l'aimait-il plus, peut-être ne l'avait-il jamais vraiment aimée pour elle-même ? Mais qu'il lui apporte au moins la consolation, non pas de sa présence, mais simplement de sa parole, de ces mots dont il était si prodigue : "Je ne te demande pas grand-chose en échange, juste des mots en retour de tout ce que j'ai fait *(verba pro rebus)*." Pour un philosophe "nominaliste", l'expression était claire et sans illusion ; Héloïse n'espérait plus un impossible amour partagé, elle voulait seulement entendre à nouveau la voix qui l'avait autrefois charmée, retenir l'attention de celui qui lui avait jadis, sans doute à son insu, procuré un bonheur qu'elle refusait de croire disparu à jamais.

La réponse d'Abélard

Abélard reçut cette lettre. Il la comprit certainement. Ce maître du langage sentit bien où tendait cette ardente et habile rhétorique amoureuse. L'Héloïse qui lui écrivait n'était pas l'abbesse dont il avait vanté dans l'*Histoire de mes malheurs* la sagesse et la piété. C'était la femme qu'il avait séduite, aimée, épousée puis abandonnée, presque vingt ans plus tôt.

Fut-il surpris de cette passion toujours brûlante ? On a peine à croire qu'il ne se soit aperçu de rien lors de ses visites au Paraclet en 1129-1131. Il décida en tout cas de n'en rien laisser paraître. Relativement brève, sa réponse refuse soigneusement de se placer sur le même plan que la lettre d'Héloïse. Le ton en est impersonnel, distant, tout encombré de références savantes ; aux cris d'amour, il oppose la sérénité apparente d'un discours magistral, peut-être même l'ironie sèche du pédagogue incisif qu'il a toujours été : "Tu te souviens, très chère sœur, de la trente-huitième homélie de saint Grégoire dans laquelle..." En substance, Abélard répondait à Héloïse qu'il n'avait pas pensé qu'une femme aux vertus aussi éclatantes pût avoir besoin de ses consolations. Là était la raison de son silence. Si la communauté avait des questions précises à lui poser, qu'elle les formule par écrit et il y répondrait ; en attendant, il envoyait le psautier demandé (sans doute dans un billet distinct de la lettre d'Héloïse).

Cette réponse aurait paru non seulement maladroite, mais presque insultante pour Héloïse si le ton n'avait changé au bout d'un moment, faisant pressentir qu'Abélard avait dû se forcer quelque peu pour commencer par un préambule aussi rude. Le reste de la lettre est en effet consacré à solliciter pour Abélard lui-même les prières d'Héloïse et de toute la communauté du Paraclet. Rien là de très personnel et même lorsqu'il écrit : "J'en viens maintenant à toi seule", il ne s'agit encore que des prières qu'il lui demande. Mais l'insistance avec laquelle il évoquait sa propre misère ne pouvait qu'émouvoir Héloïse. L'accent mis sur la valeur particulière des prières des femmes, plus agréables à Dieu que toute autre, plonge la fin de cette lettre dans une atmosphère singulière de tendresse. Pour finir, rappelant à Héloïse le lien conjugal qui les unissait ("Celui qui est tout spécialement à toi"), il lui adressait le texte de la prière en sa faveur qu'il voulait voir intégrer à l'office et déclarait vouloir qu'après sa mort, où qu'elle se produisît, son corps fût amené et enseveli au Paraclet (et non, comme il eût été plus normal, à Saint-Gildas) afin qu'il puisse bénéficier des prières des sœurs ; l'image du Christ, pleuré au tombeau par les saintes femmes, surgit ici tout naturellement sous sa plume.

On pourrait, à première vue, relever beaucoup d'égoïsme et de complaisance dans cette lettre, mais cette proposition finale d'une union dans la prière et l'amour de Dieu, au-delà de la mort, donne sans doute le vrai sens de la réaction d'Abélard, qui va se préciser dans les lettres suivantes.

Héloïse s'humilie devant Abélard

La deuxième lettre d'Héloïse reprend avec une insistance et une émotion plus fortes encore les thèmes de la première. Qu'Abélard ne souhaite pas disparaître avant elle, qu'il lui épargne au moins cela. Et d'énumérer à nouveau la longue suite des malheurs qui l'avaient frappée. Le souvenir de son bonheur perdu lui faisait venir à l'esprit l'image bien médiévale de la roue de Fortune ; elle avait été élevée au sommet, puis jetée à bas et écrasée par le destin. Enfin, c'était à Dieu elle-même qu'elle s'en prenait et à son incompréhensible cruauté. N'avait-elle pas pourtant consenti au mariage exigé par l'Église ?

Devant Abélard, elle s'abaisse, elle s'humilie, elle se met au rang des femmes fatales qui, d'Ève à Dalila, ont entraîné les hommes dans le malheur. Elle était sans doute, plus que lui, responsable de tout ce qui leur était arrivé, mais elle n'arrivait pas à se sentir coupable ; elle le répète avec les formules de la première lettre, sachant bien qu'elles toucheraient d'autant plus Abélard qu'elles étaient en fait de lui : elle n'a consenti à aucune trahison, ses intentions étaient droites, son cœur est resté pur. Si elle a accepté la souffrance et le malheur, c'est pour partager l'expiation d'Abélard, mais elle-même n'arrive ni à accepter la sentence divine, ni à se repentir de plaisirs qu'elle regrette encore : "Les plaisirs de l'amour que nous avons goûtés ensemble m'ont été si doux que je ne puis ni les détester ni même les chasser de ma mémoire." Ni dans le sommeil, ni dans la veille, ni même dans le recueillement de la prière et de l'office, ils ne laissaient son âme en repos, et son corps en tressaillait encore : "L'ardeur de ma jeunesse [Héloïse avait alors environ trente-cinq ans, l'âge d'Abélard au temps de leurs premières amours], l'expérience des plus délicieuses voluptés rallument les ardeurs de la chair et les impulsions du désir." Sa mutilation avait mis Abélard à l'abri de ces tentations, mais Héloïse était condamnée à vivre dans le refoulement et l'hypocrisie. On la croyait religieuse chaste et pieuse, mais rien en elle n'était sincère. Elle évitait certes de faire scandale, mais ce n'était que par respect et obéissance pour Abélard qui l'avait contrainte à prendre le voile, non par amour de Dieu. Qu'Abélard cesse donc de lui adresser des compliments qu'elle ne méritait pas, qu'il lui apporte au contraire ce qu'elle attendait de lui, sa sollicitude et ses paroles de consolation. L'extrême humilité est-elle ici une rouerie supplémentaire, une ruse pour ne pas rompre le fil ténu du dialogue difficilement renoué ? Ou bien faut-il admettre qu'Héloïse avait accepté de s'engager sur la voie indiquée par Abélard, non plus celle, vaine, d'un amour cherchant à se survivre à lui-même au milieu des reproches et des regrets, mais celle d'un lien sublimé, d'une union fraternelle dans la prière, d'une tendresse rapportée au Christ, auteur de tout amour ?

Abélard réconforte Héloïse

C'est ainsi en tout cas qu'Abélard voulut comprendre cette réponse. Sa deuxième lettre est beaucoup plus longue et chaleureuse que la première. Bien sûr, la rhétorique en est un peu lourde et la construction pédagogique ne se cache pas : "Tes reproches s'exprimaient en quatre points, si je me souviens bien... Je veux répondre sur chacun, non pas tant pour me justifier que pour t'instruire.", mais la progression très soignée des arguments donne tout leur sens aux exhortations d'Abélard. Il commence par des paroles aimables et flatteuses : il respecte désormais en Héloïse l'abbesse, la religieuse consacrée, l'aimée du Cantique des cantiques, l'épouse du Christ ; ses épreuves l'ont mûrie, c'est pour cela qu'il lui adresse des éloges qui ne sont pas feints, c'est pour cela qu'il lui demande de compatir à ses malheurs et de prier Dieu pour lui. Puis il en vient à l'essentiel. Qu'Héloïse cesse donc de se plaindre de Dieu et de maudire son entrée en religion ; ce n'est qu'à ce prix qu'elle pourra désormais, comme elle le veut, plaire à Abélard. Qu'elle ne regrette plus ses péchés anciens, qu'elle l'accompagne désormais sur la voie où il s'est engagé et qui mène à Dieu. Qu'elle sache reconnaître la justice de Dieu et combien tout ce qui a été fait l'a été pour leur salut. Si elle veut compatir, que ce soit aux souffrances du Christ. Si elle veut aimer, que ce soit le Christ qui seul l'a vraiment aimée, comme il aime toute créature, et s'est offert en sacrifice pour elle. Si elle veut servir, que ce soit ses religieuses à qui elle peut offrir les fruits de sa sagesse et de sa science.

Tout au long de ces exhortations, forçant peut-être le ton, Abélard retrouve les accents de la tradition la plus ascétique, le mépris du monde et de la chair, l'éloge de sa propre castration. La tendresse n'est pourtant pas absente. À Héloïse qui regrettait l'erreur de leur mariage fatal, il oppose la sainteté de ce sacrement ; l'union qu'ils ont alors contractée les lie à jamais, mais c'est désormais à leur salut commun qu'ils doivent coopérer : "Laisse ces regrets qui t'empêchent d'accéder à la béatitude éternelle. Supporterais-tu que j'y parvienne sans toi ?" L'émotion perce dans les dernières pages de la lettre, mais une émotion surmontée et comme transmuée en la certitude d'une pleine réconciliation en Dieu, par-delà tous les errements du passé et tous les malentendus : "Nous sommes un dans le Christ, une seule chair par la loi du mariage. Rien de ce qui te concerne ne me semble étranger." Était-ce de cela qu'Héloïse avait rêvé ? On l'ignore évidemment, mais on ne saurait ici soupçonner la sincérité d'Abélard, qui semble avoir enfin trouvé dans cette union des âmes la sérénité que lui avait jusqu'alors refusée le souvenir d'une passion dont il n'avait pas su surmonter les contradictions.

Et c'est à nouveau par une demande de prière que se termine cette lettre ; il demande à Héloïse de réciter pour lui une oraison dont il a composé le texte. Lisons-la, dans la belle traduction de Paul Zumthor, un peu comme la conclusion qu'Abélard lui-même aurait voulu donner à leur histoire, tout en la plaçant dans la bouche d'Héloïse :

Dieu qui, dès l'origine de la création, en tirant la femme d'une côte de l'homme, instituas le grand sacrement du mariage, puis l'élevas à une dignité admirable en naissant d'une femme mariée et en inaugurant lors d'une fête nuptiale la série de tes miracles ; toi qui, à la fragilité de mon incontinence, te plus jadis à accorder ce remède, ne repousse pas les prières que ta petite servante répand humblement devant ta divine majesté, pour mes propres péchés et pour ceux de mon bien-aimé.

Pardonne, ô Dieu bon, ô bonté même ; pardonne-nous tant de crimes si grands, et que l'immensité de ta miséricorde ineffable se mesure à la multitude de nos fautes. Punis, je t'en conjure, les coupables en ce monde, afin de les épargner dans l'autre. Punis-les dans le temps, afin de ne pas les punir dans l'éternité. Prends contre tes serviteurs la verge de la correction, non l'épée de la colère. Afflige la chair pour conserver les âmes. Montre-toi pacificateur, non vengeur ; miséricordieux plutôt que juste ; père bienveillant, et non maître sévère. Éprouve-nous, Seigneur, et tente-nous, comme le prophète le demande pour lui-même, lorsqu'il te prie à peu près en ces termes : "Commence par examiner nos forces, et mesure selon elles le fardeau des tentations." C'est ce que saint Paul promet à tes fidèles lorsqu'à son tour il écrit : "Le Dieu tout-puissant ne souffrira pas que vous soyez tentés au-delà de vos forces, mais il accroîtra celles-ci en même temps que la tentation, afin que vous puissiez la supporter."

Tu nous as unis puis séparés, ô Seigneur, quand il t'a plu et de la manière qui t'a plu. Ce que ta miséricorde, Seigneur, a ainsi commencé, achève-le maintenant avec plus de miséricorde encore ; et ceux que tu as, pour peu de temps, séparés sur la terre, unis-les en toi dans l'éternité du ciel. Toi notre espérance, notre attente, notre consolation, Seigneur béni dans tous les siècles. Amen.

La sérénité retrouvée

La suite de la correspondance d'Héloïse et d'Abélard est toute différente. On ne sait si Héloïse répondit immédiatement à Abélard, mais lorsqu'elle le fit, ce fut en tout cas pour ne plus affirmer que son désir de lui obéir. La dédicace assez énigmatique de cette lettre (*Suo specialiter, sua singulariter,* qu'on a parfois proposé de traduire : "À celui qui est tout spécialement son maître, celle qui est uniquement sienne") ne cache pas que c'est d'obéissance plus que d'acquiescement qu'il s'agit et que la douleur n'a point disparu. Mais la plume permettant plus que la parole de se contenir, elle promet à Abélard d'observer désormais le silence sur les mouvements de son cœur pour ne plus l'entretenir que de la direction spirituelle de son monastère. À cette douloureuse résolution énoncée en quelques lignes, elle ne manquera plus par la suite. Tout le reste de la lettre est consacré au problème de la Règle. En une longue argumentation, précise et claire, Héloïse expose que la Règle de saint Benoît, par sa rigueur même, est mal adaptée à une communauté de femmes et demande à Abélard s'il ne serait pas possible de la modérer. Elle suggère elle-même quelques-uns de ces aménagements, empruntés notamment aux usages des chanoines réguliers.

Le changement total de ton, la sérénité de ce long exposé technique, après tant de plaintes déchirantes, impressionnent. On y perçoit comme une rupture, comme l'écho de la violence qu'Héloïse s'est faite à elle-même pour se contraindre désormais au silence, pour enfouir au plus profond de son cœur un amour qui ne trouvera plus désormais la moindre expression publique. Naturellement, Abélard répondit sur le même ton. Ses deux envois suivants sont d'abord un exposé sur les origines et la nature du monachisme féminin puis un projet de règle pour le Paraclet. Dans ces deux textes, il manifeste ce sens de l'équilibre et cette sensibilité aux valeurs propres de la spiritualité féminine que nous avons déjà relevés et qui le rangent incontestablement parmi les grands réformateurs monastiques du douzième siècle. Volonté de revenir aux sources apostoliques du christianisme et de la vie régulière, volonté d'introduire dans l'institution monastique les valeurs nouvelles dégagées par l'évolution des mentalités, les progrès de la conscience individuelle, la place croissante reconnue aux femmes dans la société – autant de traits qu'il partage avec nombre de ses contemporains et qu'il a exprimés dans ces textes avec beaucoup de finesse, sinon d'efficacité, puisque son projet de règle ne semble pas avoir été mis en œuvre tel quel au Paraclet.

Pendant ou après ces échanges de lettres, Héloïse et Abélard se sont-ils revus ? Abélard est-il revenu au Paraclet ? Lui-même paraît l'exclure dans sa deuxième lettre : "Il ne t'est plus donné de jouir de notre présence." Quelques documents postérieurs témoignent qu'il continua à entretenir des relations avec la communauté du Paraclet – envoi d'hymnes et de sermons, réponse aux *Problemata* (questions d'exégèse biblique) que lui avait soumis Héloïse – mais il semble qu'il se soit toujours agi de textes transmis par écrit, textes qui, de surcroît, relevaient à peu près uniquement de cette mission de direction spirituelle qu'il lui semblait nécessaire d'assurer à une communauté féminine. Mais rien ne permet d'affirmer – ni, il est vrai, de nier formellement – qu'Abélard ait revu Héloïse de son vivant. La communion des âmes, l'union dans la prière – cet équilibre péniblement atteint fut, en apparence au moins, sauvegardé. Ne hasardons donc pas d'inutiles hypothèses. Respectons le silence qu'Abélard et Héloïse se sont imposé.

VIII

L'apaisement

À PARTIR DE 1132-1133, probable date d'achèvement de l'*Histoire de mes malheurs*, il devient difficile de reconstituer l'existence d'Héloïse et Abélard. L'*Histoire de mes malheurs* manquait de précision chronologique mais elle avait au moins le mérite de présenter clairement l'enchaînement des événements. En revanche, les lettres que nous venons d'évoquer, qu'elles aient été écrites immédiatement après l'*Histoire* ou lui soient relativement postérieures, ne contiennent guère d'indications autobiographiques. On en dirait autant des autres écrits d'Abélard rédigés après 1133 ; seuls ceux qui concernent la crise finale, c'est-à-dire sa condamnation au concile de Sens (vraisemblablement en 1140), donnent des détails concrets et datés. Etre 1133 et 1140, on est dans l'incertitude et on doit se contenter de mentions isolées et d'hypothèses parfois invérifiables.

La réputation croissante d'Héloïse

C'est avec Héloïse que les choses sont les plus simples. Pour elle qui demeura à son poste d'abbesse du Paraclet, la stabilité monastique n'était pas un vain mot. D'elle-même, on ne possède plus grand-chose après sa troisième lettre à Abélard. On sait qu'elle a continué à lui adresser de courts billet, notamment pour lui passer commande d'hymnes et de sermons ; mais ces billets sont presque tous perdus et connus seulement par les réponses que leur donna Abélard en tête des envois demandés. Le seul texte un peu développé d'Héloïse que nous ayons pour ces années, ce sont les *Problemata* (sans doute de 1137 ou 1138) déjà mentionnés. Héloïse y soumettait à Abélard quarante-deux passages de l'Écriture Sainte, essentiellement des Évangiles ; elle expliquait que, lisant et commentant la Bible avec ses religieuses, elles avaient été arrêtées par ces passages difficiles sur lesquels elle demandait à Abélard, dont la virtuosité exégétique était bien connue depuis le temps lointain de ses débuts laonnois, de les éclairer. Le plus souvent, Héloïse et ses moniales semblent avoir eu quelque peine à discerner, derrière la lettre de l'Écriture, les sens allégoriques ou moraux qui en font toute la richesse ; ces *Problemata* s'insèrent donc dans une conception assez traditionnelle de l'exégèse, qui était bien celle en honneur depuis longtemps dans les monastères. Inégalement développées, les réponses d'Abélard faisaient appel aux ressources habituelles de la dialectique.

Pour le reste, il faut, pour imaginer l'existence d'Héloïse entre 1133 et 1140, recourir à quelques mentions éparses dans des sources diverses et surtout au cartulaire du Paraclet. De cet ensemble de documents, deux traits majeurs ressortent.

D'abord, le Paraclet continua à se développer et Héloïse – que certains textes appellent Helwide – fut une abbesse active et efficace. Les dons affluaient régulièrement. L'épiscopat et l'aristocratie locale manifestaient leur bienveillance et quelques filles ou veuves de nobles familles champenoises prirent bientôt le voile au Paraclet. En 1135, le roi Louis VI – faut-il penser à une intervention d'Abélard rendue possible grâce aux Garlande ? – octroya aux religieuses une exemption générale de toutes les taxes, tonlieux et péages sur la circulation des marchandises qui leur étaient destinées. L'année suivante, en 1136, le pape Innocent II, renouvelant sa bulle de 1131, confirma à nouveau tous les privilèges, droits et possessions du monastère.

En même temps que celle de son monastère, croissait la réputation personnelle d'Héloïse. Et cette réputation était avant tout celle d'une femme d'une intelligence et d'un savoir exceptionnels.

Hugues Métel en donne un témoignage intéressant. Ce chanoine de Toul en Lorraine était un lettré assez prétentieux qui s'efforçait d'entretenir des correspondances littéraires avec les célébrités de son temps. Il adressa, certainement avant 1140, deux lettres à Héloïse. Dans un latin passablement ampoulé, il y faisait un éloge dithyrambique de l'abbesse du Paraclet, avant de lui prodiguer quelques conseils et surtout de faire étalage de ses propres talents. L'intéressant, dans ces lettres, ce sont les allusions non seulement à la piété d'Héloïse, dont témoignait sa réussite comme abbesse d'un nouveau monastère, et à son intelligence, mais aussi à une production littéraire malheureusement perdue : "Une gloire retentissante, volant à travers l'espace, a trouvé ici un écho parmi nous ; cette gloire, méritée par tout ce que l'on dit de vous, a résonné à nos oreilles. Car elle nous a appris que vous aviez surpassé le sexe féminin. Comment ? En écrivant, en versifiant, en inventant des combinaisons nouvelles de mots bien connus." Et encore, dans sa seconde lettre : "Votre intelligence, de beaucoup et de loin, surpasse l'intelligence des femmes intelligentes et, si l'on peut ainsi dire – non, parce que l'on doit ainsi dire ! – votre plume égale ou surpasse la plume des hommes érudits." Malheureusement aucun des écrits d'Héloïse mentionnés par Hugues Métel, pas même les réponses qu'elle semble avoir adressées à celui-ci, n'a subsisté, ce qui ne laisse pas d'être un peu étonnant.

Abélard, de son côté, n'a pas manqué de saluer et de vanter la science de celle qui avait été son élève avant d'être son amante et son épouse. Il le disait dans ses lettres à Héloïse elle-même, il le répétera dans les billets adressés à toute la communauté, invitant les religieuses du Paraclet à s'instruire à l'écoute d'une abbesse si remarquable. Il lui fait en particulier gloire d'avoir su non seulement le latin, mais même le grec et l'hébreu, que lui-même ignorait. Cet éloge a laissé les historiens un peu sceptiques. Il se trouvait certes dans les bibliothèques monastiques du douzième siècle quelques manuscrits grecs, mais qui aurait su enseigner cette langue ? On sait aussi que certains clercs de cette époque sont entrés en contact avec des rabbins pour accéder grâce à eux aux versions hébraïques de l'Ancien Testament. Il est vrai que ces rabbins étaient particulièrement nombreux à Paris d'une part, et en Champagne, mais on a un peu de peine à imaginer Héloïse les recevant au Paraclet ou allant les rencontrer à Troyes ; peut-être avait-elle fréquenté quelques savants juifs du temps qu'elle était moniale à Argenteuil ? En tout état de cause, on peut penser qu'Héloïse, comme beaucoup de lettrés occidentaux au Moyen Âge, a su un peu de grec et d'hébreu (l'alphabet, des listes de mots), mais sans vraiment maîtriser ces deux langues. Cependant, surtout de la part d'une femme, c'était déjà assez pour impressionner les contemporains et Abélard lui-même, qui n'avait jamais eu ce genre de curiosité ; sur ce point comme sur d'autres, elle avait manifesté une autonomie qui forçait l'admiration de son ancien maître.

Si l'on ignore tout des productions poétiques et épistolaires d'Héloïse (en-dehors des trois lettres à Abélard), l'on sait en revanche – et les *Problemata* le confirment – que son activité intellectuelle était aussi tournée vers la lecture et l'étude de l'Écriture Sainte, à la fois pour elle-même et pour l'instruction de ses religieuses. À sa manière aussi, Héloïse était devenue professeur.

Abélard retrouve Paris

Pierre Abélard est-il resté de son côté abbé de Saint-Gildas ? C'est probable ; on n'a en tout cas aucune mention d'une éventuelle abdication. Mais son absentéisme, d'abord épisodique, devint permanent. Abélard, désespérant définitivement de rétablir son autorité sur des moines rebelles et violents, cessa de se montrer dans son abbaye, ce qui ne veut d'ailleurs pas dire qu'il ait aussitôt quitté la Bretagne. On lui avait peut-être accordé l'autorisation de quitter son abbaye en le remplaçant par quelque substituts. Il avait naguère obtenu une semblable dispense de résidence à Saint-Denis, mais il n'y était que simple moine. Plus tard, saint Bernard le peindra sous les traits d'un gyrovague : "Nous avons en France un moine qui n'obéit pas à la Règle, un prélat qui ne prend pas soin [de ses ouailles], un abbé qui n'observe aucune discipline, c'est Pierre Abélard." Mais ces attaques étaient peut-être excessives, comme bien souvent chez saint Bernard. En tout cas, Abélard ne semble pas avoir encouru, même au moment du concile de Sens, les sanctions canoniques qu'aurait dû lui valoir sa fuite de Saint-Gildas.

Il revint peu après à Paris. Après quinze ans d'absence, la grande ville le fascinait toujours et l'échec de ses expériences monastiques successives l'incitait à retourner vers ce qui avait été le théâtre des réussites de sa jeunesse, avant d'être celui de ses amours malheureuses et de sa mutilation.

Certains indices laissent à penser que c'est peu après avoir écrit l'*Histoire de mes malheurs* qu'il reprit ses cours à Paris, sur la Montagne Sainte-Geneviève, comme il l'avait déjà fait vingt ans plus tôt. On peut supposer que son vieil ami et protecteur Étienne de Garlande, doyen de Sainte-Geneviève, qui connaît à ce moment-là un ultime regain de faveur auprès du roi Louis VI, lui offrit ce poste dans les écoles de l'abbaye. Puis on perd tout à fait sa trace pendant quatre ans. Resta-t-il de manière continue à Paris ? Reprit-il sa vie errante et, si oui, où le menèrent ses pas ? Fit-il quelques ultimes voyages en Bretagne ? Visita-t-il à nouveau le Paraclet ? Rien ne permet de l'affirmer. Le plus simple semble donc de supposer qu'il avait repris de manière régulière un enseignement parisien. Le souvenir de la condamnation de Soissons s'était éloigné, Suger ne se préoccupait plus de l'ancien moine indocile de Saint-Denis ; parmi les maîtres en place, ses ennemis de jadis avaient disparu ou se taisaient, impressionnés peut-être par l'intervention des Garlande ; sur le territoire de Sainte-Geneviève, Abélard échappait de toute façon à l'autorité de l'évêque Étienne de Senlis (1124-1142), membre d'une famille traditionnellement opposée aux Garlande et donc, sans doute, à leurs protégés. Mais de façon étonnante on manque de témoignage explicite de la présence d'Abélard à Paris dans ces années.

Il faut attendre 1136 pour trouver une indication incontestable. Dans une page célèbre de son *Metalogicon* (achevé en 1160), qui est une sorte de traité d'initiation aux arts du *trivium*, Jean de Salisbury raconte qu'il commença ses études à Paris en 1136, exactement un an après la mort du roi Henri Ier d'Angleterre. Celui qui devait devenir un des plus fins lettrés de son temps, auteur à la fois de traités politiques, de lettres et d'ouvrages historiques, explique comment il suivit les leçons de grammaire et de dialectique d'une bonne dizaine de maîtres, mais celui qui lui fit la plus forte impression fut "le Péripatéticien du Pallet" (jeu de mot intraduisible sur le latin *palatium* = "le palais" ou "Le Pallet", bourg natal d'Abélard) : "Je me rendis auprès du Péripatéticien du Pallet, qui était alors, sur la Montagne Sainte-Geneviève, un maître célèbre et admirable, le premier de tous. Là, à ses pieds, je reçus les premiers rudiments de cet art [la logique] et, autant que ma modeste intelligence en était capable, je saisissais de toute l'avidité de mon âme tout ce qui sortait de sa bouche. Puis, après son départ, trop hâtif à mon gré..." Jean de Salisbury ne parle, on le voit, que des leçons de dialectique données par Abélard, ce qui explique ce surnom de Péripatéticien du Pallet (les péripatéticiens avaient été à Athènes les élèves d'Aristote). Mais Abélard assurait sans doute aussi des cours de théologie que Jean de Salisbury, alors simple débutant s'initiant aux arts libéraux, n'a pas dû suivre.

Sa production écrite conservée de cette époque est avant tout théologique ; d'après les spécialistes, c'est des années 1133-1137 que dateraient sa troisième *Théologie* (la *Theologia "Scholarium"*) ainsi que divers commentaires bibliques, en particulier sur l'*Hexaemeron* (c'est-à-dire sur le récit de la Création au début du livre de la Genèse) et sur l'Épître de saint Paul aux Romains ; il commenta aussi le Symbole des Apôtres et celui dit d'Athanase, les deux principales versions du Credo. De ce second enseignement parisien dateraient également des recueils de *Sentences* qui ne sont sans doute pas directement de lui, mais représentent des notes d'auditeurs.

Selon le témoignage de Jean de Salisbury, on vient de le voir, Abélard aurait ensuite quitté Paris pour quelque temps. On a suggéré que ce départ avait pu être lié à la mort du roi Louis VI (1er août 1137), rapidement suivie par la disgrâce définitive d'Étienne de Garlande, le nouveau roi Louis VII faisant désormais toute confiance à Suger et à son clan. Cette absence ne dut cependant pas durer beaucoup plus d'un an, car Abélard, semble-t-il, avait repris son enseignement à Paris lorsque commença à se déchaîner contre lui la campagne des théologiens traditionalistes qui aboutira à la condamnation de Sens. On doit donc supposer qu'il est revenu à Paris vers la fin de 1138 ou au début de 1139. À cette date, il venait d'achever ce qui sera sa dernière grande œuvre, l'*Éthique ou connais-toi toi-même*.

Les élèves d'Abélard font rayonner sa pensée

En 1139, Abélard devait avoir soixante ans. Une grande épreuve l'attendait encore, avant la retraite définitive et la mort, mais l'essentiel de son œuvre était derrière lui. Au terme de ces nouvelles années d'enseignement parisien, il avait reconquis, sinon une position sociale ferme (il n'était que l'abbé en exil d'un obscur monastère breton), du moins une réputation intellectuelle qui attirait de nouveau les foules. Jeunes ou déjà mûrs, les étudiants, comme le dit Jean de Salisbury, "se pressaient à ses pieds pour l'entendre". Sa réputation de professeur, de philosophe et de théologien était intacte et l'on ne parlait plus de la malheureuse affaire de Soissons. Ses capacités de travail et d'écriture restaient impressionnantes, surtout si, aux œuvres savantes mentionnées plus haut, on n'oublie pas d'ajouter l'abondante production homélitique et liturgique qu'il rédigea pour le Paraclet dans ces mêmes années.

Il est difficile de déterminer, parmi les personnages qui ont connu Abélard ou ont repris certaines de ses idées, ceux qui ont été au sens strict ses élèves, ceux qui l'ont rencontré de manière épisodique, ou ont seulement eu connaissance de ses écrits. En tout cas, ses adversaires se plaindront bientôt du succès de son enseignement et de la circulation rapide de ses livres. Pour une bonne part, ce succès dut être d'abord le résultat de son enseignement oral, car on sait bien, comme le confirme le témoignage de Jean de Salisbury, qu'Abélard fut pour son temps un professeur exceptionnellement brillant, qui fascinait ses élèves par l'étendue de sa mémoire, la vigueur de ses raisonnements, la clarté de ses commentaires. Qu'ils soient restés à Paris ou soient retournés chez eux, qu'ils soient devenus maîtres à leur tour ou se soient engagés dans la course aux honneurs ecclésiastiques, qu'ils aient repris à leur compte toutes les idées d'Abélard ou qu'ils en aient fait un usage critique, ses anciens élèves formaient une véritable école, reconnaissable à un certain vocabulaire et à une certaine tournure d'esprit. De leur séjour auprès d'Abélard leur restaient non seulement le souvenir de ses paroles, mais souvent aussi les notes qu'ils avaient prises sous sa dictée. Ces recueils de *Sententiae Petri Abaelardi* dont on a conservé quelques exemplaires tandis que beaucoup d'autres, aujourd'hui disparus, ont circulé à cette époque, étaient pour le maître une arme à double tranchant : ils contribuaient à faire rayonner au loin son nom et ses doctrines, mais, compilés souvent sans contrôle par des auditeurs plus ou moins intelligents et attentifs, ils risquaient de ne retenir – et de diffuser – qu'une version schématique ou déformée de son enseignement ; Abélard en fera la pénible expérience à Sens.

Au-delà du cercle limité de ses anciens disciples, Abélard a aussi influencé des gens avec qui il n'a été en relation que de manière occasionnelle, mais qui ont été sensibles à sa personnalité ou à son discours. C'est sans doute de cette manière qu'il a pu gagner la sympathie de membres influents de la Curie romaine, y compris de deux futurs papes, Gui de Castello (Célestin II) et Hyacinthe Boboni (Célestin III) qui séjournèrent tous deux à Paris à la fin des années 1130.

La diffusion de l'œuvre d'Abélard

On peut aussi tenter de mesurer le rayonnement de la pensée d'Abélard à un critère plus objectif, la diffusion de ses œuvres incontestablement authentiques. La "tradition manuscrite", comme disent les spécialistes, si elle n'est pas très riche, est cependant instructive.

Il ne s'agit pas ici des œuvres monastiques et liturgiques d'Abélard, ni de l'ensemble formé par l'*Histoire de mes malheurs* et la correspondance avec Héloïse. Les premières n'étaient originellement destinées qu'au Paraclet, les secondes ne sont connues que par une dizaines de copies tardives (datant au plus tôt de la seconde moitié du treizième siècle), ce qui est d'ailleurs un des principaux arguments des tenants de l'inauthenticité de ces textes.

Des œuvres logiques d'Abélard (les commentaires d'Aristote et de Boèce, les traités de grammaire et de dialectique), l'on ne possède presque toujours qu'un manuscrit unique, parfois incomplet, et l'on sait même qu'une partie a totalement disparu. Situation en apparence paradoxale, quand on se souvient que la réputation d'Abélard a d'abord été fondée sur sa virtuosité de dialecticien. Mais ses rivaux sont encore plus mal lotis ; on n'a conservé aucune œuvre logique de Roscelin ou de Guillaume de Champeaux. La rareté des manuscrits de logique de la première moitié du douzième siècle s'explique néanmoins. Tout d'abord, l'enseignement des arts libéraux et spécialement de la logique était avant tout oral ; enseignement propédeutique, destiné à des débutants qui n'avaient pas toujours les moyens de se procurer des livres, il n'était pas forcément mis par écrit de manière durable. Ensuite, Abélard et ses contemporains ont souffert en quelque sorte d'une malchance historique. Ils n'ont vraiment connu et enseigné que la "vieille logique", c'est-à-dire l'*Isagogé* de Porphyre, les premiers traités d'Aristote (*Les Catégories*, *De l'interprétation*), ainsi que ceux de Boèce. Ce n'est que vers 1140 que le reste de l'*Organon* (l'ensemble de la logique d'Aristote) a été réintroduit dans l'enseignement par Thierry de Chartres, Adam du Petit-Pont et quelques autres ; utilisant des traductions anciennes jusque là négligées ou des traductions nouvelles, ces maîtres ont systématiquement commenté les *Topiques*, les *Analytiques* et les *Réfutations sophistiques*, dont Abélard a sans doute eu une vague connaissance, mais qu'il n'a jamais utilisés systématiquement. Ce faisant, ils ont rapidement démodé les commentaires antérieurs, y compris ceux d'Abélard, très brillants peut-être mais qui ne portaient que sur un corpus beaucoup plus restreint. On a cessé de copier ces commentaires jugés dépassés, mais cette désaffection rapide ne doit pas cacher l'impact considérable qu'ils avaient eu en leur temps sur leurs premiers auditeurs.

De manière surprenante, les traités théologiques d'Abélard se sont beaucoup mieux conservés, bien qu'il n'ait jamais dans ce domaine une maîtrise incontestée. Les condamnations dont ses œuvres théologiques firent l'objet à Soissons et à Sens ne les firent pas disparaître. On a gardé dix-huit manuscrits des trois *Théologies*, dix du *Sic et non*, cinq de l'*Éthique*, trois du *Dialogue*. On trouve encore, chez divers auteurs des années 1150-1180, de multiples traces de l'influence d'Abélard, aussi bien au sujet des idées que de la méthode. Elle s'est cependant assez vite épuisée, comme le confirme la localisation des manuscrits théologiques d'Abélard, relativement nombreux, mais très dispersés, souvent dans des bibliothèques monastiques, quelque peu figées à partir de la fin du douzième siècle ; on ne les trouvera guère, en revanche, dans les bibliothèques plus "modernes" du treizième siècle, celles des écoles cathédrales, des universités, des couvents mendiants, des collèges. L'héritage d'Abélard s'était dissous ; ses idées avaient été reprises, avec d'autres, dans des synthèses nouvelles ; les principes de sa méthode étaient passés dans le fonds commun de la scolastique, d'usage désormais universel. Mais il reste qu'à la fin des années 1130, l'enseignement théologique d'Abélard avait eu un grand retentissement et que nul, même parmi ceux qui n'en partageaient pas toutes les idées, ne pouvait alors se permettre de l'ignorer.

Bref, vers 1140, Héloïse et Abélard étaient tous deux, à leur manière, des personnages célèbres. Célébrité à la mesure de ce temps : certains les avaient rencontrés, d'autres les avaient lus, d'autres enfin en avaient entendu parler. Le cadre géographique et social de cette renommée était celui de leur existence. Paris, la Champagne et les provinces voisines, de la Bretagne à la Bourgogne, tels étaient les lieux où ils étaient vraiment connus, même s'il a pu arriver que quelque ancien étudiant ou quelque voyageur fasse connaître les noms d'Héloïse et Abélard jusqu'en Italie ou en Allemagne. D'ailleurs – sauf très localement, par exemple à Paris –, leur renommée n'a guère dû sortir de leur milieu d'élection : les cathédrales, les écoles, les grands monastères, les cours princières de France et de Champagne. Du moins était-ce un monde où l'information circulait de manière intense : les hommes voyageaient, les manuscrits s'échangeaient, les rumeurs se colportaient, les lettres transmettaient les nouvelles. Et l'on peut se demander ce qu'ils représentaient aux yeux de leurs contemporains.

IX

Héloïse et Abélard au miroir de leur temps

LES PRINCIPAUX ÉVÉNEMENTS de leur existence agitée étaient de notoriété publique. Quelques chroniques, comme celle de l'évêque allemand Otton de Freising qui avait été dans sa jeunesse écolier à Paris, contiennent en substance l'essentiel de ce que l'*Histoire de mes malheurs* narre par le menu. Des poèmes, contemporains ou de peu postérieurs, y font aussi allusion. Et curieusement, comme l'a bien montré l'historien anglais Peter Dronke, le regard que les contemporains jetaient sur ces aventures n'est pas tellement différent du nôtre. Comme nous, ils ont vu là quelque chose d'exceptionnel, hors norme, par la personnalité des protagonistes, par l'intensité et l'espèce d'impudeur de leur passion, par la série exemplaire des malheurs qui les ont ensuite frappés. Comme nous, ils ont été émus par la longue fidélité d'Héloïse et lui ont pardonné la sensualité de sa jeunesse et l'absence de regrets de son âge mûr, ils ont compati aux souffrances d'Abélard et cru à cette union des âmes dans le Christ transfigurant une passion née jadis dans le péché. Le "romantisme" des amours d'Héloïse et d'Abélard détonnait peut-être plus au douzième siècle, dans une société où l'émancipation de l'individu (et plus encore de la femme) était encore très relative, qu'au dix-neuvième ou au vingtième ; il n'en était pas moins réel, et il serait absurde de nier, par peur de l'anachronisme, cette dimension existentielle. Un couple amoureux qui a cherché à vivre et peut-être plus encore à dire son amour et sa peine – n'étaient-ils pas tous deux spécialistes des arts du langage ? – avec une lucidité qui n'excluait pas certaines maladresses mais restait cependant exceptionnelle en ce temps, tels ont été Héloïse et Abélard et tels ils ont choqué ou ému leurs contemporains.

Deux amants, deux intellectuels

Leurs figures, au tournant des années 1130-1140, n'étaient pas seulement celles de deux amants célèbres et tragiques. C'étaient aussi celles de deux "intellectuels" de premier plan, de deux acteurs importants et représentatifs de la "Renaissance du douzième siècle". Même si cette "Renaissance" n'a sans doute pas eu une conscience de soi aussi aiguë que celle des quinzième et seizième siècles, ceux qui ont contribué à cette époque au renouveau de la culture, des idées et de l'enseignement formaient une sorte d'élite à la fois socialement reconnue et structurée selon ses propres valeurs.

En ce qui concerne Héloïse, c'est surtout, il faut bien le dire, le témoignage des contemporains qui nous la présente comme une femme d'une intelligence et d'un savoir exceptionnels. Se fondaient-ils sur des œuvres aujourd'hui disparues ou sur la rumeur publique, on ne sait. En tout cas, il faut reconnaître que les quelques textes qui subsistent (s'ils sont bien d'elle) témoignent assurément du point de vue culturel d'une excellente connaissance de l'Écriture, des Pères et des classiques, d'un style élégant, d'une maîtrise indiscutable des règles de la rhétorique, mais ne sauraient être considérés comme vraiment novateurs. Ses *Problemata* ne sont pas non plus le fait d'une exégète réellement avertie et l'on y relèverait même quelques naïvetés (mais peut-être ce questionnaire était-il surtout un faire-valoir pour le talent d'Abélard).

Le plus intéressant se trouve sans doute dans l'expression très claire, dès ses deux premières lettres, d'une morale de l'intention qui privilégie le consentement du cœur par rapport à la matérialité des faits. Ces textes précèdent de quelques années l'*Éthique* d'Abélard où celui-ci développera exactement les mêmes idées. Est-ce Héloïse qui les lui a suggérées, tirées du plus profond de sa subjectivité ? Mais peut-être ne faisait-elle déjà dans ses lettres que reprendre pour sa justification des thèmes qu'il avait formulés oralement devant elle avant de les mettre par écrit.

Le talent redoutable d'Abélard dialecticien

Pour Abélard en revanche, les textes ne manquent pas, à commencer par ses œuvres elles-mêmes, pour essayer d'évaluer la figure qu'il revêtait, en tant que philosophe et théologien, aux yeux de ses contemporains.

Entendons-nous. Il ne s'agit pas de présenter ici en détail la pensée et les doctrines d'Abélard. Ce n'est pas le propos de ce livre. Un volume entier ne suffirait pas pour résumer les très nombreux travaux que, depuis plus d'un siècle, les historiens de la philosophie lui ont consacrés, dans des perspectives d'ailleurs diverses et inégalement historiques. Je voudrais seulement essayer de faire comprendre ce que les contemporains, vers 1140, pouvaient penser d'Abélard lorsqu'ils évoquaient en lui le philosophe et le théologien. Plus encore que celle de ses disciples les plus fidèles, parfaitement au fait de toutes les nuances de son enseignement, c'est l'opinion commune, celle qui s'alimentait à une connaissance parfois rapide des œuvres, voire à de simples on-dit, que je voudrais atteindre. Car c'est elle qui définissait vraiment la place d'Abélard dans la société de ce temps.

Pour cette opinion commune, Abélard était d'abord un dialecticien. Dès le départ, son extraordinaire maîtrise des arts du langage – tant par écrit que par oral – l'avait rendu célèbre, redoutable et redouté. En 1121, à l'évêque de Chartres qui les invitait à débattre avec Abélard, les Pères du concile de Soissons avaient rétorqué avec humeur : "Le sage conseil ! Nous devrions lutter avec la faconde de cet homme aux arguments – ou aux sophismes – de qui personne au monde ne saurait résister." Et Abélard lui-même en conviendra en 1140 : "C'est la logique qui m'a rend odieux au monde." Cinquante plus tard, l'auteur gallois Gautier Map confirmera encore cette réputation ambiguë d'Abélard, dans le recueil d'anecdotes qu'il compila vers 1190 sous le titre *De nugis curialium* (*Les Balivernes des courtisans*) : "Maître Pierre Abélard, le prince des nominalistes, s'est rendu beaucoup plus coupable en dialectique qu'en théologie ; car en théologie il a exposé ce qui lui venait du cœur, alors qu'en dialectique il a fait exactement l'inverse, en en entraînant beaucoup avec lui dans les mêmes difficultés."

En quoi la maîtrise d'une discipline qui nous paraît aujourd'hui très technique pouvait-elle à ce point impressionner étudiants et hommes d'Église au début du douzième siècle ? Il faut, pour bien comprendre cela, se souvenir de deux choses. La première, c'est qu'à cette époque, et pour longtemps encore, tout le savoir humainement accessible reposait sur des textes déjà existants – la Bible, Aristote, Cicéron, le droit romain, etc. – qu'on appelait les "autorités". L'innovation était suspecte, l'expérimentation ou l'observation directe quasi inconnue. Une approche plus serrée de la vérité ne pouvait s'obtenir que grâce à une compréhension plus poussée et une utilisation plus pertinente de l'autorité. Celui qui maîtrisait le mieux les techniques d'exégèse et de manipulation des textes – autrement dit les arts du *trivium* – était donc maître du savoir, pour le meilleur ou pour le pire.

Second point à retenir, le début du douzième siècle a été ce que l'on appellerait aujourd'hui une époque de "prise de parole". Le haut Moyen Âge s'était défié de la parole. La tradition monastique avait fait du silence une vertu essentielle. Seules les personnes autorisées, l'abbé ou les anciens, avaient le droit de prendre la parole, dans des circonstances et selon des modalités bien précises : la glose respectueuse du texte sacré, l'exhortation pieuse, la paraphrase mystique en étaient les formes canoniques. Dans la société laïque, la hiérarchie pesante des générations et des ordres imposait un usage limité de la parole ; des gestes rituels, des formules brèves et consacrées assuraient la cohésion sociale, mieux qu'un verbiage oiseux.

Au tournant des années 1100, cette situation qui privilégiait la réserve, le monologue, le commandement, s'était mise à changer. L'essor économique favorisait celui du commerce, la croissance urbaine mêlait des populations diverses, l'apparition des communes, des guildes et des métiers suscitait de nouvelles institutions et de nouvelles formes de sociabilité, les écoles nouvelles naissaient en ville à l'ombre des cathédrales. Partout, l'échange d'informations, l'exposé discursif, la discussion sans préalable contraignant, la délibération collective devenaient des modalités normales de l'existence quotidienne. L'Église elle-même ne l'ignorait pas et la prédication, savante ou populaire, était désormais l'un des vecteurs essentiels de son action dans le monde. Dans ces conditions, les hommes les mieux à même de s'exprimer en public, de maîtriser les ressources du langage à la fois pour développer leur point de vue, séduire leurs auditeurs et réfuter leurs adversaires, s'imposaient sur le devant de la scène sociale, spécialement en ville. Abélard en faisait partie, comme les autres maîtres des écoles urbaines ou, sur un tout autre registre, les premiers troubadours, les premiers grands marchands, les premiers grands prédicateurs – orthodoxes ou hétérodoxes –, toutes figures qui commençaient alors à se détacher dans l'histoire sociale de l'Occident médiéval.

Abélard s'était formé pendant de longues années aux arts du *trivium* et les a ensuite enseignés jusqu'à la fin de sa carrière. Même devenu moine et professeur de théologie, il n'a pas renoncé à professer ces disciplines parce qu'elles étaient aux fondements même de sa pensée et de sa méthode, et à la différence des maîtres de l'école de Chartres, il ne s'est jamais intéressé aux sciences des nombres ni à la philosophie naturelle. Son domaine de prédilection, relativement restreint si l'on veut, mais qu'il a labouré avec une ardeur infatigable, a toujours été celui des recherches sur le langage.

L'étude du langage commençait par la grammaire. Abélard était certainement bon latiniste et bon grammairien, mais on a malheureusement perdu la *Grammaire* qu'il rédigea pour ses élèves. En revanche, ses diverses gloses d'Aristote et de Boèce et sa *Dialectique* renseignent largement sur sa pratique des deux autres branches du *trivium*, la logique et la rhétorique (cette dernière moins directement présente chez lui, faute d'avoir connu les traités d'Aristote).

La grammaire avait pour objet la correction formelle et la cohérence linguistique des énoncés. La dialectique et la rhétorique portaient, quant à elles, sur la vérité de ces mêmes énoncés. La recherche de celle-ci impliquait que rien ne fût laissé au hasard ni dans l'incertitude. Établir la définition des mots, identifier les catégories (substance, quantité, qualité, lieu, temps, etc.), dégager la signification des propositions, s'interroger sur les relations des mots aux choses étaient des exigences permanentes du dialecticien. Les règles de son art lui permettaient de mettre en évidence les absurdités auxquelles conduisaient les propositions erronées. Dans la mesure où la science de ce temps reposait pour l'essentiel sur des textes, la dialectique se retrouvait en position de discipline dominante, appelée à fonder à la fois la théorie de la connaissance et la métaphysique elle-même. C'était avec les armes de la dialectique qu'Abélard avait ruiné le "réalisme" de son maître Guillaume de Champeaux et montré que l'universel, prédicat applicable à une diversité de choses singulières, ne pouvait être lui-même une réalité substantielle, mais seulement un mot renvoyant au mieux à une manière d'être, à un statut, à une nature, non à une substance unique à laquelle participait la multitude des individus. L'ontologie d'Abélard n'était sans doute pas pleinement cohérente et, à la différence des véritables "nominalistes" (ceux du quatorzième siècle), il échappait à l'empirisme et au scepticisme qui guettent souvent le nominalisme, en maintenant en Dieu l'existence d'idées divines, de "formes exemplaires" qui garantissaient la cohésion du réel.

La présence de ces thèmes platonisants n'empêchait pas que la démarche d'Abélard n'apparaisse comme un défi à la tradition augustinienne du haut Moyen Âge. La réalité, jadis tout entière placée du côté de la transcendance et de l'invisible, était déplacée du côté des choses individuelles et le discours scientifique se voyait reconnaître la capacité de construire son propre objet, non d'être le simple dévoilement d'un monde caché de substances supérieures.

Abélard n'a pas été le seul, au douzième siècle, à découvrir l'efficacité de l'outil dialectique, mais il l'a fait de manière particulièrement vigoureuse et systématique. C'est essentiellement à la théologie qu'il a appliqué cet outil. D'autres, en Italie, s'en sont également servi dans le domaine du droit ; ce fut par exemple le cas de Gratien qui publia, sans doute vers 1140, sa *Concordance des canons discordants*

(plus communément appelée *Décret de Gratien*), première compilation systématique du droit canon où la dialectique était largement
utilisée comme instrument de conciliation de sources contradictoires
et d'élaboration d'une doctrine unifiée ; mais si une certaine communauté d'esprit existe incontestablement entre Gratien et Abélard, rien
ne permet de dire que le premier ait connu l'œuvre du second et ait
pu être influencé par elle ; Abélard, de son côté, ne paraît pas s'être
jamais intéressé au droit, pas plus d'ailleurs qu'à la philosophie politique ; c'est à son élève Jean de Salisbury qu'il reviendra de ressusci-
ter celle-ci avec son *Polycraticus*, terminé vers 1160.

Abélard, exégète de la Bible : le "Sic et non"

Abélard ne s'est intéressé qu'à la théologie. Il l'a fait dès 1113 et sa
conversion monastique n'a évidemment pu que renforcer cette
orientation. Il n'a pas été le premier à considérer que la dialectique
pouvait être utile pour mieux comprendre le message révélé ; le
grand abbé Anselme du Bec s'y était essayé avant lui, dès la fin du
onzième siècle ainsi que son ancien maître Roscelin de Compiègne
aussi. Mais même s'il n'a pas été vraiment un pionnier, l'apport
d'Abélard à l'évolution de la théologie chrétienne a cependant été
fort important sur plusieurs points, qui découlent tous de l'usage
systématique de la dialectique dans la science sacrée.

Dans ses écrits exégétiques, elle l'a incité à s'intéresser en priorité à la lettre de la Bible, passée au crible d'une analyse textuelle rigoureuse ; *a contrario*, les sens figurés, allégoriques ou mystiques, qui
seuls intéressaient les auteurs monastiques traditionnels, n'occupent
plus dans ses commentaires qu'une place seconde. En revanche, à la
glose du texte sacré, Abélard a volontiers ajouté de véritables "questions", c'est-à-dire des développements autonomes où il traite pour
lui-même tel ou tel problème suggéré par le texte commenté ; on a
ainsi compté vingt-neuf "questions" dans son commentaire de l'Épître
de saint Paul aux Romains (sur la rédemption de l'homme par le sacrifice du Christ, la grâce et le mérite humain, le péché originel, etc.).

L'exégèse, même enrichie de questions, n'a pas retenu à elle seule son attention. Le grand apport d'Abélard a été d'élargir le champ de la théologie en la constituant précisément, en tant que telle, comme science autonome. Il l'a fait principalement dans ses *Théologies* successives. Elles sont toutes trois centrées sur le problème de la Trinité, bien que d'autres questions y soient également abordées. Roscelin de Compiègne s'y était intéressé avant lui et, en strict nominaliste qu'il était, était arrivé à la conclusion – qui lui avait valu quelques déboires avec l'autorité ecclésiastique – que le dogme trinitaire, tel qu'il est formulé dans le Credo, venait en opposition irréductible avec les exigences logiques du langage humain. C'est précisément contre ce constat d'impuissance que se dresse Abélard. Il ne prétend certes pas que la raison dialectique soit capable de comprendre le mystère divin; il s'en défend même à plusieurs reprises avec une vigueur dont seuls ses adversaires irréductibles soupçonneront la sincérité. Mais il prétend aussi que les apories des "pseudo-dialecticiens", qui mènent au doute, voire à l'hérésie, peuvent être dépassées et qu'il est possible de montrer rationnellement – donc en utilisant les armes des "pseudo-dialecticiens", mais de façon plus subtile qu'eux – que le dogme trinitaire, une fois admis dans son principe, celui d'un Dieu un en trois personnes distinctes, qui est affaire de foi, ne conduit pas nécessairement à des formulations logiquement absurdes. Au prix de subtiles analyses des mots et des notions d'unité, d'identité, de différence, de personne, il montre qu'il est au moins possible de donner des analogies, des "similitudes" qui, sans percer le voile de l'inconnaissable et de l'indicible, sont autant de raisons vraisemblables de l'acte de foi.

On ne mentionnera ici, en l'empruntant à la seconde partie de la *Theologia "Scholarium"*, qu'une de ces "similitudes" par lesquelles Abélard s'efforçait de montrer comment la Trinité, c'est-à-dire la distinction des Personnes, avec leurs relations et leurs propriétés, dans l'essence unique de la Divinité pouvait être conçue comme pensable au regard de la raison. Prenons, dit-il, un sceau de bronze ; il est à la fois un et triple : il est à la fois bronze selon la matière et sceau selon la forme ; le sceau procède du bronze et non l'inverse, comme le Fils procède du Père et non l'inverse ; enfin, dans son action de sceller, le "sceau scellant", tel l'Esprit Saint procédant du Père et du Fils, procède à la fois de la matière et de la forme, du bronze et du sceau en tant qu'instrument de scellement ; puis, de cette analogie évidemment simpliste, Abélard tirait habilement toutes sortes de considérations sur les relations entre les personnes divines, entre la puissance, la sagesse et la volonté de Dieu.

À ses auditeurs, qui lui demandaient des raisons de croire, il apportait, avec de tels arguments, des raisons de ne pas douter systématiquement. Il les rassurait en leur montrant que leur foi n'était pas incompatible avec les exigences de la philosophie. Dans une sorte de manifeste datant de la fin des années 1130, intitulé *Contre quelqu'un qui critiquait l'enseignement de la dialectique sans la comprendre*, il expliquait même que puisque le Christ était à la fois sagesse (*Sophia*) et verbe (*Logos*) du Père, le chrétien pouvait à son tour, légitimement, se faire "philosophe" et "logicien" pour mieux approcher le mystère divin.

Pour l'essentiel, les *Théologies* ne traitaient que d'un point précis, encore que central, du dogme. Leur structure était celle d'une seule et vaste "question" : Abélard commençait par y réunir un certain nombre de formulations empruntées à la Bible et même aux philosophes antiques, convaincu que leur vie vertueuse leur avait permis d'avoir une certaine prescience des vérités révélées ; puis il exposait les objections des "pseudo-dialecticiens" avant de les réfuter, sans prétendre rendre intelligible le mystère lui-même, mais en s'efforçant de montrer que l'enchaînement des propositions par lesquelles ce mystère se formulait ne heurtait point la raison.

Bien que conçues comme des exposés systématiques, les *Théologies* d'Abélard n'ont pas l'ampleur des grandes sommes du treizième siècle, comme la *Somme théologique* de saint Thomas d'Aquin, ni même des quatre *Livres des sentences* que composera dans les années 1150 un maître parisien nommé Pierre Lombard (qui avait peut-être été un élève d'Abélard et a en tout cas subi son influence).

Un autre écrit théologique d'Abélard connu sous le titre de *Sic et non* (qu'on peut traduire par *Oui et non* ou *Pour et contre*), quoique moins élaboré, est plus proche de ce genre de compilations. Son plan en trois parties (la foi, les sacrements, la charité) est celui d'une somme, mais il ne s'agit que d'un vaste dossier de textes, disposés en plus de cent cinquante courts chapitres ; chaque chapitre correspond à un thème sur lequel Abélard a réuni des textes apparemment contradictoires de Pères de l'Église : là où l'un dit "oui", l'autre dit "non". Abélard livre ce dossier tel quel aux utilisateurs, mais le prologue indique clairement l'esprit dans lequel il a été conçu : il ne s'agissait pas de détruire la foi en montrant les contradictions des interprètes les plus autorisés de l'Écriture, mais au contraire de permettre aux esprits que ces contradictions auraient pu dérouter de les surmonter et d'en tirer une doctrine cohérente et mieux fondée.

Il suffisait pour cela de respecter des principes d'exégèse qu'Abélard énonce brièvement dans le prologue. Ceux qui relèvent de la critique historique apparaissent assez élémentaires : on s'assurera qu'on n'a pas affaire à un écrit apocryphe ou même, simplement, à un manuscrit défectueux. Puis viennent des critères proprement grammaticaux ou logiques ; on examinera de près le passage concerné : exprime-t-il bien une opinion personnelle de l'auteur ? S'agit-il d'une simple tolérance, d'une exhortation, d'un précepte particulier, d'un précepte absolu ? Plus largement, on n'oubliera pas que "les mêmes mots peuvent avoir été employés en des sens différents par des auteurs différents". Ce n'est que si la contradiction résiste à toutes ces tentatives qu'on recourt à l'argument d'autorité, donnant la préférence au texte le plus vénérable par son ancienneté ou sa sainteté. Seule l'autorité de l'Écriture Sainte était jugée irréfutable ; pour les traités secondaires ou récents, il était préférable de s'en remettre à son jugement personnel.

Bref, c'était toute une méthode de lecture et d'interprétation des textes qu'Abélard esquissait là, et il est clair que la dialectique y tenait une place essentielle. Le prologue du *Sic et non* se terminait par un bel éloge du questionnement et du doute méthodique, sous la double caution d'Aristote et de l'Évangile ("Cherchez et vous trouverez") : "La première clé de la sagesse se définit comme une interrogation continuelle ou fréquente... En effet, en doutant nous en venons à chercher, en cherchant nous percevons la vérité ... Le propre exemple du Christ nous apprend comment nous conduire : vers sa douzième année, il a voulu qu'on le trouvât assis et interrogeant au milieu des docteurs, nous montrant la figure d'un disciple qui interroge plutôt que d'un maître qui prêche, bien qu'il fût pourtant dans la pleine et parfaite sagesse de Dieu."

La théologie morale

Il est un autre domaine où Abélard a mis en œuvre la méthode dialectique qui lui était chère, c'est la théologie morale à laquelle est consacrée son *Éthique ou connais-toi toi-même*.

La vieille injonction socratique reprise dans le titre de ce traité avait sans doute souvent été celle que s'adressaient Héloïse et Abélard aux prises avec les vicissitudes de leurs destins : "Suis-je coupable ? De quoi suis-je coupable ?" sont, on l'a vu, des questions qu'on devine sans cesse entre les lignes de l'*Histoire de mes malheurs* ou de la correspondance. Mais la connaissance de soi était aussi une exigence traditionnelle de la morale chrétienne, y compris de la morale monastique : il fallait se connaître soi-même pour discerner en son propre tréfonds à la fois l'image du Créateur, la ressemblance filiale qui nous permet de répondre à son amour et d'aspirer au salut qu'il nous propose, et les dissemblances accumulées par le péché dont il faut tenter de se défaire par l'humilité et la prière. Enfin, "connais-toi toi-même" pouvait sonner aux oreilles des lecteurs comme un écho de préoccupations très contemporaines. Les progrès déjà mentionnés de la conscience individuelle faisaient que les chrétiens s'accommodaient de plus en plus mal, au début du douzième siècle, de l'ancien système pénitentiel où à chaque péché correspondait automatiquement une pénitence souvent fort lourde. Les fidèles étaient désormais en quête d'un régime pénitentiel où la personnalité et les motivations de chacun fussent davantage prises en compte par le confesseur et où les circonstances du péché et la contrition du pénitent fussent considérées comme plus importantes que la matérialité de l'acte peccamineux.

C'est bien ce que proposait Abélard dans son *Éthique*. Au terme de longues analyses où, à son habitude, il examinait le sens des mots et des propositions, il en venait à définir le péché essentiellement par l'intention du pécheur et son consentement au mal. Il en allait donc des actions comme des mots, elles n'étaient que des signes qui pouvaient recouvrir des intentions et des significations différentes ; l'examen de conscience, comme analyse intérieure, ne procédait pas différemment de l'analyse logico-grammaticale. Naturellement, cette prise en compte du sujet et de la conscience individuelle n'abolissait pas l'objectivité de la norme révélée ni la nécessité de la contrainte sociale ; mais il faut reconnaître que, dans son traité, Abélard éprouvait quelque peine à tenir ensemble ces deux sources, subjective et objective, de la morale.

Admirateurs et contempteurs

Ces brèves indications sur le contenu des principales œuvres philosophiques et théologiques d'Abélard ne donnent qu'une image très sommaire de sa méthode et de sa pensée qui n'étaient d'ailleurs pas toujours cohérentes en raison du caractère épars des "autorités" dont disposait Abélard. Mais elles nous aident à comprendre ce qu'ont pu en retenir les contemporains.

Vers la fin des années 1130, tous ne se faisaient pas la même image d'Abélard. Il avait des admirateurs, au premier rang desquels ses élèves. Mais cette admiration était sans doute un peu encombrante, lorsqu'elle lui prêtait des audaces qu'il n'avait pas. Pour ses élèves, ou du moins pour certains d'entre eux, Abélard n'était pas seulement un professeur de dialectique extraordinairement clair et convaincant, il était aussi celui qui, "refusant de parler de ce qu'il ne comprenait pas", élucidait les mystères, exposait au grand jour les relations des trois Personnes divines, bref, semblait indiquer la voie d'une religion philosophique parfaitement accessible au discours et à la raison. Pour ces enthousiastes, les réserves constantes d'Abélard sur le caractère imparfait de ses démonstrations théologiques étaient de peu de poids.

Abélard avait aussi des collègues, les uns amicaux et proches de lui, les autres plus méfiants, pour des raisons doctrinales ou corporatives. Grâce à Jean de Salisbury et à des documents contemporains, on sait qu'entre 1136 et 1147 il y a eu au moins une dizaine de professeurs de grammaire et de dialectique actifs à Paris, sans parler de ceux qui enseignaient la théologie à Notre-Dame et à Saint-Victor. Abélard était sans doute le plus ancien de ces maîtres, mais il n'était pas isolé. Il s'insérait dans un système scolaire qui s'était considérablement étoffé depuis son arrivée à Paris au tout début du siècle.

Il sera pourtant le seul, ou presque, à attirer sur lui les foudres des théologiens traditionalistes et des autorités, alors que plusieurs de ses collègues réaliseront de belles carrières, devenant évêques ou même cardinaux. Les vicissitudes antérieures de son existence le désignaient sans doute par avance à la méfiance des censeurs. Mais ce furent bien, semble-t-il, le retentissement particulier de son enseignement des années 1130 et le succès de ses derniers ouvrages qui provoquèrent les nouvelles attaques. Autant que le fond de son enseignement, c'était sa méthode qui surprenait et choquait : une autre manière de lire les Écritures et les Pères, le dédain affiché des sens allégoriques et mystiques, la sympathie non dissimulée pour les philosophes antiques, le recours constant à la dialectique, la passion du questionnement et de la discussion – aux yeux des tenants de la théologie à l'ancienne, tout cela semblait relever d'une sorte d'irrespect permanent devant la Révélation et introduisait dans la vie chrétienne des ferments d'inquiétude et d'incertitude propres à miner insidieusement la foi et à compromettre l'œuvre de l'Église. Ajoutons-y le caractère toujours impérieux d'Abélard, son ironie parfois blessante, son mépris visible pour ceux qui, ignorant la dialectique, prétendaient critiquer ses œuvres sans les comprendre. Ses adversaires n'en demandaient pas tant.

Que pouvaient peser, face à cela, ses protestations pourtant explicites, la sincérité de ses convictions, sa propre hantise du péché et du salut ? Le cistercien Guillaume de Saint-Thierry, qui sera en 1140 son principal accusateur, le dira très clairement : Abélard agit dans l'Église en "ennemi intérieur", il ne cesse d'exposer des inventions qui lui sont propres : "Chaque année, une nouveauté !" Il fallait le réduire au silence.

Le "Dialogue entre un philosophe, un Juif et un chrétien"

Dans ce portrait d'Abélard à la fin de son second séjour parisien, nous avons volontairement laissé de côté deux traits, faute de savoir quelle importance exacte leur accorder. Il convient cependant d'en dire un mot. Le premier est lié au *Dialogue entre un philosophe, un Juif et un chrétien*, que les spécialistes les plus récents proposent d'intituler plus banalement *Conférences (Collationes)*. On ne croit plus guère aujourd'hui que ce texte, sans doute inachevé, ait été composé par Abélard en 1141-1142, à Cluny, dans les derniers mois de sa vie ; il semble plutôt qu'il faille l'assigner aux années 1125-1126, à la fin de son séjour et de son enseignement au Paraclet. Voilà donc le *Dialogue* déchu de son statut flatteur de testament spirituel, et son inachèvement doit avoir d'autres causes que la mort d'Abélard. Avec la disparition de ces explications commodes, le statut de ce texte énigmatique se brouille davantage encores.

Rappelons-en le schéma : trois personnages apparaissent en songe à Abélard, un Philosophe qui, tout en reconnaissant l'existence d'un Dieu unique, prétend ne suivre que la loi naturelle que lui dicte sa raison, un Juif fidèle à la Loi mosaïque, un Chrétien nourri des Écritures et de la Loi nouvelle ; défendant chacun la supériorité de leur Loi, ils ont décidé de soumettre leur litige à l'arbitrage d'Abélard, ce qui donne l'occasion d'un éloge dithyrambique dont il ne se défend que mollement : "Tu es renommé pour l'excellence de ta pénétration d'esprit et par ta connaissance de tout ce qui a pu s'écrire... dans l'une et l'autre doctrine [philosophie et théologie] tu as dépassé tous tes maîtres." En fait, il n'y a pas trop lieu de gloser sur cette position d'arbitre des croyances que semble se donner Abélard, car lui-même n'apparaît plus directement dans la suite du *Dialogue*.

La première "conférence" oppose le Philosophe et le Juif ; le Philosophe, reprenant en fait à son compte les arguments classiques de la polémique chrétienne, s'emploie à démontrer le caractère "charnel" de la Loi juive. Puis viennent, nettement plus longues, les "conférences" entre le Philosophe et le Chrétien : l'accent y est surtout mis sur les problèmes moraux et la vie future ; la démarche du Chrétien est de faire admettre par le Philosophe non que la Révélation est déjà contenue dans la philosophie (même si Abélard pensait que les anciens philosophes avaient reçu une certaine part d'illumination divine), mais que les vertus et les dogmes chrétiens, comme celui de la résurrection des corps, n'ont rien d'irrationnel et que la raison étant d'origine divine n'a nullement lieu de refuser l'adhésion à la foi révélée pour s'en tenir à une loi purement naturelle. Le texte se termine là, alors qu'on semble s'acheminer vers une "conversion" du Philosophe (et peut-être du Juif) à la foi chrétienne.

On s'est interrogé sur la signification de ce texte. D'aucuns ont voulu y voir un premier essai de "dialogue interculturel", annonçant Raymond Lulle et Nicolas de Cues, voire Teilhard de Chardin ; faisant ainsi d'Abélard une sorte de précurseur de l'œcuménisme et de la tolérance modernes. Il est vrai que le *Dialogue* présente de curieuses particularités. Le ton en est remarquablement irénique. Le sort tragique du peuple juif y est évoqué avec dignité et même émotion. De son côté, le Philosophe, curieusement, est en fait un musulman (il se dit circoncis et fils d'Ismaël), mais un musulman qui ignore le Coran et dont la sagesse évoque surtout Cicéron et Sénèque. On a imaginé qu'Abélard avait pu s'inspirer du personnage historique d'Ibn Bâjja (l'Avempace des Latins) : cet Espagnol mort en 1139 avait été persécuté dans son pays pour avoir essayé de définir un idéal de vie philosophique d'inspiration purement aristotélicienne, sans aucune référence à l'islam ; mais rien n'indique qu'Abélard ait jamais entendu parler d'Avempace (surtout si le *Dialogue* date de 1125-1126).

En fait, malgré ses particularités, il semble bien que les *Conférences* (d'ailleurs inachevées et peu diffusées) aient été, sous la forme assez mal dominée d'un dialogue philosophique, une tentative d'"apologie du christianisme", combinant un classique traité anti-juif, un de ces *Contra Iudaeos* comme il s'en écrivait depuis le haut Moyen Âge, et un débat entre foi et raison déjà présent dans les *Théologies*, comme il l'avait été chez Anselme du Bec. Reste que le ton y est plus à la conciliation qu'à la polémique et qu'Abélard, qui devait se retrouver dans les trois personnages du *Dialogue*, ou du moins dans le Philosophe et le Chrétien, a pu vouloir, en quelque sorte, présenter ici un christianisme doctrinalement et historiquement complet, déployé selon ses trois instances, biblique, évangélique et philosophique. L'absence de conclusion, vraisemblablement signe de l'embarras de l'auteur, empêche de trancher vraiment. Et les lecteurs contemporains du *Dialogue*, s'il y en a eu, y ont sans doute vu un témoignage supplémentaire de sa complaisance, vis-à-vis des prétentions de la raison, à énoncer en termes humainement intelligibles les vérités de la foi. Et même pour l'historien d'aujourd'hui, il paraît difficile de considérer le *Dialogue* comme un texte vraiment exceptionnel, qui ajouterait une dimension nouvelle au personnage d'Abélard.

Abélard peut-il encore être considéré comme un moine ?

Un dernier point mérite examen. Abélard était toujours moine, et même sans doute abbé (non résident) de Saint-Gildas. Mais continuait-il, à la fin des années 1130, après plusieurs années passées à Paris, à faire encore vraiment, à ses propres yeux et à ceux de ses auditeurs, figure de moine ?

Cette question ne se posait pas au sujet d'Héloïse. Elle n'était pas entrée de son plein gré au couvent et, de son propre aveu, sa conversion monastique n'a jamais été totale, tant les regrets de ses amours passées n'ont cessé de la hanter. Mais ceci mis à part, Héloïse a été une religieuse et une abbesse modèle, à la fois instruite et pieuse, dirigeant avec efficacité sa communauté et réussissant parfaitement dans l'entreprise, où tant d'autres ont échoué, de la fondation et du développement d'un monastère neuf.

Bien plus incertaine a été la carrière monastique d'Abélard. Entré sans vocation à Saint-Denis, il a été incapable de s'y plier aux règles de la vie commune ; il s'est avéré, en définitive, tout aussi incapable de stabiliser la communauté qu'il avait commencé à constituer au Paraclet que de réformer celle de Saint-Gildas. Pourtant, il semble certain qu'à partir d'un certain moment, Abélard a pleinement intériorisé les exigences de l'état monastique. Sans doute a-t-il même formé le projet de recomposer autour d'un modèle monastique une personnalité dont le projet initial avait été irrémédiablement brisé. Il a donc assimilé et même enrichi la tradition spirituelle du monachisme occidental. L'idée de retour à la vie apostolique, chère aux réformateurs de son temps, trouvait en lui un écho.

Pourtant, il n'a jamais réussi à s'insérer vraiment dans le monde monastique de son temps. Il n'a cessé de critiquer vertement les communautés avec lesquelles il a été en contact, non seulement celles de Saint-Denis et de Saint-Gildas, qui n'étaient sans doute pas sans reproche, mais même les ordres nouveaux et réformés vis-à-vis desquels il n'a guère montré de compréhension ni de sympathie. Il est l'auteur d'une sorte de manifeste intitulé *Contre un chanoine régulier qui rabaissait l'ordre monastique au profit du sien* ; on ne sait à quelle occasion il a été ainsi amené à épouser une querelle au demeurant banale dans un univers monastique où la charité fraternelle n'était pas toujours de mise, mais on est un peu étonné de le voir ignorer totalement le rôle pastoral des nouveaux ordres de chanoines et leur reprocher de n'avoir pas rompu avec le monde pour fuir "au désert" afin de "philosopher" et prier. Sa critique s'est peut-être même étendue jusqu'au plus dynamique des ordres nouveaux, celui de Cîteaux, accusé d'orgueil et d'hypocrisie dans un pamphlet (*Adtendite a falsis prophetibus*) que certains lui attribuent ; même si ce texte assez grossier n'est pas d'Abélard, il est sûr que la spiritualité cistercienne n'avait rien pour lui plaire : l'hostilité – réelle ou supposée – des cisterciens aux études, leur ascèse rigoureuse, leur soumission littérale à la Règle et aux exigences les plus contraignantes de la vie commune ne correspondaient nullement à ses propres aspirations.

Celles-ci relevaient sans doute plus de l'utopie que du projet réformateur concret. Il inclinait personnellement à l'érémitisme, où l'ermite est d'abord face à sa propre conscience, mais était incapable d'en supporter durablement la solitude et l'austérité. Le projet de Règle qu'il a rédigé pour Héloïse et les sœurs du Paraclet est très significatif de sa vision utopique du monachisme. Le monastère y apparaît comme une sorte de contre-société complète, mais transposée dans l'ordre de la grâce, en rupture avec le monde, mais ne s'enfermant pas dans le formalisme d'une ascèse rigoureuse. Les excès pénitentiels en sont bannis. Les études, les livres, la science y ont au contraire toute leur place, comme moyens de préparation à l'intelligence de la liturgie et à la ferveur de la prière. La coordination subtile des rôles féminins et masculins (aux femmes l'effusion amoureuse de la dévotion, aux hommes la direction spirituelle et temporelle) achevait de parer son projet de couleurs idéales.

Sans doute n'était-il pas le seul à nourrir de tels rêves – le douzième siècle a vu d'autres projets, parfois réussis comme à Fontevrault, de monachisme mixte –, mais lui-même, du fait des circonstances ou par l'effet de son propre caractère, n'est guère parvenu à faire aboutir les siens. Et même Héloïse, qui se voulait pourtant humble et obéissante à ses désirs, eut la sagesse d'organiser finalement le Paraclet selon le modèle plus classique d'une abbaye de femmes, où la présence masculine se ramenait à une communauté annexe de frères lais chargés des travaux manuels et fermement soumis à l'autorité de l'abbesse. Quant à Abélard, s'il a bien conservé un rôle de direction spirituelle, ce fut désormais de loin, par l'envoi périodique d'hymnes ou de sermons.

On serait donc tenté de penser que, vers 1140, l'état monastique ne représentait plus grand-chose pour Abélard, investi tout entier dans son rôle de *magister* urbain, ni pour ceux qui le côtoyaient. On serait même tenté d'interpréter la condamnation finale au concile de Sens comme une sorte de vengeance de l'ordre monastique contre un fils ingrat, puisque ce furent surtout des moines qui préparèrent et obtinrent cette condamnation. Pourtant, l'ultime refuge qu'Abélard trouvera à Cluny au lendemain du concile fatal montrera qu'il n'en avait pas fini avec les exigences et les ressources de l'état qu'il avait choisi en entrant à Saint-Denis.

Lorsqu'il le mentionne dans son *Metalogicon*, Jean de Salisbury ne pense pas à dire que "le Péripatéticien du Pallet" portait la tonsure et l'habit monastiques ; mais trois siècles plus tard, Villon, qui n'aimait guère l'étude, oubliant le dialecticien et le théologien que personne ne lisait plus, se souviendra qu'Abélard avait été amoureux... et moine :

> *Où est la très sage Héloïse,*
> *Pour qui châtré fut et puis moine,*
> *Pierre Abélard à Saint-Denis ?*

X

Sens

VERS 1140, Sens était une petite ville. De son glorieux passé de cité romaine ne restaient guère qu'une forte enceinte du Bas-Empire, renforcée de seize tours, et surtout son rang de métropole ecclésiastique. L'archevêque de Sens était à la tête d'une province qui couvrait l'essentiel du domaine royal et s'étendait jusqu'à la Champagne et aux confins de la Bourgogne. L'évêque de Paris n'était qu'un de ses suffragants et le restera jusqu'en 1622. S'il n'avait pas réussi à supplanter son voisin l'archevêque de Reims comme prélat consécrateur du roi de France, celui de Sens dominait en tout cas sans partage sa cité. La cathédrale se dressait fièrement au cœur de celle-ci, au carrefour des deux rues principales. Au début du douzième siècle, c'était encore un vieil édifice pré-roman achevé peu avant l'An Mil qui commençait à menacer ruine et l'archevêque Henri Sanglier (1122-1142) avait décidé de la remplacer par une nouvelle église.

Il fit appel à un architecte de génie, dont nous ignorons malheureusement le nom. Dans les mêmes années où Suger mettait en chantier la nouvelle abbatiale de Saint-Denis, le "premier Maître de Sens", comme on l'appelle faute de mieux, dressa les plans d'un édifice immense, voûté d'ogives et d'une magnifique élévation, qui, plus encore peut-être que Saint-Denis, allait être le premier chef-d'œuvre de l'art gothique français. Les archéologues pensent que c'est vers 1135-1140 que le chantier fut ouvert. Selon l'usage médiéval, on commença les travaux par le chevet et le chœur tout en laissant provisoirement en service l'ancienne nef. C'est là, au milieu des échafaudages, dans cette cathédrale en pleine transformation où voisinaient les anciennes formes romanes et l'élan de la création nouvelle, que s'est joué le dernier acte de l'existence tourmentée de Pierre Abélard.

Du "concile de Sens" qui, en le condamnant pour hérésie, mit un terme définitif à sa carrière et, vraisemblablement, à son œuvre, on discute la date exacte. La plus couramment admise reste celle des 2-3 juin 1140 ; certains historiens préfèrent cependant les 25-26 mai 1141, avec des arguments sérieux (par exemple, l'archevêque de Reims Samson de Mauvoisin, dont la présence est signalée au concile de Sens, n'aurait pas encore été consacré le 2 juin 1140). Mais il ne s'agit là que d'un point d'érudition mineur, car cet écart d'un an ne change pas grand-chose à l'interprétation de l'affaire.

Celle-ci est assez bien connue mais, à la différence du concile de Soissons de 1121 dont la source essentielle était l'*Histoire de mes malheurs*, l'information vient ici de textes d'origine diverse, entre autres des adversaires d'Abélard, en particulier de saint Bernard de Clairvaux.

Curieusement, le scénario que ces documents permettent de reconstituer n'est pas sans rappeler ceux qu'Abélard avait imaginés pour narrer ses premiers "malheurs" : la montée des jalousies et des dénonciations, le complot des ennemis, l'affrontement direct culminant dans la séance dramatique du concile, la condamnation publique, quelques vaines manœuvres d'Abélard pour retarder l'inéluctable et finalement la chute, la honte, le désespoir. Seule la fin de l'histoire diffère ; cette fois-ci, Abélard ne se relèvera plus pour reprendre le combat ; il se retirera à Cluny dans le silence du cloître pour y attendre, dans la sérénité enfin retrouvée la mort libératrice.

Les débuts de la crise

Qu'elle ait eu lieu en 1139-1140 ou 1140-1141, la crise a sans doute couvé pendant plusieurs mois, une bonne année sans doute, avant d'éclater au grand jour. Comme l'atteste Jean de Salisbury, Abélard avait atteint dès 1136 une réputation et un rayonnement qu'il n'avait probablement jamais eus auparavant. On accourait de loin pour l'entendre et ses élèves proclamaient partout haut et fort leur admiration. Ses écrits circulaient largement, sans parler des recueils de "sentences" compilés par ses auditeurs. Même loin de Paris, même loin des écoles urbaines, ils trouvaient des lecteurs, parfois enthousiastes, mais parfois aussi surpris ou choqués.

Certains se donnaient la peine de lui écrire, preuve supplémentaire de l'importance de l'art épistolaire dans la vie intellectuelle du douzième siècle. Parmi les correspondants d'Abélard, on trouve ainsi l'inévitable Hugues Métel, qui réagit en tant qu'ancien élève d'Anselme de Laon, et surtout Gautier de Mortagne qui était l'un de ses collègues puisqu'il enseignait lui aussi sur la Montagne Sainte-Geneviève. À la différence d'Abélard, Gautier était, sur le problème des universaux, un "réaliste". Il adressa à Abélard une longue lettre, malheureusement non datée, dans laquelle il s'étonnait de quelques thèses qu'il avait lu dans la *Théologie* d'Abélard et surtout de ce qu'il entendait raconter par ses étudiants. Il se disait surpris que les disciples d'Abélard aient pu prétendre que leur maître se faisait fort de percer les mystères les plus profonds de la Trinité et les rapports des trois Personnes divines tandis que lui-même, de manière quelque peu paradoxale, prétendait n'exposer, en matière de foi, "que son opinion, non pas la vérité". Abélard voulait évidemment dire que les raisons humaines ne pouvaient exprimer, par rapport aux réalités divines, que des analogies, des vraisemblances, mais Gautier s'inquiétait légitimement : comment ce qui se présente comme une simple opinion pourrait-il être objet de foi ? Le fidèle avait besoin de la certitude de la vérité.

L'entrée en scène de Guillaume de Saint-Thierry

Ce n'étaient encore là, malgré tout, qu'échanges académiques, sans acrimonie, entre collègues professant des doctrines divergentes. Le ton change lorsqu'en 1139 ou 1140 entre en scène Guillaume de Saint-Thierry. C'était un personnage d'une incontestable stature. Liégeois d'origine, il avait commencé par suivre les cours d'Anselme à Laon ; le monde des écoles urbaines ne lui était donc pas inconnu et il y avait acquis une solide culture, nourrie des Pères mais aussi des classiques latins. La vocation l'avait ensuite poussé vers le cloître et il était devenu moine puis abbé de Saint-Thierry près de Reims. Une rencontre avec Bernard de Clairvaux l'avait convaincu de renoncer aux honneurs et, abdiquant sa charge abbatiale, de se faire, modestement, simple moine dans l'un des nouveaux monastères cisterciens, celui de Signy dans les Ardennes (1135). Son activité littéraire ne se ralentit pas pour autant et on lui doit plusieurs commentaires bibliques ainsi que des traités sur la foi et la contemplation très caractéristiques de la spiritualité monastique. En 1145, il se fait aussi le biographe de son maître et ami saint Bernard du vivant même de celui-ci. Sa mort en 1148 l'empêchera de pousser ce récit dit *Vita prima* au-delà de l'année 1130.

C'est au hasard de ses lectures que passèrent entre les mains de Guillaume un exemplaire de la *Théologie* d'Abélard (la *Theologia "Scholarium"*) et un de ces livres de "sentences" anonymes dont Abélard reniera plus tard la paternité mais qui circulait alors sous son nom. Ces deux textes étaient donc parvenus jusque dans un lointain monastère ardennais. En revanche, Guillaume reconnaît qu'il ne put se procurer deux autres textes dont il avait entendu parler et dont les titres (il s'agissait du *Sic et non* et du *Connais-toi toi-même*) ne lui disaient rien de bon. Ces remarques montrent bien à la fois le succès des œuvres d'Abélard et les limites de leur diffusion.

Guillaume de Saint-Thierry lut attentivement Abélard. Sans aucune sympathie, mais avec une incontestable acribie. L'esprit même de l'entreprise abélardienne lui parut détestable, mais il sut en saisir avec lucidité les points faibles, les maladresses, voire les contradictions internes. Sur le fond l'idée même d'appliquer l'instrument dialectique aux énoncés de la foi lui paraissait condamnable. Dans le détail, comme pour Gautier de Mortagne, la définition de la foi comme affaire d'"opinion" et les "similitudes" utilisées pour essayer de rendre rationnellement acceptable la distinction dans l'unité des Personnes divines suscitèrent ses critiques. Non sans quelque apparence de raison, Guillaume reprochait à Abélard de ramener parfois cette distinction à celle des propriétés. On pourrait objecter qu'il se condamnait à mal comprendre Abélard en refusant de se placer dans la perspective "nominaliste" qui était la sienne. Mais le fossé entre eux était profond, il se situait au niveau de la méthode comme des mentalités. D'un côté, la démarche humble et amoureuse du spirituel et du mystique qui s'abîme devant le mystère de l'Incarnation et de la Passion salvatrice du Christ, de l'autre, la rigueur du dialecticien qui refuse d'énoncer des propositions dont le sens lui échapperait : Guillaume voyait là une sorte d'arrogance intellectuelle qui, à vouloir discuter de tout, risquait de mener au scepticisme.

L'appel à Bernard de Clairvaux

Guillaume de Saint-Thierry compila une liste de treize erreurs qu'il avait relevées dans les écrits d'Abélard et en rédigea une réfutation en règle sous le titre *Discussion critique de Pierre Abélard* (*Disputatio adversus Petrum Abaelardum*). Ce n'était pas un simple exercice scolaire. Le danger, à ses yeux, était trop grand ; il fallait le dénoncer et agir. Il adressa donc ces deux documents à l'évêque de Chartres Geoffroy de Lèves et à l'abbé Bernard de Clairvaux, accompagnés d'une lettre par laquelle Thierry alertait ses correspondants : "Il ne s'agit pas de petites choses mais de la foi en la Trinité sainte, de la personne du Médiateur, de la grâce divine, du mystère de notre commune rédemption. Voici que Pierre Abélard recommence à enseigner et à écrire des nouveautés [*nova*, mot péjoratif, s'il en fut, pour un moine de ce temps]. Ses livres passent les mers, sautent par-dessus les Alpes ; ses opinions nouvelles sur la foi, ses enseignements nouveaux se répandent à travers provinces et royaumes ; on les célèbre hautement, on les défend librement, au point qu'ils ont autorité, paraît-il, à la Curie romaine. Je vous le dis, votre silence est dangereux aussi bien pour vous que pour l'Église de Dieu..."

L'évêque de Chartres Geoffroy de Lèves ne paraît pas avoir réagi à cet appel ; Guillaume lui avait écrit parce qu'il était, à cette date, légat pontifical en France, mais on se souvient qu'en 1121 ce même Geoffroy avait été l'un des rares à prendre, au concile de Soissons, la défense d'Abélard ; sans doute lui était-il resté relativement favorable, même s'il était par ailleurs connu pour ses idées réformatrices et ami de saint Bernard.

Ce dernier, en revanche, donna suite à l'appel de Guillaume de Saint-Thierry. Comme souvent avec saint Bernard, la réaction se fit en deux temps. Il commença par hésiter – ou affecter d'hésiter. Tout en approuvant l'indignation de Guillaume, il lui répondit que le temps de Carême, où l'on se trouvait, était un temps de prière qui ne lui laissait pas le loisir de lire de près sa *Disputatio* contre Abélard, d'autant que ces choses lui étaient "un peu étrangères" ; nous en reparlerons après Pâques, concluait-il.

C'est bien ce qu'il fit et, à partir de là, tout s'enflamma. La chronologie s'accélère et est parfois difficile à reconstituer dans le détail ; des textes se croisent, répondant les uns aux autres. À s'en tenir aux travaux récents des meilleurs spécialistes, il semble que, sans faire disparaître toute incertitude, on puisse retenir le schéma suivant.

Saint Bernard se mit au travail vers la fin du printemps (1139 ou 1140). En plus des envois de Guillaume de Saint-Thierry, il disposait d'une autre liste, anonyme, d'erreurs imputées à Abélard. À la différence de Guillaume, saint Bernard semble avoir eu une certaine connaissance de l'*Éthique* d'Abélard et de son commentaire sur l'Épître aux Romains. Reste que plusieurs des propositions erronées qu'il reprochera à Abélard n'ont pu être retrouvées dans les œuvres de celui-ci et sont parfois de véritables caricatures de sa pensée ; il est clair que, pour l'essentiel, saint Bernard a travaillé de seconde main. Comme le reconnaîtra Otton de Freising, qui ne lui était pourtant pas hostile, son zèle pour la religion chrétienne rendait facilement Bernard crédule : "Il détestait les maîtres qui s'attachent trop aux arguments humains et se confient en la sagesse de ce monde ; si on lui disait qu'ils s'écartaient en quelque point de la doctrine chrétienne, il le croyait facilement." S'agissant d'Abélard, et même s'il ne l'avait rencontré qu'une fois, brièvement, à Morigny en 1131, saint Bernard avait certainement un préjugé négatif et les accusations de Guillaume de Saint-Thierry ne pouvaient que trouver chez lui un écho favorable.

La riposte de saint Bernard prit la forme d'une longue lettre-traité (la lettre 190 dans les éditions de sa correspondance) adressée au pape Innocent II ; il y ajouta la liste des dix-neuf erreurs (*capitula*) qu'il retenait en définitive contre Abélard. Même si cette liste diffère un peu de celle de Guillaume, l'esprit en est semblable, de même que la lettre 190 ne diffère guère, sur le fond, de la *Disputatio*. Ce qui est propre à saint Bernard est le tour éloquent et même véhément qu'il donna à une polémique désormais portée sur la place publique.

L'autorité morale de saint Bernard

De onze ans le cadet d'Abélard, Bernard de Clairvaux était alors, à cinquante ans, au sommet de sa gloire. Abbé de Clairvaux depuis 1115, il s'était imposé comme la figure majeure du renouveau monastique. S'il n'avait pas fondé l'ordre de Cîteaux, il avait, plus que tout autre, à la fois contribué à définir sa spiritualité exigeante et à assurer sa diffusion ; en 1140, il existait déjà, à travers la Chrétienté, trente-cinq abbayes-filles de Clairvaux. Les recrues affluaient dans l'ordre par centaines ; des prêtres séculiers, des étudiants quittaient les villes pour prendre à leur tour l'habit blanc des cisterciens.

Ces succès et le prestige qu'ils lui avaient valu avaient amené saint Bernard, bon gré mal gré, à jouer un rôle de plus en plus actif en-dehors de son cloître et de son ordre. Il était entré en relation avec le pape et la Curie, avec les abbés des autres ordres, avec les évêques et les princes. De toute part, on sollicitait son appui ou son arbitrage. Au début des années 1130, il avait aidé le pape Innocent II à triompher de son rival Anaclet. Ailleurs, c'étaient des litiges politiques, des querelles de moines, des élections épiscopales contestées qu'il était sans cesse amené à trancher. Ses interventions, souvent expéditives, quelquefois même brutales ou mal informées, lui valaient à la fois des amitiés et des inimitiés. Lui-même commençait généralement par se récuser, invoquant les contraintes de son état religieux.

Le souci de la réforme de l'Eglise, sa conviction que l'ordre monastique ne pouvait prospérer qu'au sein d'une Église sans cesse plus pure, le poussaient à sortir de sa réserve.

Son autorité était avant tout personnelle et morale. Il n'était ni évêque, ni cardinal, ni même légat pontifical. La parole et la plume étaient ses seules armes, mais, servies à la fois par sa renommée et par une énergie infatigable qui ignorait le doute, elles étaient redoutables. Bernard était un homme de grande culture. Il avait étudié dans sa jeunesse à l'école canoniale de Châtillon-sur-Seine et continué par la suite à lire et à méditer. Il était avant tout nourri de la Bible et des Pères, mais il était aussi familier des classiques ; sa prose est d'une belle latinité et sa rhétorique somptueuse. La dialectique elle-même, quoi qu'il en ait dit, ne lui était pas totalement étrangère. Grande culture donc, mais bien différente de celle qui s'enseignait dans les écoles urbaines. Bernard n'était pas fermé à toute forme de modernité, mais il se situait explicitement dans le prolongement de la tradition monastique du haut Moyen Âge. Les citations bibliques affluaient comme spontanément sous sa plume. Son vocabulaire était riche, imagé, poétique parfois. Autant que par le raisonnement, sa pensée procédait par associations d'idées, jeux de mots, analogies, allégories, symboles. Sa rhétorique faisait appel au cœur autant qu'à l'esprit.

On retrouve tous ses procédés dans les lettres qu'il adressa au même moment au pape, à divers cardinaux ainsi qu'aux clercs de la Curie romaine. Tous les griefs anciens s'y retrouvent : Abélard dresse la raison contre la foi ("Pierre Abélard cherche à évacuer le mérite de la foi chrétienne en pensant qu'il peut comprendre par la raison humaine tout ce qu'est Dieu", "Il ne veut croire qu'à ce qu'il a d'abord débattu par la raison", "Il veut rendre raison de tout, même de ce qui passe la raison") ; il discute en public des choses sacrées ("On discute de la foi catholique dans les rues et sur les places"), il n'enseigne que des opinions personnelles ("Ce vieux maître s'est transformé en un théologien tout neuf : après s'être amusé dans sa jeunesse aux jeux de la dialectique, le voici maintenant qui divague sur les Écritures Saintes") où l'on retrouvait la trace de toutes les hérésies : Abélard fait revivre en sa personne les hérésiarques du passé, Arius, Pélage et Nestor. Saint Bernard s'inquiétait aussi dans ces lettres de la grande foule des disciples d'Abélard et de ce que celui-ci se vantait d'avoir des partisans jusqu'à la Curie romaine ; il ne manquait pas de rappeler qu'en 1121, à Soissons, Abélard avait été condamné par un légat pontifical.

La campagne orchestrée contre Abélard

Ces textes enflammés étaient à eux seuls des actes. Ils étaient destinés à Rome, mais des copies ont dû en être diffusées en France. Il s'agissait d'une véritable campagne, soigneusement orchestrée ; d'autres auteurs relayèrent saint Bernard, par exemple le bénédictin Thomas, abbé de Morigny en Champagne, qui rédigea sans doute au même moment une *Discussion critique des Pères catholiques contre Pierre Abélard*, qui reprenait en substance les arguments de Guillaume de Saint-Thierry et de saint Bernard pour obtenir une enquête et une condamnation pontificales ou faire suffisamment pression sur Abélard pour qu'il rétracte "spontanément" ses erreurs. Il est difficile aujourd'hui de ne pas être heurté par ce que nous jugeons être l'intolérance de saint Bernard, sa brutalité, voire sa mauvaise foi. Même si certaines formulations d'Abélard étaient maladroites ou ambiguës, même si son approche avant tout philosophique de la religion était froide et éloignée de tout mysticisme, on eût aimé un peu plus de charité chrétienne dans la dénonciation, un peu moins d'ironie mauvaise dans l'invective. Ces reproches ne sont pas forcément anachroniques, car certains partisans d'Abélard les ont formulés ; l'un d'entre eux, Bérenger de Poitiers (dit aussi le Scolastique), écrira peu après le concile de Sens une *Apologie d'Abélard* où il dira à l'adresse de Bernard : "Si tu cherchais à ramener Pierre à la pureté de la foi, pourquoi lui avoir imprimé devant tout le monde la marque d'un blasphème éternel ?"

Reste que saint Bernard était sans doute profondément convaincu de l'ampleur du danger représenté, selon lui, par l'enseignement d'Abélard. L'arrogance intellectuelle qu'il lui imputait lui était presque physiquement insupportable. Il le traita comme on traitait à cette époque un hérétique. Il n'était pas question de discuter avec lui, d'admettre tant soit peu son point de vue, mais il l'avertit charitablement. Suivant l'instruction évangélique*, deux rencontres eurent lieu, sans doute à Paris, à l'automne 1139 (ou 1140, selon la chronologie adoptée) ; la première fut une entrevue en tête-à-tête, la seconde en présence de quelques témoins. Abélard aurait d'abord promis de corriger sa *Théologie* dans le sens souhaité par Bernard puis, mal conseillé par ses partisans les plus décidés, se serait dédit. Faisant allusion à ces rencontres, Bernard se plaindra de l'obstination d'Abélard, Abélard de l'hypocrisie de Bernard ("Il se faisait passer pour ami et même très ami avec moi"). Il est en tout cas sûr que, poussé de surcroît par l'évêque de Paris Étienne de Senlis qui s'irritait de la multiplication des écoles sur la Montagne Sainte-Geneviève, hors de portée de son autorité, saint Bernard chercha à détourner ses élèves d'Abélard.

Traditionnellement, on identifiait le sermon connu sous le titre *Pour les clercs, sur la conversion*, comme le discours que saint Bernard aurait tenu aux étudiants parisiens pour les inciter à quitter non seulement l'école mais la ville : "Fuyez du milieu de Babylone, fuyez et sauvez vos âmes ! Courez vers les villes du refuge [les monastères] pour revêtir l'habit monastique !" Cette identification est aujourd'hui mise en doute, d'autant que ce sermon ne contient aucune allusion directe aux écoles. Mais il est certain que, d'une manière ou d'une autre, profitant peut-être d'une absence d'Abélard, saint Bernard s'adressa aux étudiants et fut plus convaincant auprès d'eux qu'auprès de leur maître ; une trentaine l'aurait suivi jusqu'à

---

* " Si ton frère vient à pécher, va le trouver et reprends-le, seul à seul. S'il t'écoute, tu auras gagné ton frère. S'il ne t'écoute pas, prends encore avec toi un ou deux autres, pour que toute l'affaire soit décidée sur la parole de deux ou trois témoins. S'il refuse de les écouter, dis-le à la communauté. Et s'il refuse d'écouter même la communauté, qu'il soit pour toi comme le païen ou le publicain " (Matthieu, XVIII, 15-17).

Clairvaux, parmi lesquels Geoffroy d'Auxerre à qui ses talents littéraires vaudront bientôt de devenir le secrétaire de Bernard, puis son historiographe (il acheva la *Vita prima*) et enfin son successeur comme abbé de Clairvaux.

Abélard prépare sa défense en rassurant Héloïse

Abélard ne resta pas sans réagir à ces manœuvres hostiles qui ne le surprirent pas : il y reconnaissait sans peine le scénario de ses malheurs anciens. Instruit par l'expérience, il se défendit par la plume avec une énergie et une habileté qui auraient mérité un meilleur sort, s'il n'avait eu affaire à si forte partie.

Laissons de côté un court dialogue avec soi-même (communément désigné par ses premiers mots latins : *Dixit A.P., dixit P.A.*) qui est une défense et illustration de la dialectique, mais dont la date est incertaine. Trois autres textes datent en revanche, incontestablement, de ces mois de crise : d'abord, une *Apologie contre Bernard*, dont il ne reste malheureusement que des fragments et qui était une réfutation approfondie des accusations de saint Bernard ; Abélard ne s'y reniait nullement et ses démonstrations s'appuyaient, comme à l'accoutumée, sur un usage méthodique de la dialectique. Ensuite une *Confession de foi* destinée à une diffusion publique, où Abélard affirmait sa parfaite orthodoxie, y compris en matière trinitaire, rejetait comme apocryphes plusieurs *capitula* d'hérésie qui lui étaient imputés et, sur un ton contenu, parfois douloureux, assez inhabituel chez lui, sollicitait la charité fraternelle des chrétiens et demandait au moins le bénéfice du doute pour qui, ayant beaucoup écrit et beaucoup enseigné, s'était forcément exposé au jugement d'autrui. Enfin, une seconde et beaucoup plus brève *Confession de foi*, destinée à la seule Héloïse.

Arrêtons-nous un instant sur ce texte émouvant. C'est, semble-t-il, le dernier écrit échangé entre les anciens époux. "Héloïse, ma sœur, qui jadis m'étais chère dans le siècle, qui maintenant m'es très chère dans le Christ, la logique m'a rendu odieux au monde... Je ne veux pas être philosophe d'une manière qui m'opposerait à saint Paul, ni être Aristote d'une manière qui me séparerait du Christ... Je veux chasser de ton cœur innocent toute inquiétude, tout doute : ma conscience repose sur cette même pierre sur laquelle le Christ a fondé son Église."

Bien sûr, le reste des textes de 1140 le montre, Abélard restait tout à fait sûr de ses capacités dialectiques et de la légitimité de sa démarche rationnelle. Mais il affleure ici, malgré tout, comme un doute existentiel, une lassitude de la raison. Est-ce l'effet de l'âge ? Des attaques véhémentes de saint Bernard ? On sent que les certitudes intellectuelles ne suffisent plus tout à fait à faire taire l'angoisse du salut. "Et si je m'étais trompé ? Tout cela en valait-il la peine ?" Qui, en un âge de foi unanime comme le douzième siècle, pouvait ignorer cette interrogation ? Abélard, que saint Bernard ne voulait voir que comme un guerrier redoutable couvert de l'armure de la dialectique, fut touchant d'en faire l'aveu à cette heure grave. De le faire publiquement, en une sorte de "lettre ouverte". Et de le faire à Héloïse.

Il s'agissait d'abord de la rassurer. L'écho de la campagne bernardine était certainement arrivé jusqu'au Paraclet et les invectives du grand abbé de Clairvaux avait de quoi impressionner des moniales. Quel drame c'eût été pour elle si l'homme qu'elle avait aimé, le mari à qui elle était unie, le directeur spirituel qu'elle avait donné à sa communauté, s'était avéré un hérétique ! Tout le système patiemment bâti par le biais de la correspondance, se serait effondré. Il fallait la rassurer. Son Pierre était toujours un homme à la foi pure et solide, digne de son amour et de sa confiance ; l'union idéale en l'amour partagé du Christ qu'il lui avait proposée tenait bon. Mais on sent bien que derrière les mots pudiques de cette confession de foi, il y a davantage. C'est un peu de tendresse que demande Abélard ; lui aussi, l'époux, le maître, a besoin d'être rassuré ; le dialecticien a besoin d'être, pour une fois, cru sur parole sans avoir besoin d'argumenter. Ce court billet à Héloïse est comme une ultime halte avant le combat, désormais inévitable.

Inévitable, car Bernard continuait ses manœuvres. Il rameutait les évêques et la Curie. Il avait pris langue, on ne sait trop pourquoi, avec l'archevêque de Sens. Il avait trouvé aussi un nouvel argument, pour mieux discréditer Abélard et intimider ses éventuels partisans : n'avait-on pas vu dans son école un Lombard, un certain Arnaud, chanoine de Brescia, qui avait été naguère banni de cette ville par sentence pontificale (sans doute pour avoir dans ses sermons dénoncé avec trop de violence les abus qui infectaient le corps ecclésiastique) ? On n'en sait guère plus sur les rapports exacts entre Abélard et Arnaud, qui devait être un prédicateur populaire plus qu'un dialecticien ; mais le seul fait que l'enseignement d'Abélard ait attiré ce personnage compromettant aux yeux des autorités ecclésiastiques confirmait tous les préjugés de saint Bernard.

Il allait se produire quelque chose. Abélard, depuis le concile de Soissons, redoutait plus que tout d'être à nouveau convoqué devant une assemblée ecclésiastique, mais il ne pouvait plus y échapper. Malgré les risques, il voulut donc faire front, crever l'abcès, reprendre l'initiative. Et ce fut le concile de Sens.

La convocation du concile de Sens

Sur cet épisode fameux, six textes principaux fournissent de bonnes informations. Les *Chroniques* d'Otton de Freising et de Jean de Salisbury sont relativement objectives, mais rapides. Plus détaillés mais systématiquement hostiles à Abélard sont en revanche les deux comptes-rendus adressés au pape au lendemain du concile (l'un par saint Bernard, l'autre par les évêques) ; tout aussi hostile est le récit inséré dans la *Vie* de saint Bernard par Geoffroy d'Auxerre : l'ancien élève d'Abélard était sans doute présent à Sens mais, brûlant ce qu'il avait adoré, il n'avait plus aucune indulgence pour son ancien maître. Celui-ci n'a malheureusement rien laissé qui donnerait sa version des faits. Le parti d'Abélard n'a, curieusement, produit qu'un témoignage, celui de Bérenger de Poitiers, un étudiant d'Abélard, bien intentionné, mais excessif et maladroit. Nous avons déjà cité son *Apologie*, qui lui valut d'ailleurs quelques ennuis par la suite : autant qu'une défense d'Abélard, c'est un pamphlet contre saint Bernard, non dépourvu de verve mais où tout est poussé à la caricature ; il faut le lire avec prudence.

Mise à part la question de la date (1140 ou 1141), le déroulement général des faits est clair mais beaucoup de détails le sont moins, comme le terme de "concile". Les sources l'emploient mais il ne semble pas qu'il se soit agi d'un concile (en l'occurrence un concile provincial) au sens habituel du terme. Les accusations contre Abélard étaient le seul point à l'ordre du jour. La cause première de la réunion était purement liturgique. L'archevêque de Sens avait décidé – peut-être pour recueillir des fonds nécessaires au chantier de la nouvelle cathédrale – de procéder à une solennelle ostension du trésor des reliques de son église. Cette célébration, bien propre à attirer une foule de pèlerins, devait avoir lieu le dimanche dans l'octave de Pentecôte. Pour lui donner plus d'éclat, l'archevêque avait invité ses suffragants, son voisin (et éternel rival) de Reims, quelques abbés. Il mit aussi à profit la présence dans la région du jeune roi de France Louis VII qui venait de négocier une réconciliation provisoire avec le comte de Champagne ; on ne pouvait rêver plus belle assistance, en une belle journée de printemps, pour célébrer la gloire de la vieille métropole et de ses saints.

De qui est venue l'idée de profiter de cette réunion pour évoquer l'"affaire Abélard" ? Les textes ne sont pas parfaitement clairs. Saint Bernard avait rencontré quelque temps plus tôt l'archevêque Henri Sanglier, mais on ignore s'il lui avait soumis un projet précis. Il semble bien, en revanche, qu'Abélard ait pris l'initiative. Il proposa – ou accepta – que soit organisé à Sens, à l'occasion de cette réunion religieuse, un débat public entre saint Bernard et lui : chacun pourrait faire valoir ses arguments et, Abélard en était convaincu, ses réponses lui permettraient de montrer l'inanité des critiques lancées à son encontre ; la campagne de ses adversaires tournerait court. Ce genre de débats était déjà une procédure familière aux gens des écoles. Dès 1120, le même Abélard avait suggéré à l'évêque de Paris d'en organiser un entre lui et Roscelin.

Pourquoi s'être adressé à l'archevêque de Sens ? Il s'agissait d'un prince de l'Église, du métropolitain de Paris ; son autorité donnerait une valeur décisive à l'issue de la dispute. De toute façon, le débat ne pouvait guère se faire à Paris même, dont l'évêque Étienne de Senlis était résolument hostile à Abélard. Ce n'était sans doute pas le cas d'Henri Sanglier ; parce qu'il est le dédicataire d'un traité de saint Bernard *(Sur les mœurs et les devoirs des évêques)*, on a longtemps cru qu'Henri était un de ses amis. Rien n'est moins sûr ; Bernard a, dans plusieurs lettres, vivement critiqué son goût du faste et du pouvoir et, surtout, un article récent a montré qu'Henri appartenait à une famille qui avait longtemps été dans la clientèle des Garlande ; lui-même avait largement dû son élection à Étienne de Garlande qui détenait, parmi bien d'autres bénéfices, une prébende à Sens. Même si, en 1140, le parti des Garlande était en déclin, Abélard comptait peut-être (à tort ou à raison) sur les effets d'une ancienne solidarité de clan.

Quoi qu'il en soit, Henri – qui semble être lui-même passé par les écoles dans sa jeunesse – accepta d'organiser le débat. Abélard, ravi, écrivit à ses *socii* (élèves et amis) une lettre où il les priait énergiquement de l'accompagner à Sens. Il ne voulait évidemment pas courir le risque de se retrouver, comme à Soissons, presque seul face à une assistance hostile ; il savait bien que dans une dispute (comme dans un tournoi) le champion ne combat pas seul et que le soutien de son auditoire était un atout indispensable.

Une manœuvre déloyale

Bernard, averti à son tour par l'archevêque, hésita ; Abélard espérait sans doute secrètement qu'il ne viendrait pas. On comprend ces hésitations, il s'en explique d'ailleurs lui-même dans ses lettres. Il savait bien qu'il serait incapable de soutenir contre Abélard une dispute dialectique : "Je ne suis qu'un enfant, alors que cet homme est un combattant depuis sa jeunesse." Cet aveu, à dire vrai, ne coûtait guère à saint Bernard qui n'avait que mépris pour la dialectique, à ses yeux savoir "purement humain", autant dire, pour lui, quasiment diabolique. De toute façon, l'idée même de dispute, de débat contradictoire, était totalement étrangère à la tradition monastique ; la Vérité était tout entière contenue dans les Écritures, elle se dévoilait dans l'humble "rumination" du moine puis s'imposait avec la force de l'évidence ; il ne restait qu'à s'incliner devant la parole autorisée qui proclamait la grandeur des mystères divins ; le seul fait d'accepter de discuter avec un hérétique – et Bernard croyait fermement qu'Abélard en était un – était un péché. On ne pouvait que lui demander de reconnaître ses torts et de se soumettre ou, s'il refusait, le rejeter, comme un membre pourri, loin de l'Église, corps mystique du Christ. Mais refuser de venir à Sens eût été donner à Abélard une victoire indue. Cela non plus, Bernard ne pouvait l'envisager. Il décida donc de venir, mais en changeant la donne à son avantage.

La manœuvre déloyale est évidente. Selon les spécialistes, elle n'était pas, pour le droit canon de l'époque, illégale. Bernard commença par s'assurer, par une circulaire énergique, qu'un nombre suffisant d'évêques et d'abbés viendraient bien à Sens, pour ne pas se retrouver seul face aux *magistri* et à leurs étudiants. On ne connaît pas exactement la composition de l'assemblée de Sens. N'imaginons pas une foule immense. La population locale semble s'être moins émue que lors du concile de Soissons. Dans la cathédrale elle-même, l'archevêque de Sens était entouré de ses suffragants, sauf – on ne sait pourquoi – ceux de Paris et de Nevers ; l'archevêque de Reims, Samson de Mauvoisin, était venu avec "quelques évêques" de sa province ; on est sûr que furent au moins présents ceux de Soissons, d'Arras et de Châlons-sur-Marne ; bref, deux archevêques, des plus prestigieux, et une petite dizaine d'évêques ; quelques abbés, mais on ignore lesquels (en-dehors de saint Bernard) ; des dignitaires ecclésiastiques à commencer par les chanoines de Sens mais d'autres aussi, de passage sans doute, comme le sous-diacre romain Hyacinthe Boboni. Et puis, toutes les sources le confirment, des gens des écoles parisiennes ; des amis et des élèves d'Abélard, à coup sûr, mais d'autres aussi, venus plutôt en curieux pas forcément bienveillants :

Geoffroy d'Auxerre, qui les connaissait, signale la présence de Gilbert de la Porrée, maître alors fameux et futur évêque de Poitiers ; en 1148, lui aussi sera traîné par saint Bernard devant un concile, mais il n'est nullement prouvé qu'Arnaud de Brescia, dont Bernard avait souligné les liens inquiétants avec Abélard, ait été personnellement présent à Sens ; s'il le fut, ce fut en simple spectateur et il ne fut à aucun moment mis en cause.

Cette assemblée, dont les évêques représentaient l'élément essentiel, était-elle *a priori* hostile à Abélard ? On sait, par divers indices que certains prélats présents à Sens étaient proches de saint Bernard ; ainsi Samson de Reims, qui lui devait son élection, ou Alvise d'Arras ; Josselin de Soissons, ancien maître parisien dont Abélard avait jadis vigoureusement critiqué le "réalisme" dans ses traités de logique, ne devait pas non plus lui être favorable. En revanche il pouvait escompter plus de bienveillance de la part d'Henri Sanglier ou de l'évêque de Chartres Geoffroy de Lèves. Quant au roi Louis VII, tous les textes confirment sa présence mais aucun ne lui attribue un rôle actif dans un débat qui devait lui être assez étranger.

Abélard en appelle à Rome

La réunion de Sens commença par l'élévation solennelle des reliques. Au soir de cette première journée, saint Bernard réunit les évêques, leur présenta la liste des dix-neuf chefs d'hérésie qu'il avait déjà envoyée au pape et les convainquit de la condamner. Dans son *Apologie*, Bérenger de Poitiers prétendra que cette condamnation fut arrachée à des prélats à moitié endormis, la voix pâteuse et l'esprit embrumé par le vin après un trop copieux repas. Cette scène burlesque n'est qu'une invention mais il est prouvé que cette réunion préliminaire a bien eu lieu, à l'insu d'Abélard et de ses partisans, et que les évêques, quel qu'ait été leur sentiment initial, acceptèrent de prononcer la condamnation demandée par saint Bernard.

Abélard se présenta le lendemain devant le concile siégeant en session plénière. L'archevêque de Sens donna immédiatement la parole à saint Bernard qui relut la liste des *capitula* condamnés puis demanda à Abélard s'il les reconnaissait comme siens et, en ce cas, s'il se soumettait à la décision des évêques ou s'il voulait essayer de se justifier. C'était un traquenard, le cauchemar de Soissons qui recommençait. Abélard s'en rendit immédiatement compte. Il refusa de répondre et déclara simplement qu'il en appelait à Rome. Les évêques, paraît-il, essayèrent de le faire revenir sur sa décision, lui promettant un sauf-conduit personnel. En vain ; sans ajouter un mot, Abélard quitta l'église, suivi de ses disciples et amis.

Geoffroy d'Auxerre prétend qu'il n'avait rien trouvé d'autre à répliquer, hébété et comme privé de sens et de mémoire. Certains ont cru reconnaître là les symptômes d'un véritable malaise physique chez un homme âgé et peut-être malade. Geoffroy veut surtout dire qu'Abélard, confondu par la force et la justesse des accusations de Bernard et réduit au silence, n'avait trouvé que ce subterfuge "pour gagner du temps".

Ces explications embarrassées cachent mal le fait que la réaction d'Abélard était en réalité logique, habile – et peut-être préméditée (car il avait pu envisager que les choses tournent ainsi). Son départ mettait ses juges dans une situation difficile ; il nous *sembla*, diront-ils, mal assurés, que cet appel à Rome, avant même tout débat, était illégal. À en croire les spécialistes de droit canon, il ne l'était pas, mais la décision que réussit à imposer saint Bernard, de passer outre et de reprendre l'examen des *capitula* incriminés ne l'était pas non plus. Elle ne fut cependant pas prise sans hésitation ; des voix s'élevèrent dans l'assemblée pour défendre Abélard. Le plus véhément fut le sous-diacre romain Hyacinthe Boboni. "Il nous a fait beaucoup de mal", se plaindra saint Bernard. Ce brillant clerc de Curie, issu d'une grande famille romaine, avait sans doute connu Abélard à Paris à la fin des années 1130 ; peut-être avait-il fréquenté son école ; plus tard, il deviendra cardinal et même, au soir d'une longue vie, pape sous le nom de Célestin III (1191-1198). C'était certainement à lui et à quelques autres qu'Abélard – et ses adversaires – pensaient lorsqu'ils parlaient de l'écho favorable que ses écrits rencontraient jusqu'à Rome. Mais c'était aussi, pour Abélard, un appui un peu compromettant. Hyacinthe avait en effet été, quelques années plus tôt, un partisan de l'"antipape" Anaclet ; il s'était rallié, avec beaucoup d'autres, à Innocent II, et une certaine tension persistait à la Curie entre ces ouvriers de la onzième heure et ceux qui avaient toujours été fidèles à Innocent II. En soulignant lourdement l'intervention de Hyacinthe en faveur d'Abélard, Bernard espérait affaiblir les appuis de ce dernier à Rome ; alors qu'il ne s'agissait sans doute que d'une coïncidence, résultant d'une affinité personnelle entre lui et Hyacinthe, il apparaîtrait comme l'homme des anciens schismatiques, ce qui ne pourrait que mécontenter le clan adverse, voire indisposer le pape lui-même. C'était aussi, pour saint Bernard, manière de rappeler tout ce que lui-même avait naguère fait pour permettre à Innocent de triompher de son rival. Ce rôle passé fondait, plus que tout, sa propre influence auprès du souverain pontife. Dans les lettres dénonçant Abélard, il présentait d'ailleurs son combat contre ce nouveau Dragon comme la suite de celui qu'il avait jadis mené, au nom du pape, contre le Lion rugissant (allusion au nom de famille d'Anaclet : Pierleoni). Malgré Hyacinthe, les évêques réunis à Sens condamnèrent finalement les dix-neuf erreurs reprochées à Abélard, tout en réservant au pape le jugement sur la personne même de l'hérétique.

L'efficacité de saint Bernard

Tout semblait encore suspendu au résultat de l'appel à Rome interjeté par Abélard. En fait, tout était déjà joué.

Dès le lendemain du concile, les évêques d'un côté, saint Bernard de l'autre rédigèrent un procès-verbal destiné à Innocent II. Saint Bernard y ajouta quelques lettres personnelles destinées au pape et à certains cardinaux. Assez elliptiques, ces lettres ne sont pas datées ; il est possible que certaines aient été, sinon envoyées, du moins rédigées avant même le concile. Quoi qu'il en soit, Bernard agit avec promptitude et détermination. Il confia ses missives, plus des consignes orales, à un certain Nicolas (peut-être un de ses secrétaires nommé Nicolas de Montiéramey) qui partit en toute hâte. Ce Nicolas fit diligence pour gagner Rome puis obtenir une audience pontificale, car le 16 juillet, un mois et demi à peine après le concile, le pape Innocent II promulguait la bulle *Testante apostolo* qui confirmait la condamnation des doctrines d'Abélard comme hérétiques, menaçait d'excommunication quiconque les soutiendrait et condamnait Abélard lui-même "au silence perpétuel", autrement dit lui interdisait désormais d'enseigner ou d'écrire quoi que ce soit.

La lenteur d'Abélard contraste avec l'efficacité de saint Bernard. L'âge ou le découragement en furent sans doute la cause, plus que le manque de moyens financiers. Toujours est-il que, si Abélard décida, ce qui était judicieux, d'aller lui-même plaider son appel en cour de Rome, il ne se mit en route que lentement. À la mi-juillet, il n'était encore qu'à Cluny en Bourgogne, n'ayant guère parcouru que le quart le plus aisé du chemin. Et ce qui n'aurait dû être qu'une étape se transforma bientôt en une halte définitive où, en abandonnant le combat et en acceptant pour la première fois la défaite, Abélard trouva cette paix de l'âme qui l'avait toujours fui.

XI

Cluny

VERS 1140, Cluny n'était pas un de ces innombrables monastères ruraux nichés au creux d'un vallon où le voyageur fatigué pouvait demander l'asile pour la nuit. Après plus de deux siècles d'essor continu, l'abbaye fondée en 910 par le duc Guillaume d'Aquitaine était devenue une véritable cité sainte, la plus grande d'Occident. Entourée de murs, elle couvrait une dizaine d'hectares au centre desquels se dressait, achevée en 1130, l'immense abbatiale, la plus grande et la plus belle église du monde, avec ses cent quatre-vingt-dix mètres de long, ses trente mètres d'élévation, son double transept, ses cinq nefs, la sculpture précieuse de ses centaines de chapiteaux, l'immense Christ Pantocrator peint à la voûte de l'abside. Quatre cents moines vivaient là, sans parler des dizaines de serviteurs, du bourg commerçant né à l'extérieur des remparts, des pauvres qui se pressaient aux portes du monastère pour quémander l'aumône des moines, de l'afflux constant des pèlerins, des centaines de tenanciers qui, à travers toute la Bourgogne, travaillaient sur les domaines de Cluny.

Cluny était aussi la tête d'un vaste ordre centralisé, véritable empire monastique fort d'un millier d'abbayes et de prieurés répandus dans tout l'Occident. Un ordre puissant et riche, protégé par les puissants de ce monde et dont les somptueuses liturgies, déroulées au fil des heures, faisaient monter vers Dieu la prière angélique des moines, en faveur de tous leurs bienfaiteurs disparus. L'abbé de Cluny était donc un des hommes les plus puissants de la Chrétienté ; ce "roi des moines", comme disaient les évêques jaloux, était presque l'égal d'un pape ; au onzième siècle, il s'était posé en arbitre entre l'empereur et le souverain pontife.

Naturellement, tant de puissance, tant de richesse, tant d'orgueil n'allaient pas sans susciter des tentations ni éveiller des critiques. Les nouveaux ordres monastiques, et d'abord celui de Cîteaux, s'étaient créés en réaction contre le modèle clunisien. Saint Bernard lui-même, à plusieurs reprises, avait attaqué avec sa véhémence habituelle le luxe des clunisiens et leurs manquements à la Règle. À l'intérieur du monastère, les dépenses excessives et les ambitions politiques finirent par déchirer la communauté ; cette crise morale et politique se cristallisa sur la personne de l'abbé Pons de Melgueil (1109-1122) qui finit par être déposé. Son successeur Pierre de Montboissier, qu'on surnomma le Vénérable (1122-1156), fils d'un petit seigneur auvergnat, fut ce que l'on appellerait aujourd'hui un conservateur éclairé. Sans renier la tradition de l'ordre ni renoncer à son autorité, il réussit à apaiser les esprits et à rétablir l'observance régulière en même temps qu'un certain équilibre dans les finances précaires de l'abbaye. Constamment soumis aux critiques, pour ne pas dire à la surenchère de Cîteaux, Cluny n'avait plus le quasi-monopole de la vie monastique qui avait été le sien au onzième siècle, mais il gardait encore belle allure et son abbé restait l'un des grands de ce monde.

Pierre le Vénérable accueille Abélard

Que cet abbé se soit donné la peine d'accueillir personnellement Pierre Abélard à Cluny montre bien que celui-ci n'était pas à ses yeux un hérétique ni un paria. Pierre le Vénérable et Abélard ne s'étaient sans doute jamais rencontrés, mais ils avaient entendu parler l'un de l'autre. De plus l'abbé de Cluny connaissait aussi Héloïse, au moins de réputation. C'est par une lettre de Pierre le Vénérable au pape Innocent II, sans doute à la fin de juillet (1140 ou 1141), que nous connaissons la manière dont Abélard fut accueilli à Cluny (lettre 98 dans l'édition de référence de la correspondance de Pierre le Vénérable). Il est probable que, lorsque cette lettre fut écrite, la nouvelle de la condamnation pontificale (la bulle *Testante apostolo* du 16 juillet) n'était pas encore parvenue à Cluny.

Maître Abélard, "que vous connaissez très bien" (faut-il voir là quelque ironie ?), est passé par Cluny, expliquait Pierre le Vénérable au pape ; il avait informé l'abbé de ses déboires ("Quelques individus le persécutaient et le faisaient passer pour hérétique, ce qui lui faisait horreur") et de son intention d'aller obtenir justice à Rome. Pierre le Vénérable avait d'abord approuvé ce projet puis changé d'avis. L'âge et la mauvaise santé d'Abélard ("Ses jours me semblent comptés") s'opposaient à la poursuite du voyage. De plus, Pierre le Vénérable se rendit sans doute compte qu'Abélard avait peu de chance d'obtenir gain de cause à Rome. Lui-même avait fait l'expérience, deux ans auparavant, des procédés expéditifs de saint Bernard et de son influence auprès du pape : en 1138, saint Bernard avait réussi à faire casser par Rome l'élection du nouvel évêque de Langres, un clunisien, au profit d'un moine de Clairvaux, qui était de plus un de ses cousins. Cet épisode n'avait pas amélioré les relations entre Cluny et Cîteaux et n'est peut-être pas étranger à la sympathie que Pierre le Vénérable manifesta à Abélard ; mais il commandait aussi la prudence.

Mieux valait chercher un compromis. Pierre le Vénérable fut aidé en cela par l'abbé de Cîteaux, Rainard. L'histoire n'a guère retenu le nom de ce personnage falot qui, quoique chef nominal de l'ordre cistercien, a été rejeté dans l'ombre par saint Bernard. En l'occurrence Rainard vint à Cluny pour joindre ses efforts à ceux de Pierre le Vénérable et convaincre Abélard de ne pas poursuivre sa route vers Rome et d'accepter plutôt une entrevue de réconciliation avec saint Bernard, sans doute à Cîteaux, qui n'était guère éloigné de Cluny. Curieusement, aucun autre document ne mentionne cette entrevue et les *Vies* de saint Bernard sont muettes à ce sujet. On peut penser que, quelques semaines à peine après le concile de Sens, elle ne fut guère chaleureuse et que saint Bernard lui-même, qui tenait à une condamnation exemplaire d'Abélard, s'y prêta sans enthousiasme.

Elle eut lieu cependant et cela suffit à Pierre le Vénérable pour demander au pape, au nom de toute sa communauté, d'autoriser Abélard à terminer ses jours à Cluny : ce serait, disait-il, d'un grand profit pour tous les frères, d'autant qu'Abélard avait définitivement renoncé au tumulte des écoles et désavoué les paroles et les écrits par lesquels il avait pu "offenser des oreilles catholiques" (on voit que l'abbé de Cluny imputait à Abélard des propositions maladroites ou déplacées, mais nullement hérétiques). C'était là proposer une interprétation particulièrement bénigne de la sentence de Sens, de la condamnation pontificale, si elle était déjà parvenue à Cluny et des conditions très favorables d'exécution de la peine. Abélard, fatigué, s'y résigna sans doute, plutôt que de poursuivre une cause de plus en plus incertaine. Bernard, quoi qu'il en ait eu, ne put faire moins, au nom de la charité chrétienne. Et Innocent II, qui répugnait à désobliger l'abbé de Cluny et savait que certains membres de sa Curie n'avaient guère apprécié la condamnation de Sens, se satisfit sans doute facilement d'une solution qui ménageait l'homme Abélard tout en réduisant au silence le dangereux dialecticien.

La mort d'Abélard

Car c'est le silence qui entoure désormais Pierre Abélard. Contrairement à ce qu'on pensait naguère, il semble bien qu'on ne puisse assigner aucun écrit d'Abélard aux derniers mois de son existence passés à Cluny.

Ils ne nous sont connus que par une lettre de Pierre le Vénérable à Héloïse (lettre 115). Abélard mourut un 21 avril, 1142 selon la chronologie habituellement suivie. Pierre le Vénérable était alors en voyage en Espagne. C'est après son retour, en 1143, voire en 1144, qu'il écrivit à Héloïse. Cette lettre se présente elle-même comme une réponse à un billet (perdu) d'Héloïse. On peut donc imaginer qu'avertie de la mort d'Abélard par un premier courrier, elle avait écrit à l'abbé pour lui en demander les circonstances, en fait, c'est tout le séjour d'Abélard à Cluny que Pierre le Vénérable évoque dans sa réponse.

Celle-ci est un des plus beaux textes que nous ait laissé le douzième siècle. La noblesse du ton illustre non seulement la grande culture de son auteur mais, plus largement, l'image généralement très positive (que viennent cependant gâcher, il faut le dire, quelques textes fortement anti-juifs) que l'histoire a gardée du dernier grand abbé de Cluny, homme généreux et équilibré, pacifique et ouvert aux autres (autant qu'on pouvait l'être en un siècle où la notion même de tolérance n'avait guère de sens).

Abélard, disait Pierre le Vénérable, avait vécu la fin de sa vie dans une retraite complète, en moine parfait. Il ne se souciait plus de son école parisienne, qui avait dû se disperser rapidement. À Cluny, il montrait à tous un modèle d'humilité et de piété ; pauvrement vêtu, refusant les honneurs, assidu à l'office, silencieux mais de compagnie agréable, il faisait l'admiration de tous. Mais, et cette notation est capitale, "maître Pierre", comme continue à l'appeler l'abbé de Cluny, à la fois "serviteur et vrai philosophe du Christ", n'avait pas renoncé à l'étude, dont la bibliothèque de Cluny lui donnait largement les moyens : "Il ne cessait, dans le domaine des études, tant religieuses que philosophiques, de méditer, d'enseigner, de parler" ; et, un peu plus loin, Pierre le Vénérable dit même qu'il écrivait et dictait. Il semble donc bien qu'avec l'accord de l'abbé, Abélard n'avait pas hésité à enfreindre la condamnation pontificale au silence perpétuel et n'avait pu s'empêcher de reprendre ses activités intellectuelles qui étaient sa raison d'être. Mais cet enseignement, resté purement interne au monastère, n'a pas dû faire scandale ; on ne saurait d'ailleurs en dire plus puisqu'aucune trace écrite ne semble en avoir survécu. Héloïse, quant à elle, pouvait se réjouir d'apprendre que jusqu'au bout l'esprit d'Abélard avait gardé toute sa vigueur et que son époux et maître n'avait pas succombé à la mélancolie, cette "accédie" que les moines redoutaient particulièrement et tenaient pour un péché mortel : "La venue du Visiteur évangélique l'a trouvé en plein travail, non pas endormi comme tant d'autres, mais éveillé... sa lampe allumée."

Abélard n'est pas mort à Cluny, mais au prieuré voisin de Saint-Marcel, près de Chalon-sur-Saône, où on l'avait envoyé, estimant que l'air y était plus sain, car sa maladie s'aggravait rapidement. Pierre le Vénérable parle simplement de "violentes démangeaisons et autres troubles", en vertu de quoi un médecin assez intrépide a cru pouvoir diagnostiquer, il y a quelques années, qu'Abélard était mort d'une maladie de Hodgkins, une forme de leucémie. Quoi qu'il en soit, tant qu'il le put, "il resta penché sur ses livres, reprenant ses anciens travaux". Puis, lorsque l'heure fut venue, il se confessa et communia et, en présence de tous les frères, rendit l'esprit et "passa, il faut le croire, au Christ".

En lisant ces lignes, on se demande évidemment s'il s'agit du même homme que, quelques mois plus tôt, saint Bernard traînait dans la boue en le traitant de moine apostat et d'hérétique. Bien sûr, la lettre de Pierre le Vénérable a quelque chose de convenu. C'est le ton de l'éloge funèbre, qui n'admet guère la réserve, et le récit exemplaire de la "bonne mort" d'Abélard renvoie aux lieux communs de la littérature monastique. Elle n'en traduit pas moins une réelle perspicacité dans la compréhension de la personnalité d'Abélard et, comme telle, elle a dû profondément toucher Héloïse.

L'union de deux âmes

Pierre le Vénérable, avant d'en venir au récit de la mort d'Abélard, avait en effet commencé par un très long éloge d'Héloïse. Il la connaît et l'aime depuis longtemps, dit-il (le mot latin, *diligere*, ne prête à aucune équivoque, il s'agit de l'amour-charité qui unit tous les chrétiens dans la personne du Christ). Jadis – Pierre avait six à huit ans de plus qu'Héloïse – il avait entendu vanter sa science exceptionnelle, surtout pour une femme ; puis elle était devenue, elle aussi, une véritable "philosophe du Christ", une nouvelle Déborah, prophétesse et juge d'Israël. Sa réputation et ses succès comme abbesse faisaient regretter à Pierre le Vénérable qu'elle n'ait pas choisi d'entrer dans une maison clunisienne. Et c'était à ce point de la lettre seulement qu'il introduisait l'éloge d'Abélard : "Nous ne t'avons pas eue, mais nous avons eu au moins ton Pierre."

Ce possessif inattendu (*ton* Pierre) annonçait la conclusion célèbre : "Ainsi donc, sœur vénérable et très chère dans le Seigneur, celui à qui tu t'es attachée d'abord par l'union de la chair puis par le lien de la charité, d'autant plus fort qu'il est meilleur, celui avec qui et sous l'autorité de qui tu as longtemps servi le Seigneur, Celui-ci le réchauffe aujourd'hui dans son sein, à ta place ou comme un autre toi-même. Il le garde pour te le rendre par sa grâce, à la venue du Seigneur, à la voix de l'archange, au son de la trompette de Dieu descendant du ciel."

Ce que salue Pierre le Vénérable avec ces accents apocalyptiques, c'est donc l'union de deux âmes, l'amour plus fort que la mort trouvant en Dieu son parfait accomplissement. Avec Georges Duby, on peut penser que la leçon que Pierre le Vénérable tire à ce point ultime de l'histoire d'Héloïse et d'Abélard, c'est, paradoxalement, celle d'une célébration du mariage chrétien en sa plénitude, telle que s'est employé à le définir le douzième siècle. La lettre de Pierre le Vénérable est l'aboutissement d'une série de textes (l'*Histoire de mes malheurs*, la correspondance d'Héloïse et d'Abélard) qui, tels qu'ils nous sont parvenus et si nous les prenons comme un ensemble cohérent, nous ont donné à suivre un itinéraire exemplaire : du péché dans la simple "copulation charnelle", où ne s'assouvissent que les pulsions du désir, au mariage consacré, mais qui n'élimine pas encore totalement les troubles de la passion – du mariage dans le siècle à l'union des âmes dans le Christ, qui ne peut plus s'accommoder que de la chasteté des corps (chasteté précoce et forcée pour Abélard, plus douloureusement acceptée pour Héloïse) et du service exclusif de Dieu – de la séparation terrestre enfin aux retrouvailles glorieuses dans le sein de Dieu.

C'est de cet itinéraire, dont l'aspect mystique n'abolit point le couple ni l'amour électif, que la lettre de Pierre le Vénérable marque l'étape ultime, comme elle en marque le sens irréversible et la hiérarchie à ses yeux nécessaire : c'est maître Pierre qui, d'un bout à l'autre, a guidé Héloïse, parfois rudement, parfois difficilement, vers le salut commun, avant de la livrer au Christ, son véritable époux, et de la précéder lui-même dans le giron du Père.

Épilogue

PEUT-ÊTRE EÛT-IL MIEUX VALU laisser le dernier mot à Pierre le Vénérable et refermer le livre en même temps que la tombe d'Abélard au prieuré Saint-Marcel. Mais l'histoire ne s'arrête pas ainsi.

Héloïse a survécu vingt et un ans à Abélard puisqu'elle mourut, selon la tradition, le 16 mai 1163 (ou 1164). Elle n'oublia certainement pas Abélard. Peu après la mort de celui-ci, elle écrivit à nouveau à Pierre le Vénérable pour lui demander de satisfaire le vœu qu'avait jadis formé Abélard de reposer au Paraclet qu'il avait fondé pour mieux y bénéficier des prières d'Héloïse et de ses moniales. Pierre accepta, fit enlever secrètement le corps d'Abélard de sa tombe à Saint-Marcel par crainte des protestations des moines, et accompagna lui-même la dépouille jusqu'au Paraclet, sur près de trois cents kilomètres. Abélard y fut à nouveau inhumé, au pied de l'autel principal où Pierre le Vénérable célébra la messe. Peu après, Héloïse lui écrivit – c'est le dernier texte d'elle que l'on possède – pour le remercier de sa venue, le prier de confirmer par lettres scellées l'absolution *in articulo mortis* qu'il avait accordée à Abélard et le trentain de messes qu'il avait promis à Héloïse elle-même à sa mort, et enfin lui demander de s'entremettre pour faire obtenir quelque prébende à Astralabe. Les derniers mots d'Héloïse qui nous sont parvenus la font ainsi apparaître dans un rôle de mère que son nom n'évoque guère d'habitude. On devine alors une tendresse cachée, qui n'avait jamais affleuré auparavant dans les textes.

Pierre le Vénérable lui redit sa gratitude et son affection ; il promit les lettres demandées et son secours pour Astralabe, mais il savait d'expérience comme les évêques étaient peu enclins à la générosité.

Le silence retombe sur Héloïse

Suivirent presque vingt ans de souvenirs et de prières. Nous n'entendons plus la voix d'Héloïse, mais nous connaissons son action comme abbesse du Paraclet. Une trentaine d'actes datant de son abbatiat permettent de suivre le succès exemplaire de ce qui devint l'un des principaux monastères féminins du nord de la France. Par son intelligence, ses capacités administratives, son entregent, Héloïse fut été l'auteur de cette réussite. Elle était bien la femme forte vantée par Pierre le Vénérable.

Le Paraclet continua à recevoir ou à acquérir des biens et revenus divers, labours, vignes, forêts, dîmes, rentes et droits seigneuriaux. À l'avènement de chaque nouveau pape, Héloïse prenait soin de faire confirmer les possessions et les privilèges de son monastère. La bulle du pape (cistercien) Eugène III, en 1147, est particulièrement détaillée ; elle énumère des biens éparpillés dans toute la Champagne.

Bientôt, le Paraclet put essaimer. À la mort d'Héloïse, six filiales en dépendaient ; un petit ordre s'était créé, indépendant des grandes fédérations monastiques du temps. Nous ignorons combien il y avait de religieuses au Paraclet, mais le cartulaire et le nécrologe font connaître certains noms ; on trouvait là des filles de la noblesse champenoise, ainsi que deux nièces d'Abélard, dont une certaine Agnès qui fut la deuxième prieure.

Nous connaissons aussi les usages suivis au Paraclet par un texte qui date sans doute de la fin de l'abbatiat d'Héloïse ; même s'il comporte vraisemblablement des adjonctions postérieures, ce règlement doit refléter la pensée de la première abbesse. Comparé à la règle prévue par Abélard, il comporte certaines modifications découlant de la croissance même de la maison. L'office divin restait au cœur de la vie des religieuses, mais les tâches administratives étaient mieux assurées, puisque le Paraclet resterait une maison essentiellement féminine, et non pas un monastère double. Les seuls hommes attachés au Paraclet étant des convers, il appartenait à l'abbesse et aux sœurs les plus âgées de gérer l'ensemble des biens et de superviser les filiales. Quant à l'observance quotidienne (vêtements, nourriture), elle fut plutôt adoucie par rapport à ce qu'avait initialement prévu Abélard ce qui était prévisible dans une maison au recrutement incontestablement aristocratique.

D'après le nécrologe, Héloïse mourut un 16 mai, sans doute 1163, âgée d'environ soixante-trois ans. Elle laissait une abbaye prospère, qui survivra jusqu'à la Révolution. Elle fut enterrée dans l'église, à côté d'Abélard et peut-être même dans la même tombe ; c'est en tout cas ce que relate une belle légende recueillie dans une chronique du treizième siècle qui rapporte que lorsqu'on ouvrit cette tombe pour y déposer Héloïse, "son époux, mort longtemps avant elle, leva les bras pour la recevoir et, l'embrassant ainsi, la serra fortement contre lui".

Dans leur tombe commune, les ossements réunis d'Héloïse et d'Abélard ne connurent pas une paix définitive. Au quinzième siècle, on les transporta dans une nouvelle chapelle, au dix-huitième dans une crypte. Avec la Révolution ils furent transférés dans une église de Nogent-sur-Seine puis à Paris, au Musée des Monuments français ; en 1817 enfin, ces ossements – ou ce qu'il en restait – furent inhumés au cimetière du Père-Lachaise dans un monument "romantique" toujours visible aujourd'hui.

La pérennité d'Abélard et Héloïse

La survie d'Héloïse et d'Abélard fut avant tout celle de leurs œuvres, de leur pensée, de leurs amours. On a conservé et publié quelques épitaphes poétiques qui furent écrites en leur honneur dès le douzième siècle. Deux d'entre elles, d'origine sans doute clunisienne, si ce n'est de Pierre le Vénérable lui-même, vantent en termes hyperboliques la science philosophique d'Abélard, "le Socrate des Gaules, le grand Platon des Hespéries, notre Aristote", en même temps que sa piété comme moine. L'image du maître incomparable n'avait donc point été ternie par la condamnation de Sens ; elle s'effacera cependant vers la fin du siècle, dans la mesure où ce qui avait fait la force et la nouveauté d'Abélard était entré dans le bagage commun de la pensée occidentale et où ses œuvres pionnières cessèrent, au bout de deux générations, d'être des références pour ses successeurs.

Deux autres épitaphes conservées, communes à Héloïse et Abélard et datables de la fin du douzième siècle, immortalisent une autre image qui a bien mieux survécu : "Ils furent une seule chair, eux que contient un seul tombeau, et pareillement un était leur esprit, et maintenant la terre leur donne, comme il convient, un lit commun ; voici Abélard, voici son Héloïse, et tu sais bien, Christ, que tous deux sont à Toi."

Les amours d'Héloïse et d'Abélard ne sont connues qu'à travers la série de textes – *Histoire* et correspondance – qui en ont gardé le récit. Que ces textes soient aujourd'hui presque unanimement reconnus comme authentiques, c'est-à-dire du douzième siècle et écrits par Héloïse et Abélard, n'empêche pas qu'il s'agit d'un ensemble (re)composé pour donner à lire non seulement une histoire, mais la morale de cette histoire. Une morale édifiante, conforme à ce que voulait enseigner l'Église de ce temps, mais conforme aussi à ce qu'étaient disposés à accepter des hommes et des femmes plus attentifs à la voix de leur propre conscience.

Rien ne nous oblige à n'entendre que cette morale-là. Dès leur époque, beaucoup de contemporains ont porté sur l'histoire d'Héloïse et d'Abélard un jugement purement humain. Au treizième siècle, Jean de Meung traduira ces textes à l'appui d'une véhémente critique tant du mariage que de la chasteté ecclésiastique. De siècle en siècle, humanistes, libertins, précieux, philosophes, romantiques investiront l'histoire d'Héloïse et d'Abélard de leurs propres images de l'amour et du couple, de la foi et du destin. Au mythe de l'amour-passion, le dix-neuvième siècle ajoutera, avec Cousin, Rémusat et Michelet, celui de la liberté, en célébrant en Abélard un des premiers "libérateurs de l'esprit humain".

Nous sommes aujourd'hui plus modestes. Nous ne croyons plus beaucoup aux grands mythes de l'amour ou du progrès. Une meilleure connaissance historique du douzième siècle incite à penser qu'Héloïse et Abélard n'y furent pas toujours aussi exceptionnels que cela et que certaines des particularités qui les distinguent tenaient aux structures encore incertaines d'une société fluide, instable, en mutation.

Héloïse et Abélard sont infiniment loin de nous et nous ne travaillons plus que sur des documents dispersés, simples épaves surnageant d'un passé englouti. Sommes-nous donc condamnés à leur dire, comme Héloïse elle-même le disait à Abélard *(verba pro rebus)* : "Je ne te demande que des mots, à la place des choses [que tu ne peux plus me donner]" ? Nous croyons quand même qu'à force de lire et de relire ces vieux textes, nous pouvons aussi, derrière les mots, entendre, toucher *quelque chose*, un peu de la vie de ces êtres de chair et de sang, d'amour et de désespoir, d'étude et d'aventure, de foi et de prière.

Essai de bibliographie

LES NOTES BIBLIOGRAPHIQUES auraient coupé le fil de ce qui se voulait avant tout un récit et non une étude érudite. Mais il va sans dire que je n'ai rien avancé qui ne s'appuie soit sur les textes même de l'époque, soit sur les recherches des historiens modernes. Il a donc paru utile de donner un appendice bibliographique. Le lecteur exigeant pourra ainsi trouver les références qui lui permettront de lire lui-même, dans l'original latin ou en traduction française, les documents qui font connaître l'histoire d'Héloïse et Abélard et d'abord ces textes magnifiques, venus de si loin et pourtant si émouvants, que sont l'*Histoire de mes malheurs* et la correspondance des deux époux. Cette bibliographie aidera enfin l'amateur d'histoire, l'étudiant ou le professeur à replacer Héloïse et Abélard dans le contexte général de l'histoire religieuse, politique et culturelle de la France du douzième siècle.

Pour ceux qui souhaiteraient disposer d'une bibliographie vraiment complète, il existe désormais, dû à un excellent spécialiste, un guide tout à fait à jour des publications et études abélardiennes : C.J. Mews, *Peter Abelard* (*Historical and Religious Writers of the Latin West*, II/5), Variorum, Londres, 1995. Citons aussi, dans le même esprit, le livre plus ancien de D.E. Luscombe, *Peter Abelard*, The Historical Association, Londres, 1979. On peut également utiliser le bulletin bibliographique annuel très complet publié à Spolète depuis 1978 sous le titre *Medioevo latino*.

Sources

Les écrits d'Héloïse et Abélard ont fait l'objet de multiples éditions imprimées depuis le dix-septième siècle. Tous ceux qui étaient accessibles au milieu du dix-neuvième ont été reproduits en 1855 dans le volume 178 de la *Patrologie latine* édité à Paris par J.-B. Migne. Depuis cette date, quelques textes supplémentaires ont été découverts et surtout, beaucoup ont fait l'objet d'éditions critiques modernes. Voici les principales.

L'édition de référence de l'*Histoire de mes malheurs* est désormais celle de J. Monfrin, *Abélard. "Historia calamitatum"* (4e tirage), Vrin, Paris, 1978 (qui contient aussi les deux premières lettres d'Héloïse). L'ensemble de la correspondance, y compris la règle proposée pour le Paraclet par Abélard, a été publié par J.T. Muckle et T.P. McLaughlin dans *Medieval Studies*, 12, 1950, pp. 163-213 ; 15, 1953, pp. 47-94 ; 17, 1955, pp. 240-281 ; 18, 1956, pp. 241-292. La plus ancienne traduction française de ces lettres, celle de Jean de Meung, a été récemment éditée par E. Hicks – avec les originaux latins – sous le titre *La vie et les epistres Pierres Abaelarts et Heloys sa fame. Traduction du XIIIe siècle attribuée à Jean de Meun*, t. I (seul paru), H. Champion, Paris, 1991.

Même si la thèse de l'inauthenticité de l'*Histoire* et de la correspondance n'a pas été retenue ici, on ne négligera pas le point de vue de ses partisans, en particulier H. Silvestre, dont on verra en dernier lieu "L'idylle d'Abélard et d'Héloïse : la part du roman", in *Bulletin de la Classe des Lettres et des Sciences politiques de l'Académie royale de Belgique*, 5e section, 71, 1985, pp. 157-200.

Le poème dédié à Astralabe a été récemment réédité par J.M.A. Rubingh-Bosscher, *Peter Abelard. "Carmen ad Astralabium". A Critical Edition*, Krips, Groningue, 1987.

L'essentiel de l'œuvre théologique d'Abélard est désormais accessible dans les *Petri Abaelardi opera theologica* (3 vol.), édités par E.M. Buytaert et C.J. Mews (*Corpus Christianorum. Continuatio medievalis*, 11, 12, 13), Brepols, Turnhout, 1969-1987. On y ajoutera *Pierre Abélard. "Sic et non"*, édité par B.B. Boyer et R. McKeon, University of Chicago Press, Londres–Chicago, 1973. Le *Dialogue* a été édité par R. Thomas (*Petrus Abaelardus. "Dialogus inter Philosophum, Iudaeum et Christianum"*, E. Fromann Verlag, Stuttgart–Bad Castatt, 1970), l'*Éthique*, avec une traduction anglaise, par D.E. Luscombe (*Peter Abelard's "Ethics"*, Clarendon Press, Oxford, 1971).

Pour les œuvres logiques et philosophiques, on se reportera à l'édition de B. Geyer, *Peter Abelards Philosophische Schriften*. I, *Die "Logica ingredientibus"*. II, *Die "Logica nostrorum petitioni sociorum"* (*Beiträge zur Geschichte der Philosophie und der Theologie des Mittelalters*, XXI, Hefte 1-4), Münster, 1919-1933 ; M. Del Pra, *Pietro Abelardo. Scritti filosofici*, Rome–Milan, 1954 ; L. Minio–Paluello, *Twelfth-Century Logic*. II, *Abaelardina inedita* 1) *Super Periermenias XII–XIV*, 2) *Sententie secundum M. Petrum*, Edizioni di Storia e Letteratura, Rome, 1959 ; L.M. De Rijk, *Petrus Abaelardus. Dialectica*, Van Gorum, Assen, 1956 ; S. Buzzetti, *Sententie magistri Petri Abelardi. Sententie Hermanni*, La Nuova Italia, Florence, 1983.

Les poèmes religieux d'Abélard ont été édités par G. Vecchi (*Pietro Abelardo. I "Planctus"*, Modène, 1951) et J. Szöverffy (*Peter Abelard. Hymnarius Paraclitensis*, 2 vol., Albany–Brookline, 1975). Il n'existe pas encore, à ma connaissance, d'édition scientifique des sermons, hormis celle de L.J. Engels, *Adtendite a falsis prophetis* (Ms. Colmar 128, ff. 152v/153v). Un texte de Pierre Abélard contre les cisterciens a été publié in *Corona Gratiarum* (*Mélanges E. Dekkers*, t. 2, Bruges–Gravenhage, 1975, pp. 195-228.

La lettre écrite par Abélard à la veille du concile de Sens a été publiée par R. Klibansky, "Peter Abailard and Bernard of Clairvaux. A Letter by Abailard", in *Mediaeval and Renaissance Studies*, 5, 1961, pp. 1-27. Les lettres de saint Bernard relatives au concile de Sens sont aux tomes 7 et 8 des *Sancti Bernardi Opera*, édités par J. Leclercq, H.-M. Rochais et C.H. Talbot, Éditions cisterciennes, Rome, 1957-1977. On lira les lettres échangées entre Héloïse et Pierre le Vénérable dans *The Letters of Peter the Venerable* (2 vol.), éditées par G. Constable, Harvard University Press, Cambridge (Mass.), 1967 (lettres n° 115, 167, 168). Quant au cartulaire du Paraclet, on le trouvera dans la *Collection des principaux cartulaires du diocèse de Troyes* publiée par C. Lalore, vol. II, Paris, 1878.

Sont actuellement disponibles en traduction française : Abélard, *Du bien suprême*, traduction de J. Jolivet (*Cahiers d'études médiévales*, 4, Bellarmin-Vrin, Montréal-Paris, 1978) ; Abélard, *Lamenta-*

tions. Histoire de mes malheurs. Correspondance avec Héloïse, traduction de P. Zumthor, Actes Sud, Paris, 1992 ; Pierre Abélard, *Conférences (Dialogue d'un philosophe avec un juif et un chrétien). Connais-toi toi-même (Éthique)*, traduction de M. de Gandillac, Éditions du Cerf, Paris, 1993 ; Abélard, *Des intellections*, traduction de P. Morin, Vrin, Paris, 1994.

Études historiques

Citons d'abord quelques ouvrages récents qui permettent d'évoquer le contexte général de la première moitié du douzième siècle, spécialement du point de vue culturel et religieux : J. de Ghellinck, *Le Mouvement théologique au XIIe siècle* (2e éd.), Desclée de Brouwer, Bruxelles–Bruges–Paris, 1948 ; du même auteur, *L'Essor de la littérature latine au XIIe siècle* (2e éd.), Desclée de Brouwer, Bruxelles–Bruges–Paris, 1954 ; J. Leclercq, *Initiation aux auteurs monastiques du Moyen Âge. L'amour des lettres et le désir de Dieu* (2e éd.), Éditions du Cerf, Paris, 1957 ; *Entretiens sur la Renaissance du XIIe siècle*, dirigés par M. de Gandillac et E. Jeauneau, Mouton, Paris–La Haye, 1968 ; Ph. Wolff ; *L'Éveil intellectuel de l'Europe*, Le Seuil, Paris, 1971 ; *Renaissance and Renewal in the Twelfth Century*, R.L. Benson & G. Constable eds., Harvard University Press, Cambridge (Mass.), 1982 ; J. Le Goff, *Les Intellectuels au Moyen Âge* (2e éd.), Le Seuil, Paris, 1985 ; J. Paul, *L'Église et la culture en Occident (X^e–XIIe siècles). 2, L'éveil évangélique et les mentalités religieuses*, PUF, Paris, 1986 ; *Histoire du christianisme des orignes à nos jours. V, Apogée de la papauté et expansion de la Chrétienté (1054–1274)*, Desclée de Brouwer, Paris, 1993 ; A. de Libera, *La Philosophie médiévale*, PUF, Paris, 1993 ; *Le XIIe siècle. Mutations et renouveau en France dans la première moitié du XIIe siècle*, sous la direction de Fr. Gasparri (*Cahiers du Léopard d'Or*, 3), Le Léopard d'Or, Paris, 1994. Sur le contexte politique, E. Bournazel, *Le Gouvernement capétien au XIIe siècle, 1108–1180. Structures sociales et mutations institutionnelles*, PUF, Paris, 1975.

La chronologie exacte de la vie et des œuvres d'Héloïse et Abélard a été longtemps discutée ; même si elle ne résout pas tous les problèmes, je me suis rallié dans ce livre à celle récemment proposée par C.J. Mews, "On Dating the Works of Peter Abelard", in *Archives d'histoire doctrinale et littéraire du Moyen Âge*, 52, 1985, pp. 73-132.

De nombreuses monographies ont été consacrées soit à Abélard seul, soit à Abélard et Héloïse. L'une des premières, toujours estimable, fut celle de Ch. de Rémusat, *Abélard. Sa vie, sa philosophie et sa théologie* (2 vol.), Paris, 1845. Parmi les plus récentes, qui permettront éventuellement de remonter dans la bibliographie plus ancienne, je citerai J.G. Sikes, *Peter Abailard*, Cambridge University Press, Cambridge, 1932 ; E. Gilson, *Héloïse et Abélard*, Vrin, Paris, 1938 ; R. Oursel, *La Dispute et la grâce. Essai sur la rédemption d'Abélard*, Belles-Lettres, Paris, 1959 ; L. Grane, *Peter Abelard. Philosophy and Christianity in the Middle Ages*, G. Allen & Unwin, Londres, 1970 (traduction d'un livre paru en danois en 1964) ; D.W. Robertson Jr., *Abelard and Heloise*, The Dial Press, New York, 1972 ; P. Dronke, *Abelard and Heloise in Medieval Testimonies*, The University of Glasgow Press, Glasgow, 1976 ; A. Crocco, *Abelardo. L'"altro versante" del Medio Evo*, Liguori, Naples, 1979 ; M.T. Fumagalli Beonio Brocchieri, *Eloisa e Abelardo. Parole al posto di cose*, Mondadori, Milan, 1984 (importante bibliographie).

La principale biographie centrée sur la personne d'Héloïse est celle d'E. McLeod, *Heloise. A Biography* (nouv. éd.), Chatto & Windus, Londres, 1971 (traduction française de la première édition de 1938 : *Héloïse*, Gallimard, Paris, 1941). On verra les pages consacrées à Héloïse dans F. Bertini, F. Cardini, C. Leonardi & M.T. Fumagalli Beonio Brocchieri, *La Vie quotidienne des femmes au Moyen Âge*, Hachette, Paris, 1991, pp. 191-224, et G. Duby, *Dames du XIIᵉ siècle. I, Héloïse, Aliénor, Iseut et quelques autres*, Gallimard, coll. *Bibliothèque des histoires*, Paris, 1995, pp. 73-110. Il y a en revanche peu à tirer d'E.M. McNamer, "The Education of Heloise. Methods, Contents, and Purpose of Learning in the Twelfth Century", in

Medieval Studies, 8, The Edwin Mellen Press, Lewiston-Queenston-Lampeter, 1991.

Sur l'entourage et l'influence d'Abélard, le livre fondamental est celui de D.E. Luscombe, *The School of Peter Abelard. The Influence of Abelard's Thought in the Early Scholastic Period*, Cambridge University Press, Cambridge, 1969.

Une place à part, dans la bibliographie française, doit être faite aux travaux de J. Jolivet, le meilleur spécialiste français de la pensée d'Abélard : *Arts du langage et théologie chez Abélard*, Vrin, Paris, 1969 ; *Abélard ou la philosophie dans le langage*, Seghers, Paris,1969 (rééd. à Paris–Fribourg par les Éditions du Cerf et les Éditions universitaires de Fribourg en 1994) ; *Aspects de la pensée médiévale : Abélard, doctrines du langage*, Vrin, Paris, 1987 (où sont repris en particulier dix articles très importants sur la pensée et la personnalité d'Abélard). J'ai moi-même rédigé en collaboration avec J. Jolivet un essai de biographies croisées : J. Verger & J. Jolivet, *Bernard–Abélard ou le cloître et l'école*, Fayard-Mame, Paris, 1982 (sur un autre personnage dont la vie fut étroitement mêlée à celles d'Héloïse et d'Abélard, on verra M. Bur, *Suger, abbé de Saint-Denis, régent de France*, Perrin, Paris, 1991).

Dans les années 1970 ont eu lieu plusieurs congrès importants dont les actes ont largement renouvelé notre connaissance d'Abélard et de son milieu : *Peter Abelard*, E. M. Buytaert ed., Leuven Univ. Press–M. Nijhoff, Louvain–La Haye, 1974 ; *Pierre Abélard. Pierre le Vénérable. Les courants philosophiques, littéraires et artistiques en Occident au milieu du XIIe siècle*, Éditions du CNRS, Paris, 1975 ; *Petrus Abaelardus (1079-1142). Person, Werk und Wirkung*, R. Thomas ed., Paulinus-Verlag, Trèves, 1980 ; *Abélard en son temps*, Belles-Lettres, Paris, 1981.

Citons enfin quelques articles récents et importants sur la vie et la personnalité d'Héloïse et d'Abélard (je laisse de côté les livres et articles portant exclusivement sur la philosophie ou la théologie d'Abélard) : A. Borst, "Abälard und Bernhard", in *Historische Zeitschrift*, 186, 1958, pp. 497-526 ; M. de Gandillac, "Sur quelques interprétations récentes d'Abélard", in *Cahiers de civilisation médiévale*,

4, 1961, pp. 293-301 ; M.M. McLaughlin, "Abelard as Autobiographer : the Motives and Meaning of his *Story of Calamities*", in *Speculum*, 42, 1967, pp. 463-488 ; J. Leclercq, *"Ad ipsam sophiam Christum. Le témoignage monastique d'Abélard"*, in *Revue d'ascétique et de mystique*, 46, 1970, pp. 161-181 ; D.K. Frank, "Abelard as Imitator of Christ", in *Viator*, 1, 1970, pp. 107-113 ; J. Miethke, "Abaelards Stellung zur Kirchenreform. Eine biographische Studie", in *Francia*, 1, 1973, pp. 158-192 ; L. Kolmer, "Abaelard und Bernhard von Clairvaux in Sens", in *Zeitschrift der Savigny–Stiftung für Rechtgeschichte, kanonistische Abteilung*, 98, 1981, pp. 121-147 ; S. Bagge, "The Autobiography of Abelard and Medieval Individualism", in *Journal of Medieval History*, 19, 1993, pp. 327-350.

Imprimé en France,
Imprimerie PUF, Vendôme
Numéro d'édition : 6286
Numéro d'impression : 42 615
Dépôt légal : février 1996

HERMANN, ÉDITEURS DES SCIENCES ET DES ARTS